Reinhold Messner

GI und GII

Reinhold Messner

GI und GII

Herausforderung Gasherbrum

BLV

Die Deutsche Bibliothek – CIP-Einheitsaufnahme

Messner, Reinhold
G I und G II : Herausforderung Gasherbrum / Reinhold Messner. -
4., völlig neu bearb. Aufl. - München : BLV, 1998
ISBN 3-405-15465-0

Bildnachweis

Sandro Girella: S. 172
Peter Habeler: S. 132, 144
Marek Janas: S. 153
Lamberto Lardi: S. 70
Vittorio Sella: S. 105, 106/107, 112
Krzysztof Zdzitowiecki: S. 169
Alle übrigen Abbildungen sind dem Archiv von Reinhold Messner entnommen, der für zur Verfügung gestelltes Material dankt.

Umschlagfotos: Reinhold Messner
Umschlaggestaltung: Werbeagentur Sander & Krause, München

Grafiken S. 27, 90/91, 124: Jörg Mair
Die Grafiken auf S. 200–205 sind mit freundlicher Genehmigung von The Climbing Company Ltd., Buxton, Derbyshire/England dem Führer »The Eight-Thousand-Metre Peaks of the Karakoram« von Jerzy Wala entnommen.

Lektorat: Karin Steinbach

Layout und Herstellung: Manfred Sinicki

BLV Verlagsgesellschaft mbH
München Wien Zürich
80797 München

Gesamtherstellung: Pustet, Regensburg

Gedruckt auf chlorfrei gebleichtem Papier

Printed in Germany · ISBN 3-405-15465-0

Inhalt

Herausforderungen im Zeitalter des Massentourismus

Wie hat sich doch das Höhenbergsteigen verändert! Als ich im Sommer 1997 im Gasherbrum-Basislager ankam, zählte ich die Zelte nicht, die in einer Mulde entlang der Mittelmoräne des Abruzzi-Gletschers standen – es waren zu viele. Über eine Strecke von zwei Kilometern erstreckte sich die Zeltstadt, und sie wurde immer größer, denn es kamen mehr Bergsteiger und noch mehr. Dabei schienen die einzelnen Gruppen eifersüchtig darauf bedacht, ihre »Expedition« als einzige am Fuße des Berges abzubilden, wenn sie filmten und fotografierten.
Als würde hier ein ganzes Jahrhundert Expeditionsbergsteigen im Schnelldurchlauf eines Sommers abgespielt, wurde da angekommen, dort die Mannschaft auf Erfolg eingeschworen – Nationalhymne, Victory-Gebrüll und Fahnenhissen inklusive –, in einem dritten Mannschaftszelt gepackt für den Gipfelgang. Jede Expeditionsgruppe hoffte stillschweigend, die anderen würden den Weg Richtung Gipfel weiter mit Markierungsfähnchen und Fixseilen präparieren, und drohte dann doch mit Nachstiegsverboten, wenn sie einmal selbst an die Spitze der Pyramide vorstieß.
»Über unssere Seile lassen wir keine dieser vielen Parasiten nachsteigen«, hörte ich im Japaner-Zelt, während Amerikaner, die als erste einen Weg durch den Gasherbrum-Eisbruch gefunden und markiert hatten, überlegten, wo sie am Gasherbrum-II-Südwestgrat ihre Hochlagerzelte aufstellen sollten, nachdem sie täglich von später eingetrudelten Expeditionen überholt wurden.
Das Dilemma von Staus an den Hochlagerplätzen und am Gipfelgrat sowie die Aggressionen im Basislager waren die Folge von zu vielen Menschen auf engem Raum. Alle Gruppen lagerten an einem Platz, alle wählten die eine oder andere der beiden Routen – Südwestgrat (Normalweg) am G II und Nordflanke über dem Gasherbrum La (Japanercoloir) am G I –, die, beginnend im Gasherbrum-Kessel, am leichtesten zu begehen und mit Fixseilen, Spuren, Lagern markiert waren. Aus politischen Gründen – der Grenzkonflikt zwischen Indien und Pakistan in Kaschmir schwelt weiter – hat das Ministerium für Tourismus in Islamabad, das die Genehmigungen für Bergbesteigungen vergibt, alle anderen Flanken am Gasherbrum I gesperrt, und von Osten her sind die beiden Berge kaum erschlossen.
1950, als mit der Annapuma der erste Achttausender bestiegen wurde, hätten Erfahrung und Ausrüstung auch für die beiden Gasherbrum-Achttausender (G II, 8035 m; G I, 8068 m) gereicht. Beide sind leichter zu besteigen als die gefährliche Annapurna über die Nordflanke. 25 Jahre später erst gelang die jeweils zweite Besteigung der beiden Berge, die nach der Erstbesteigung (G II 1956 durch Österreicher, G I 1958 durch Amerikaner) wieder in Vergessenheit geraten waren. Das Jahrzehnt

Zweierseilschaft im Gasherbrum-Tal.

zwischen 1975 und 1985 war das aufregendste an den Gasherbrums: Neue Routen wurden geklettert, Skiabfahrten, Alleingänge, Überschreitungen gelangen.
1997 blieb ich nur eine Nacht im Basislager und zog dann wieder talauswärts, auf der Suche nach stilleren Gegenden. Obwohl im Besitz einer Option, den G I mit Wolfgang Thomaseth zu besteigen – allein die Vorstellung, uns in den Gänsemarsch einzureihen und über eine vorbereitete Route zum Gipfel zu steigen, verbot mir einen solchen Versuch.
Trotzdem, ich habe Verständnis für eine jüngere Generation von Bergsteigern, die diese Massenaufstiege mitmacht. Es bleibt ihr an den Modeachttausendern (Mount Everest, Cho Oyu, Shisha Pangma, Broad Peak, G I, G II) nichts anderes übrig, als Basislager und Aufstieg oft mit hundert und mehr anderen zu teilen, wenn sie ausgerechnet diese Berge besteigen müssen. Daß es daneben ungezählte Siebentausender gibt, die schwieriger sind als ein überlaufener G I oder G II, sei aber nicht vergessen – und vor allem, daß Ausgesetztsein, Eigenverantwortung, Wegsuche mehr zum Bergsteigen gehören als eine ausgetretene Spur und ein Achttausender-Erfolg im Tourenbuch. Erst die geistige Auseinandersetzung mit »seinem« Berg – von der Idee über das Hinaufsteigen im Vorausvollzug, selbstgewollte Regeln, Verzicht auf Tricks und Hilfen, eine demokratisch erarbeitete Taktik – macht aus einer Möglichkeit eine Herausforderung und aus einer Bergtour dann und wann ein Kunstwerk.
Nicht nur um zu erzählen, wie es war, bevor der Massentourismus den Gasherbrum-Kessel erreichte, lege ich meine Erlebnisse an G I und G II nochmals als Zusammenfassung vor. Ich will das Potential an Herausforderungen aufzeigen, das auch heute noch im Himalaja-Bergsteigen steckt – der Zeitraum für neue Ideen bleibt zum Glück unendlich.

Großexpedition zur Lhotse-Südwand

Endlich im Hochlager II

Nach einem Tag der Erholung im Basislager setzten wir die Versicherungsarbeiten in der Wand fort. Ich stieg mit Aldo Leviti auf, um das zweite Hochlager aufzubauen. Die Lager waren alle besetzt. Im ersten befanden sich einige Sahibs und ein halbes Dutzend Sherpas, im zweiten Leviti und ich.
Leviti war der Benjamin der Mannschaft. Keine 25 Jahre alt, Ski- und Kletterlehrer bei der italienischen Finanzwache. Seine Bergerfahrung ging auf eine Unzahl schwieriger und schwierigster Dolomitentouren zurück. Auch wenn er an der italienischen Mammut-Expedition 1973 zum Everest teilgenommen hatte, war er nicht als expeditionserfahren zu bezeichnen. Seine Äußerungen, soweit sie unsere Route und Taktik betrafen, klangen manchmal naseweis.
Eher klein von Wuchs, war er doch schnell im Gehen und sehr stark. Er wußte vielerlei Mädchengeschichten zu erzählen. In gefährlichen Situationen zeigte er Mut und Entschlossenheit.
Dick vermummt holte Leviti am Abend das Funkgerät aus dem Schlafsack und wartete geduldig auf das Piepszeichen.
Punkt 6 Uhr meldete sich Cassin:
»Hauptlager ruft Lager eins, warten auf Antwort.«
Es folgte ein Rauschen im Gerät, ein Knacken und Sausen, so daß wir nichts verstehen konnten.
»Verstanden.«
Das war wieder Cassin.
Die Verbindung zwischen Lager I und uns war offensichtlich gestört, wir hörten nur die Fragen und Antworten unseres Leiters.
»Hauptlager ruft Lager zwei.«
»Lager zwei an Hauptlager: Wie ist die Verständigung?«
»Gut.«
»Wir haben einen günstigen Lagerplatz, etwa 6600 Meter hoch, relativ sicher.«
»Was heißt relativ sicher?«
»Über uns sind zwei große Spalten, die kleinere Lawinen von oben schlucken müßten. Wenn allerdings die halbe Rampe abbricht, sind wir begraben. Aber es ist der beste Platz weit und breit.«
»Was werdet ihr morgen tun?«
»Weiterklettern.«
»Der Wetterbericht ist schlecht. Es wird Sturm geben.«
»Auch das noch! Und was gibt's unten Neues?«

Die Lhotse-Südwand, 1975 eine der großen Herausforderungen im Himalaja.

»Aldo Anghileri ist heute abgehauen, Piussi und die beiden Alippi kommen mit dem Seilbahnbau recht gut voran.«
»Das ist erfreulich. Bis morgen und gute Nacht euch allen!«
Der Wind kam in Stößen, er war so stark, daß wir das Gefühl hatten, weggefegt zu werden. Erst gegen 10 Uhr vormittags öffnete ich den Zelteingang. Der Schneesturm, der uns schon in der Nacht nicht hatte schlafen lassen, warf sich mir entgegen, drohte mir die Plane, die ich sofort wieder zuzuziehen versuchte, aus den Händen zu reißen. Ein Schwall Schnee schwappte durch die Öffnung. Nur mit Mühe brachte ich den Zelteingang wieder zu. Erschöpft legte ich mich hin.
Dann flaute der Sturm ab, und wieder wurde es ruhig. Als ich noch einmal versuchte, das Zelt zu öffnen, traf mich erneut eine Windböe. Es war, als hätte der Sturm nur auf mich gewartet. Er schlug mir Schnee und Graupelkörner ins Gesicht. Diesmal hatte ich den eingerollten Schlafsack rasch bei der Hand und schob ihn an den offenen Schlitz, so daß nicht noch mehr Schnee ins Zeltinnere trieb. Hartnäckig wartete ich, bis die Windböe abklang, dann öffnete ich schnell den Reißverschluß am Zelt, trat hinaus und zog ihn hinter mir gleich wieder zu. Der Sturm fiel mit hellem Johlen und Pfeifen von der Flanke herunter, wirbelte über das Lager hin und plusterte die Zelte auf. Für einige Sekunden hüllte er mich in eine Schneestaubwolke und zerrte an meinen Kleidern. Sofort klammerte ich mich mit der einen Hand am eiskalten Zeltdach fest, mit der anderen hielt ich die Mütze, die mir der Wirbelsturm beinahe vom Kopf

gerissen hätte. Mit einigen unsicheren Schritten tappte ich vom Zelteingang weg, scharrte zwei kleine Stufen in den Schnee und blieb gegrätscht darin stehen.
Der Wind war hier in Lager II besonders heftig, doch wurde es zwischendurch auch wieder ganz ruhig. Ich genoß es jetzt, die kalte Schneeluft in vollen Zügen einzuatmen und gegen die Sturmböen anzukämpfen. Später musterte ich, immer noch vor den Zelten stehend, die Wolken und Nebelfetzen am Gipfelgrat. Nach jeder Böe gab es eine Pause.
Auf der Bergseite der Mulde waren die Zelte, die Pickel, die Ausrüstungsgegenstände und alles, was draußen lag, unter dem Schnee begraben. Der Sturm brauste wütend über die Zeltdächer hinweg, pfiff um die Ecken der Boxen, blies alle Kanten ab, füllte jeden toten Winkel mit Preßschnee.
»Dir scheint es draußen zu gefallen«, kam Levitis Stimme von drinnen.
»Nicht schlecht.«
Es dauerte einige Minuten, bis er das Zelt öffnete und durch einen schmalen Schlitz herausschaute.
»Du mußt dich nur daran gewöhnen«, ermunterte ich ihn, »es ist nicht so schlimm, wie es sich von innen anhört. Es heult drinnen mehr als draußen.«
»Ewig kann ich den Druck auf der Blase auch nicht aushalten.«
Mit diesen Worten zog er den Reißverschluß ganz auf.
»Heute bleiben wir noch hier, ruhen uns ein bißchen aus und versuchen, unsere Kräfte wieder zu sammeln. Morgen geht es weiter. Wie ich das Gelände einschätze, müssen die nächsten fünf- bis sechshundert Meter leicht sein. Die schaffen wir auch bei schlechtem Wetter.«
Leviti war inzwischen zu mir ins Freie getreten. Steif von der langen Nacht, gemartert von der Anstrengung, mit der er dem Sturm standgehalten hatte, bewegte er sich unsicher, wie ein alter, kranker Mann. Seine Augen brannten im grellen Tageslicht, und seine Stirn war von tiefen Falten zerfurcht. Mißmutig brummte er, daß er lieber aufsteigen würde, als hier im Zelt zu sitzen und dauernd auf den Sturm zu hören.
Wie jeden Tag gegen 10 Uhr begann sich das Wetter zu verschlechtern. War es bisher der Wind gewesen, der uns Sorgen gemacht hatte, so waren es jetzt die Wolken. Die Nebeldecke weit draußen über den Tälern stieg höher, wurde dichter. Die Wolken am Himmel – vor einer Stunde noch vereinzelte Schleier – bildeten eine undurchdringliche Masse. Der Sturm aber ließ langsam nach, und am Nachmittag fing es an, leise zu schneien.
Leviti machte sich daran, sein Tagebuch nachzutragen, und ich las in einem der Bücher, die ich bis hierher geschleppt hatte. Dabei bemühte ich mich, nicht an die Lawinengefahr zu denken, die mit jeder Stunde Neuschnee wuchs. Aber je hartnäckiger ich mir einredete, daß es eine solche Gefahr gar nicht gebe, desto weniger gelang es mir, mich auf das Buch zu konzentrieren. Plötzlich merkte ich, daß ich gar nicht verstand, was ich las, und steckte das Buch wieder weg.
Mit verzweifelter Zähigkeit hatte Leviti am Abend versucht, Kontakt mit dem Basislager zu bekommen, und obgleich die Verständigung sehr schlecht war, war er

glücklich, als sich von unten eine Stimme meldete. Wir erfuhren, daß der Wetterbericht wie üblich war und daß wir anderntags absteigen sollten, falls der Sturm anhielt. Die Nacht über müsse – wollte man dem nepalischen Nachrichtendienst vertrauen – der Sturm nachlassen. Die Temperatur falle allerdings, so versicherte man uns, von Westen nähere sich eine Hochdruckzone, die das schlechte Wetter in spätestens zwei bis drei Tagen umschlagen lasse.
»Zwei oder drei Nächte bei diesem Sturm und ohne Schlaf, das halten meine Nerven nicht aus«, sagte Leviti.
»Morgen steigen wir entweder höher oder ins Basislager ab«, entschied ich. Es wurde ein Marsch ins Basislager, das wir nach stundenlangem Wühlen durch grundlosen Neuschnee völlig durchnäßt erreichten.

Die Lawinenkatastrophe

Nach der aus dem Zwiespalt aus Ehrgeiz und Heimweh erwachsenen Entscheidung Aldo Anghileris, nach Hause zurückzukehren, war ich jetzt allein im Zelt, das wir auf einer natürlichen Plattform oberhalb des Ausrüstungsdepots aufgebaut hatten. Es stand am höchsten von allen, der Wand am nächsten.
Ich schlief sehr tief und wurde nicht von jenen schrecklichen Wachträumen geplagt, die oft nach aufregenden Tagen die Nächte in Stücke reißen und unendlich werden lassen. Trotzdem träumte ich:
In aller Ruhe und Gelassenheit verhandelte ich mit einem Bauern meines Heimatdorfes über den Preis, zu dem er mir seinen Hof verkaufen wollte. Wir besichtigten die Stallungen, den Wald und die Felder. Die Sonne stand schon tief im Winkel zwischen Tschann und dem Rittner Horn, als wir handelseins waren. Ein Handschlag besiegelte den mündlichen Vertrag. Voller Freude darüber, daß mein Lebenswunsch, einen Bauernhof zu besitzen, in Erfüllung gegangen war, umarmte ich die Bäuerin, küßte sie und drückte sie immer wieder fest an mich. Uschi, die unsere Verhandlungen aufmerksam verfolgt hatte, küßte den Bauern. Im Traum kam mir das alles nicht absonderlich vor. Wir waren glücklich, voller Überschwang wie vor einem wohlvorbereiteten Fest.
Ich wußte nicht, wie mir geschah. Aus dem Traum von grünen Wiesen erwachte ich jäh in einem tödlichen Sog. Das Zelt war weg, um mich tobte ein Wirbel. Schnee und Sturm umbrandeten mich. Ich vermochte kaum mehr zu atmen, war nicht mehr imstande, mich zu orientieren. Dann brauste und krachte es fürchterlich, als würde die Welt in Stücke gerissen, und schließlich brach etwas über mir zusammen, das mich zu zerquetschen schien. Zugleich hatte ich das Gefühl, ich müsse schwimmen, mit den Armen rudern, um an die Oberfläche zu gelangen. All das vollzog sich blitzschnell, und ich begriff, ohne eigentlich zu wissen, was vor sich ging. Es war nicht

Diagonal schneidet eine riesige Rampe die linke Hälfte der Lhotse-Südwand. Von dort kamen die Lawinen, dort versuchten wir den Aufstieg zum Grat.

schrecklich, sondern erschien mir im Gegenteil fast selbstverständlich: Eine Lawine hatte das Basislager erfaßt, bald mußte es aus sein.
Einige Eisbrocken – oder waren es Gaskartuschen? – flogen an mir vorbei. Ich duckte mich und ruderte erneut, mit weit ausgestreckten Armen. Ich spürte nicht, ob ich selbst in Bewegung war oder alles ringsherum schwebte, rollte, vorwärtsdrängte. Ob ich noch an meinem Lagerplatz saß? Deutlich spürte ich, daß ich kein schützendes Zelt mehr über dem Kopf hatte, daß meine Füße aber noch im Schlafsack steckten. Ohne mich genau zu erinnern, wie und wann ich aufgewacht war, mußte ich vollkommen zu mir gekommen sein, als die erste Staubwolke über das Basislager toste. Und ich ahnte, daß es nur der Luftdruck einer Lawine war, der uns streifte. Andernfalls wäre ich keines Gedankens mehr fähig gewesen.
Wenige Augenblicke des Schreckens. Dann war ich ruhig und gefaßt. Als der Luftdruck nachließ, der Schneestaub absackte, saß ich bis zum Bauch in feinstem Pul-

verschnee. »Schöne Bescherung!« sagte ich zu mir selbst. »Ich muß ein anderes Zelt finden.«
Jetzt erst merkte ich, daß ich barfuß und nur mit der Unterwäsche auf dem Leib dastand. Der Schneestaub in der Luft und der übliche nächtliche Wind hielten weiter an. Ich wußte weder, was sich um mich herum tat, noch an welchem Platz ich genau war. Ich fand keine Schuhe und keine Kleider. Waren die anderen Zelte vor oder hinter mir, links oder rechts? Ob sie überhaupt noch standen? Nichts rührte sich, kein Laut, kein Licht, kein Zeichen. Pechschwarze Nacht.
Ich begann, den Schlafsack aus dem Preßschnee zu zerren. Der Wind kam mir zu Hilfe und wirbelte die abbröckelnden Schneeschollen mit sich. Dann versuchte er, mir das eisige Bündel aus den Händen zu reißen. Auch das kam mir wie selbstverständlich vor, und ich preßte den zusammengerollten Schlafsack fester unter den linken Arm. Mit den nackten Füßen tastete ich die steinige Fläche unter dem Schnee ab und schob mich in die Richtung vor, in der ich das Zentrum des Lagers vermutete. Der feine Pulverschnee blieb an den schlafwarmen Füßen hängen. Ich spürte einen Schmerz in ihnen, konnte aber nicht unterscheiden, ob er die Folge von Hitze oder Kälte war. Eine Zeitlang stapfte ich herum, fand das Lager nicht, auch nirgends eine Spur von Leben. Ich wurde ratlos, unschlüssig.
Plötzlich, weit unter mir, zuckte eine Lampe auf: das Lager!
Die Aufregung in der Mannschaft war nicht allzu groß. Zwar waren einige Zelte eingedrückt, aber außer dem meinen keines vollkommen weggetragen worden. Die Sherpas waren nur kurz aufgestanden, und auch Cassin kehrte nach wenigen Minuten in sein Zelt zurück.
Bei Mario Conti – den wir zur Unterscheidung von Curnis Mariolino nannten – fand ich Unterschlupf. Der kleine, schwarzhaarige Kletterer aus Lecco war verstört und kaum mehr zu beruhigen. Er borgte mir einige seiner Kleider und pflückte mir die Schneeschollen aus den Haaren.
»Keine Nacht bleibe ich mehr hier!«
»Ich auch nicht.«
»Sauerei, verdammte!«
»Morgen müssen wir das Basislager verlegen.«
»So hat es mich noch nie erwischt.«
»Es hätte schlimmer kommen können. Stell dir vor, es stünde jetzt kein Zelt mehr. Nichts zum Anziehen. Die Hysterie bei den Trägern.«
»Nicht auszudenken.«
»Glaubst du, es war eine Neuschneelawine?«
»Nein. Muß Eis gewesen sein. Liegen ganz schöne Brocken herum, draußen.«
»Hätten wir uns vorher ausrechnen können. Lagern einfach zu nahe an der Wand.«
»Hab' ich gleich gesagt. Da haben aber alle anderen vor uns auch gelagert.«
»Und wir Esel sind darauf reingefallen.«
»Das kann man wohl sagen.«
»Noch einmal erwischt es mich nicht, solche Fehler mache ich nur einmal.«

»Da hausten fünf Expeditionen – die Karwendler 1970 bei der erfolgreichen Lhotse-Shar-Expedition, dreimal die Japaner und nun wir – alle seit zehn Jahren am selben Platz, und ausgerechnet uns erwischt es.«
Plötzlich fiel mir ein, daß meine Rollei und das Manuskript für das Buch über die »Bergvölker«, an dem ich gerade die letzten Korrekturen vornahm, irgendwo im Schnee liegen mußten. Mariolino und ich standen auf und suchten. Unter einigen Schachteln, Kleidern und Schneeschollen fanden wir beides. Ich war beruhigt.
Der Platz zwischen den Zelten war knöcheltief mit feinem Pulverschnee gefüllt. Da und dort ragten Fetzen von Kleidern und Zelten aus der weißen Fläche. Auf der Bergseite wirkten einige unserer Behausungen wie eingeknickt. Im Licht der Taschenlampe sah das ganze Lager aus wie frisch gekalkt. Überall, wo der Luftdruck kein Hindernis gefunden hatte, liefen dicke Streifen aus Eiskörnern, wie geschwollene Adern.
Mario Conti, obwohl vom Cerro Torre her an Stürme gewöhnt, konnte lange nicht einschlafen. Was passierte, wenn noch ein größeres Stück Eis in der Wand abbrach? Diesmal träumte ich, daß ich schwimmen lernte.

Es war 5.30 Uhr und noch eisig kalt. Seit einer halben Stunde sann ich vor mich hin, hatte die Lawine aus meiner Erinnerung verbannt, döste. Schon richteten sich meine Gedanken wieder auf den Berg, zu den Kameraden in der Wand, als ich gegen 6 Uhr plötzlich das Gefühl hatte, es stürze etwas über uns, drohe uns zu erdrücken.
»Eine Lawine? Warum eigentlich? Aus welchem Grund sollte sich jetzt eine zweite Lawine gelöst haben?« fragte ich mich verwundert. Offenbar war auch Mariolino von jenem dumpfen Schlag erwacht. Dem Knall war ein Dröhnen gefolgt, das die Zelte einige Sekunden lang hatte erzittern lassen.
Mariolino schob die Daunenjacke beiseite, mit der er sich in der Nacht über dem Schlafsack die Brust zuzudecken pflegte, setzte sich in der Daunenhülle auf und schien angestrengt zu lauschen. Er dachte an den Schrecken des vorangegangenen Abends, an den Druck und den Schnee am Zelteingang.
Aber alles wurde wieder ruhig, schien friedlich und schön. Und dennoch: Das Gefühl, irgend etwas stürze sich auf uns, wurde stärker und durchfuhr uns wie ein elektrischer Schlag. Hoch über uns wurde ein gewaltiges Donnern laut.
»Was ist los?« rief Mariolino erschrocken.
Dann lächelte er einen Augenblick, ein kleines irres Lächeln.
Verzweifelt griff er nach dem Reißverschluß am Schlafsack.
»Vielleicht ist es eine zweite Lawine«, sagte ich halb im Scherz, halb im Ernst, mochte diese Bemerkung aber wenige Sekunden später nicht mehr wahrhaben.
Das Dröhnen kam näher und näher.
Mit einem Ruck wand sich Mariolino zum Zelteingang, zog die mit Preßschnee verklebten Leinenstücke auseinander und hätte beinahe aufgeschrien vor Schreck, als er statt der Lhotse-Wand eine Lawine sah. Der ganze Himmel war ein walzendes graues Ungeheuer, so hoch wie die Berge, so hoch wie Mariolino sehen konnte. Wie

ein Atompilz stand der Schneestaub in der Luft. Die Angst, die sich seiner bemächtigte, als er diese Wolke, die alles zu ersticken drohte, auf das Lager zukommen sah, lähmte ihn für einige Augenblicke. Dann zwang er sich zu handeln. Immer straffer wurden seine Gesichtszüge, alle Muskeln und Sehnen spannten sich, und ich sah, daß sich seine Augen mehr und mehr weiteten.
Nachdem er auf seinen Schlafplatz zurückgekehrt war, schälte er sich mit einer Drehung aus dem Daunensack. Wie angesteckt von der Bereitschaft, die aus jeder seiner Fasern sprach, setzte auch ich mich zurecht. In Erwartung des Furchtbaren, das sich jeden Augenblick ereignen mußte, hockten wir beide zusammengekauert da, den Kopf zwischen die Schultern gezogen, den Schlafsack über die Beine gelegt, die Hände gespannt zur Abwehr.
Ich spürte nur ein kurzes Beben in der Luft, ein Zittern in den Fingern und Zehen, irgend etwas nahm mir den Atem, und schon waren wir ohne Dach über dem Kopf. Zeltstangen wirbelten durch die Luft, Stoffetzen flogen vorbei, ein unheimlicher Druck preßte mir Schnee in Mund und Nase. Nur mit Mühe konnte ich die Augen einen Schlitz weit offenhalten. Bilder und Geräusche in dieser plötzlichen Dämmerung waren dieselben wie während der Lawine in der vorangegangenen Nacht. Wieder ruderte ich mit den Armen und versuchte, den Mund weit aufzureißen. Instinktiv hatten wir uns beide mit dem Strom gedreht, so daß der Druck auf unsere Rücken fiel. Trotzdem hatte ich zwischendurch Zweifel, ob die Lawine von hinten oder von vorne kam oder ob sie vielleicht schon stillstand. Saß Mariolino noch neben mir, oder war er weggeschleudert worden? Was flog da durch die Luft? Ein Stein oder eine Kiste? Sauerstoffflaschen segelten an mir vorbei wie Fische beim Tiefseetauchen, Gasflaschen, Eisschollen. War ich überhaupt noch am gleichen Platz, oder schwamm ich mit dieser grauweißen Flut? Mir graute vor den Folgen.
Eine kurze Pause, ich atmete auf. Vorbei? Gerettet? Einen Augenblick lang wandte ich mich um und begriff, daß die dunkle Gestalt hinter mir Mariolino war, der ebenfalls ruderte. Ich merkte, daß wir doch in Stromrichtung saßen, aber im nächsten Augenblick wogte und brauste schon wieder alles durcheinander.
Seit mehr als zehn Minuten wurden wir gedrückt und geschoben, gepeitscht, mit Eis und Schnee beworfen. Das schlimmste war das Gefühl zu ersticken.
Dann war der Spuk vorbei. Das Lager war ein Trümmerfeld. Mein Atem flog, mein Puls hämmerte, daß man ihn weithin hätte hören müssen. Mariolino und ich schauten uns an, konnten es noch nicht fassen. Ich spuckte den Schnee aus, der meine Zunge lähmte. Mariolino hatte tiefe Falten im Gesicht. Der Preßschnee hatte sich in ihnen festgesetzt. Wenn Mariolino sich mit der Hand über die Haare fuhr, blieb der Schnee in vielen kleinen Knöllchen hängen wie der Mist an einer ungestriegelten Kuh. Beide zitterten wir am ganzen Körper.
Da war kein Zelt mehr ganz. Die Nahrungsmittel- und Ausrüstungsdepots waren vom Boden gefegt und die Expeditionsküche – ursprünglich ein geräumiger Raum aus vier Trockenmauern mit einer Plastikplane als Dach – zu einem Steinhaufen zusammengeschoben worden. Ein trostloser Anblick. Wo waren die Sahibs? Die Sher-

pas? Der Begleitoffizier Tschottre? Das Zelt von Curnis und Lorenzi war nicht mehr zu sehen. Das von Cassin lag, wie von einer Walze plattgedrückt, am Boden.
Mariolino hustete neben mir. Er war seit Beginn der Expedition gesundheitlich nicht ganz auf der Höhe gewesen und litt doppelt unter der nassen Kälte. Er wäre der ideale Gipfelmann gewesen, schnell, ausdauernd, leicht und erfahren in mittelschwierigem Gelände. Jetzt stand er fröstelnd da, ein Wrack, psychisch am Boden. Die weiche Melancholie, die sonst immer auf seinem Gesicht lag, war einer bitteren Enttäuschung gewichen. Nur in dem Augenblick, als sich in den Resten von Cassins Zelt erstmals etwas regte, leuchteten seine Augen auf, ein rauhes Lächeln deutete eine Spur von Freude an, einen Schimmer von Hoffnung.
Das gelbe Zelt wand und streckte sich – einem Dinosaurier ähnlich –, stand auf, klappte wieder zusammen, rappelte sich erneut auf. Ein Reißverschluß scharrte, und heraus kam der 66jährige Riccardo Cassin. Er hatte die Katastrophe unversehrt überstanden. Geistesgegenwärtig wie er war, fingerte er das Funkgerät aus dem kaputten Zelt, stellte es auf Empfang. Es war wenige Minuten nach 6 Uhr: Funkzeit. O-beinig stand der Alte da, in der Rechten das Gerät, mit der Linken zum Lhotse weisend, als verfluchte er den Berg.
In diesem Augenblick erst sah ich die Ausbruchstelle in der Wand. Knapp unterhalb von unserem zweiten Hochlager war ein riesiges Stück abgebrochen. Eine Million Kubikmeter Eis etwa, wie wir später ausrechneten. Diese Masse war durch die Schlucht heruntergefegt, die den Eisgrat von der Rampe trennt. In etwa 6000 Meter Meereshöhe hat die Schlucht eine Kurve, die der Lawine eine Richtungsänderung gegeben haben mußte. Sie war von dort an direkt auf uns zugerast und hätte alles für immer begraben, wäre das Lager nicht erhöht, 100 Meter über dem Gletscher, angelegt gewesen. Die steile Moräne hatte die Eismassen nach links abgedrängt und so das Schlimmste verhindert. Der Luftdruck allein aber hatte genügt, um unser Basislager vom Erdboden zu tilgen.
Nachdem wir die verletzten Hochträger – es waren insgesamt vier – versorgt hatten, setzten wir uns hin, ruhten uns aus, zogen eine erste Bilanz. Die Katastrophe war zu groß, als daß wir eine Hoffnung sahen, sie zu bewältigen.
Unsere Ausrüstungsgegenstände lagen in einem Umkreis von drei Kilometern verstreut. 20 Kilogramm schwere Gasflaschen waren 60 Meter ins Tal hinabgeschleudert worden, doch nicht explodiert. Bei einem Streifzug am toten Gletscher unter dem Lhotse entdeckten wir eine Woche später noch allerlei Kleinkram: eine Geldtasche mit wenigen Rupien darin, ein Bild von Contis Frau – ein rassiges Mädchen, Skilehrerin –, einen aufklappbaren Tisch aus dem Eßzelt, zwei Briefe und eine Karte von Uschi. Die hatten mir bisher nicht gefehlt, obwohl ich sonst alles sammelte, was sie mir schrieb.
Der Alte schüttelte immer noch den Kopf. Er sah alle seine Hoffnungen, die Arbeit von zwei Jahren, unter Eis und Schnee begraben. Vier Sherpas verletzt, die Hälfte der Ausrüstung verschüttet, die Mannschaft demoralisiert. Hatte es überhaupt noch Sinn, weiterzumachen?

Inzwischen hatten sich alle zur Aussprache um den einzigen Gaskocher versammelt, eine gewohnheitsmäßige Sitzung, die im Laufe der Expedition zum Ritual geworden war. Immer vor grundsätzlichen Entscheidungen hatte der Alte die Mannschaft zusammengerufen, um mit uns zu diskutieren. Diesmal sollte in einer demokratischen Abstimmung der Fortgang der Expedition festgelegt werden.
In unseren Köpfen spukten immer noch Bilder der Verheerung, Schreckensschreie, Angst vor dem Erstickungstod. Den Kameraden aus den Hochlagern kam es mehr noch als uns wie ein Wunder vor, daß keiner tot war. Ihnen fehlte das unmittelbare Erlebnis, das uns betroffen hatte und das uns alles anders sehen ließ. Wir fünf, die wir in den Zelten von der Katastrophe erfaßt worden waren, stellten keine Fragen, ergaben uns in unser Schicksal.
Wir saßen in der Runde wie ein Haufen gebrochener Krieger. Nicht geschlagen, aber von den Göttern bestraft.

Die Sherpas hatten eine einfache Erklärung für das Unheil: Wir hatten ein Yak geschlachtet, und deshalb mußte wenigstens einer von uns sterben. Die Lawinen waren nur Vorboten der Strafe, die die Götter für uns ausgedacht hatten. Ang Tsering, der Sirdar, und Tschottre, der Begleitoffizier, baten uns deshalb, die Expedition abzubrechen. Sie glaubten nicht nur an den Zorn der Götter, sie hatten dafür Beweise: Am Everest hatten Franzosen einige Jahre vorher sechs Yaks geschlachtet, sechs Bergsteiger waren wenig später von einer Lawine getötet worden. Drei Yaks hatte eine japanische Expedition am Dhaulagiri geschlachtet, wenige Tage vor unserer Katastrophe waren drei Bergsteiger dieser Gruppe tödlich abgestürzt. Jeder geschlachtete Yak – ein toter Sahib!
»Na ja«, sagte der Alte, die Hände tief in den Taschen, mit seinen O-Beinen unbeweglich dastehend, »das hat uns gerade noch gefehlt.«
»Gott sei Dank ist es so abgegangen«, tröstete Piussi.
»Die große Lawine in der Nacht, und keiner hätte eine Chance gehabt bei dieser Kälte und der Dunkelheit.«
»Nicht auszudenken, nachts, ohne Taschenlampe und halbnackt bei 15 Grad minus.«
Diese Bemerkung von Piussi hatte wieder Stimmung in die Runde gebracht. Einige lachten bei dem Gedanken an die fünf Gestalten, die nachts in Unterhosen aus dem Schnee kriechen. Der Alte kratzte sich. Der hatte schon schlimmere Situationen überstanden. Der war nicht unterzukriegen.
»Der Lawine wegen werden wir uns doch nicht vertreiben lassen!«
Allein die Tatsache, daß Piussi für das Weitermachen war, ließ den Großteil der Mannschaft neuen Mut schöpfen. Die alte Gesetzmäßigkeit galt – Lawinen gehörten einfach zu solchen Unternehmungen, Angst hatte ein Bergsteiger nicht zu haben.
»Wer wird denn wegen zweier Staubwolken schon in die Hosen scheißen!«
»Das Basislager wird verlegt, und weiter geht's.«
Auch Gigi Alippi war dafür hierzubleiben. In seiner ruhigen, bedächtigen Art bildete er das ausgleichende Element in der Gruppe.

Zum Schluß der Beratung sprachen wir uns alle dafür aus, das Basislager weiter talwärts zu verlegen, in die geneigte Mulde an der orographisch rechten Talseite, dem Island Peak gegenüber. Durch einen Gratrücken waren wir an dieser Stelle vor neuen Staublawinen geschützt. Außerdem wollten wir einen vorsichtigen Bericht nach Italien senden. Nachsatz: Alle wohlauf. Und dann wollten wir weitermachen.

Für den Aufbau seiner neuen Behausung hatte jeder ein besonderes Ritual. Der Alte ebnete zuerst einen Platz ein, ließ dann ein Zelt holen und stellte es auf. Schluß, fertig. Sandro suchte viele Stunden lang seine Habseligkeiten zusammen und mußte schließlich mit dem Platz vorliebnehmen, der übriggeblieben war. Curnis stocherte, nachdem sein Zelt stand, tagelang im Schnee der Lawine herum, so als wollte er mit dieser Tätigkeit die letzten Wochen der Expedition auslöschen. Piussi, dem das große Wohnzelt zugeteilt worden war, das er mit Guggiati, unserem Doktor h. c., teilen sollte, wälzte mit viel Geräusch Steintrümmer beiseite, hob Grund aus und baute Stützmauern auf der Talseite, als gelte es, den Bauplatz für ein ganzes Haus einzuebnen.
Ich selbst hatte – gebranntes Kind – weit draußen, etwa 100 Meter von den übrigen Zelten entfernt, unter einem Felsüberhang eine sichere Stelle entdeckt und baute dort ein Zweimannzelt auf. An diesem Platz war ich geschützter als die anderen. Wäre allerdings die halbe Lhotse-Wand abgebrochen, hätte es auch mich in meinem Adlerhorst erwischt.
Daß ich mein Zelt lediglich aus Sicherheitsgründen unter den Felspfeiler gebaut hatte, wollten die Kameraden nicht recht glauben. Sie wußten, daß in wenigen Wochen meine Frau nachkommen sollte, und lächelten verständnisvoll.

Neuer Beginn und alte Probleme

Es war hell, als ich, von Stimmen geweckt, die Augen aufschlug. Das neue Zelt war im Vergleich zu dem alten Dreimannzelt eng. Ich lag noch im Schlafsack, spürte aber schon die Sonne auf dem Zeltdach.
Eine halbe Stunde später saßen wir alle am Frühstückstisch. Ungewohnte Atmosphäre auch im neuen Eßzelt.
»Wo stecken denn Conti und Lorenzi?« wollte einer wissen.
»Auch Leviti fehlt«, fiel jetzt allen auf.
»Die haben's nicht mehr ausgehalten hier ohne Mädchen«, meinte Piussi.
»Haben einen Schock von der Lawine, keine Nerven mehr.«
»Was heißt hier keine Nerven, die müssen sich entspannen, sind schließlich keine Greise«, verteidigte Piussi die drei.

»Die haben sich schon beim Aufstieg umgeschaut. Lorenzi hat sich die Dorfschöne von Namche angelacht; Leviti ist zwar noch jung, aber kein Jüngling mehr. Wetten, die sind nach Namche Bazar gegangen.«
»Wahrscheinlich hast du recht. Die kommen schon wieder, wenn sie sich ausgetobt haben.«
»Gute Schocktherapie.«
»Die hätten wir wohl alle nötig.«
»Du kannst ja eines von den Sherpa-Mädchen vernaschen, die wöchentlich Holz, Kartoffeln und Mehl bringen.« Diese Aufforderung war an Piussi gerichtet.
»Glaubst wohl, mir graust vor gar nichts? So viel Holz können die gar nicht mitbringen, daß man genügend Wasser warmmachen könnte, um nur eine davon gründlich zu waschen.«
Jetzt, nach der großen Katastrophe, waren solche Gespräche häufiger als früher, und auch wenn sie sich oft nur wie Internatsgespräche Halbwüchsiger anhörten, so steckte doch viel mehr dahinter.
Der großen Leere nach den Lawinen folgte das verstärkte Bewußtsein des Lebens, das weiterging, der elementare Wunsch, es voll auszuschöpfen. Erst die Nähe des Todes, dann das zwingende Verlangen, ein Mädchen, eine Frau zu haben, so stark, als ob allein die Lust diese Schrecken des Todes wieder aufheben könnte.
»Alle können sich's eben nicht so einrichten wie Reinhold. Läßt sich die Frau ins Basislager nachkommen.«
»Immer, wenn ich Uschi dabei hatte, habe ich den Gipfel erreicht«, wehrte ich mich scherzhaft.
»Dann hätten wir sie von Anfang an einplanen müssen.«
»Stellt euch vor, was hier los wäre, wenn jeder seine Frau oder Freundin mitbrächte«, meinte Curnis.
»Das gäbe Mord und Totschlag.«
»Das möchte ich nicht behaupten. Ich träume schon lange von einer gemischten Expedition: Die Frauen kochen und versorgen die ersten Hochlager.«
Einige lachten laut.
»Die kämen ja gar nicht bis ins erste Lager hinauf.«
»Da täuscht du dich aber. Frauen sind gerade in großen Höhen zäher, als man denkt. Das weiß ich vom Noshaq her. Je höher sie kamen, desto besser waren sie in Form. Bei den Männern ist es meist umgekehrt.«
»In ihrer beharrlichen Ausdauer sind Frauen stärker«, pflichtete Sandro mir bei.
»Anghileri hat sich rechtzeitig aus dem Staub gemacht. Der ist jetzt schon daheim. Der zerbricht sich über das alles nicht mehr den Kopf.«
Curnis hatte wieder ein heißes Eisen angefaßt. Über das Weggehen Anghileris war man in der Mannschaft geteilter Meinung.
Mario Curnis aus Bergamo war sicher kein so exzellenter Kletterer wie Anghileri, dafür aber der bessere Alpinist. Vielleicht der vielseitigste von uns allen. Expeditionserfahren – zweimal Anden, Everest –, sicher und schnell vor allem im kombi-

nierten Gelände. Er sprach wenig, aber wenn er den Mund aufmachte, dann saß es. »Anghileri hat doch gesagt, wir seien hier nicht 15, sondern hundert. Unsere Mütter seien da, die Frauen, die Kinder. Diese Erfahrung ist wichtig für einen Mann. Je weiter ich mich von meiner Frau entferne, desto näher komme ich ihr, desto besser begreife ich sie.«
Langes Schweigen.
»Wenn Anghileri das Gefühl hatte, seine Frau sei hier bei ihm, warum hatte er dann solche Sehnsucht nach ihr?«
Alle hatten Giuseppe Alippi aufmerksam zugehört.
»Genau!« Endlich fühlte sich Gigi, der Namensvetter von Det, in seiner Überzeugung bestätigt. »Anghileri hätte bleiben müssen. Am McKinley damals war ich 23. Zehn Tage lang waren Jack Canali und ich allein am Gletscher, weit und breit kein Mensch. Ich war verzweifelt, ich weinte, ließ ihn aber nicht sehen, daß ich weinte.«
»Eine Expedition verlangt Opfer, über eine lange Zeit hinweg. Da zeigt sich dann der wahre Charakter, und es reift die Überzeugung von dem, was einer ist und was er kann.«
Alles in allem, ganz verdammte die Mannschaft den Abtrünnigen nicht. Wir waren nach den sieben Wochen ein Haufen verschworener Freunde, und das, obwohl wir uns vorher kaum gekannt hatten. Untereinander stritten wir zwar über Anghileri, dritten gegenüber aber verteidigten wir ihn. Irgendwie gehörte er immer noch zu uns.
Nach dem vierten Becher Tee merkte ich, daß die Nebel draußen dichter geworden waren. Der Wind kam stoßweise. Es wurde kalt. Gegen Mittag setzte dann der Wind fast ganz aus. Statt dessen war jetzt das rhythmische Klopfen der Graupelkörner auf dem gespannten Zeltdach zu hören.

Zur Abwechslung räumte ich mein Zelt neu ein. Seit einer Woche schon war das Wetter schlecht. Alle Kleider naß, das Daunenzeug vergammelt.
Wir waren inzwischen zwar nochmals bis ins zweite Hochlager aufgestiegen, Neuschnee und Lawinengefahr aber hatten uns vertrieben. Noch dazu war ich krank gewesen, Magenverstimmung oder weiß der Teufel was, und hatte mich elend gefühlt. An diesem Vormittag kam für eine Stunde die Sonne durch. Sofort legte ich die modrigen Klamotten auf das Zeltdach. Mit der Hülle der Daunenjacke kehrte ich den Gummiboden des Zeltes aus, warf Steinchen, Staub und Gras auf die kleine Terrasse vor dem Eingang. Es roch nach Schimmel und Schweiß. Ein Wunder, daß nicht auch wir langsam vermoderten.
Die Wand stand als riesige Senkrechte über uns. Vor ihr hing ein durchsichtiger Nebelvorhang. Wohin die Schleier auch zogen, einige Wandfetzen ließen sie immer frei. Wenn durch ein Nebelloch plötzlich der Gipfel zu sehen war, wirkte er wie von einem anderen Stern. Von uns bis zu ihm waren es 3500 Meter.
Die Stimmung in der Mannschaft war auf den Nullpunkt gesunken. Die alten, gutgemeinten Hänseleien blieben schon seit geraumer Weile aus. Piussi kam noch am

besten über diese toten Tage hinweg. Er hatte sein Zelt zu einer Art Bar ausgebaut und hielt es für alle offen. Am Abend nach dem Essen trafen wir uns zumeist dort, im »Night«, wie Piussis Zelt von nun an hieß. Dort wurde diskutiert, getrunken und gespielt. Als dann ein wildfremder Italiener, der seiner Frau davongelaufen und zwei Jahre in Australien gewesen war, zu uns stieß, wurde im »Night« auch gesungen. Endlich war jemand da, der Gitarre spielen konnte, und die Stimmung stieg.
Bei einigen von uns allerdings machte sich der Prozeß des psychischen Verfalls mehr und mehr bemerkbar. Man maulte mit den Sherpas in der Küche, bemängelte dies und jenes an der Ausrüstung. Wer krank wurde, war am schlimmsten dran, weil er andauernd im engen Zelt liegen mußte und Platzangst bekam.
Die Lieder, die am Abend gesungen und oft von uns selbst getextet waren, übertrafen sich Tag für Tag an Obszönitäten, Haß auf die Kirche und Spott über die Politik. Heiliges Land Italien! Auch unsere Gespräche spiegelten das Italien des zwanzigsten Jahrhunderts wider.
Unsere Expedition war wie ein winziger italienischer Staat, in den Himalaja verpflanzt. Eine Handvoll sensibler Leute, ausgefeilte Gesetze, die allerdings nicht eingehalten wurden, Wein und Bier, viel Unordnung, rasch aufflammende Begeisterung, die ebenso schnell wieder abflaute.
Trotzdem – oder gerade deswegen: Diese Expedition war, von der menschlichen Seite her gesehen, mein erfreulichstes Himalaja-Abenteuer. Ich war mit Deutschen und Österreichern weggewesen, aber niemals zuvor hatte ich diese Unmittelbarkeit, diesen Zusammenhalt in einer Mannschaft gespürt.
Nationale Expeditionen – davon bin ich überzeugt – spiegeln das Charakteristische und die Mentalität der Menschen des jeweiligen Landes wider. So gleicht eine österreichische Expedition einem kleinen, in sich ruhenden Staat nach österreichischem Muster, eine deutsche einem deutschen, eine englische einem englischen usw.
Bei der Lhotse-Expedition gab es keinen üblichen Expeditionsvertrag. Wir konnten deshalb vor- und nachher sagen, was wir dachten, und hatten die Möglichkeit, auch während des Unternehmens mitzubestimmen. Cassin war kein autoritärer Expeditionsleiter, er war eher wie ein Vater zu uns. Oft saß er bis spät in die Nacht hinein mit uns im »Night«, erzählte und lachte. Er war einer von uns.
Piussi war nicht ganz einverstanden mit dem System: »Für derartige Wände muß man schneller sein, und das geht nur mit flexibleren Expeditionen. Der klassische Stil mit Hochlagern, monatelanger Vorbereitung, einem Heer von Trägern ist vorbei.«
»Diese Art von Alpinismus verlangt immer das Letzte, so oder so. Ich glaube nicht, daß man eine solche Wand auch in Seilschaft machen könnte. Bonatti plädiert zwar für einen sportlichen Schwierigkeitsalpinismus an den höchsten Bergen der Welt, aber da geht er zu weit.«
Arcaris Antwort kam überlegt. Arcari, ein Freund Walter Bonattis und wie dieser aus Monza, war einer der Erfahrensten in der gesamten Mannschaft: vier Expeditionen, fast alle großen Touren in den Alpen.

»Für mich sind Unternehmungen wie die unsere sinnlos.« Gogna wollte das Gespräch beenden.
»Warum bist du dann mitgekommen?«
»Ich wollte es nach der Annapurna noch einmal versuchen.«
Piussi, der kurz ausgetreten war, kam wieder ins Zelt zurück. Der gefrorene Boden schien unter seinen Tritten zu zittern. Nicht, daß Ignazio dick gewesen wäre, er war nur außerordentlich groß und stark. Um einen ganzen Kopf überragte er uns alle. Seine Finger konnten eine Teeschale zu einer Blechkugel zusammendrücken.
»Ich will hier nicht angeben. Ich bin zu alt dazu. Aber die Zukunft, das ist ein Achttausender zu zweit, Bergsteigen wie in den Alpen. Das verlangt allerdings ganze Männer, keine Hosenscheißer, die beim ersten Wind schon ›Mamma mia‹ schreien.«
Piussi war immer noch beim ersten Thema. Er war zufrieden mit dem Erfolg der Expedition. Er hatte gelernt, Siege und Niederlagen zu nehmen, wie sie kamen.
»Kleinere Gipfel, weniger Leute, keine Fixseile.«
Ein einfaches Rezept. Es kam von Barbacetto.
»Wie ich diese Jümarbügel hasse! Überhaupt das Aufsteigen an Fixseilen. Die reinste Onanie. Und das oft über tausend Meter. Zwei, drei Tage lang nur Fixseile. Einhängen und schieben, schieben, schieben. Zum Kotzen.«
Gogna war seinen Ekel über das klassische Expeditionswesen losgeworden. Jetzt schien er erleichtert.
»Diese Steigklemmen allerdings sind nicht im Himalaja erfunden worden«, lachte Piussi und gab sein Winterabenteuer Civetta-Nordwestwand zum besten.

Senkrechte Welt über den Wolken

Das tägliche Serkim-Gebet vor dem Aufstieg war zu Ende. Eine halbe Stunde hindurch hatte der Sherpa Lama im Lotossitz auf dem Stein oberhalb der Küche gesessen und aus einem Buch vorgesungen. Die Stimmen der anderen Sherpas waren mit einem choralartigen Gesumme eingefallen, aus dem sich immer wieder geheimnisvolle Worte heraushoben: »Hargallio – wir gehen zu Gott.«
Selbst der Koch, der unter der niederen Plane mit allerlei Töpfen und Pfannen hantierte, schien mehr auf das monotone Gebet konzentriert als auf das Frühstück für die Sahibs. Und Ang Tsering, der für die Verteilung der Sherpa-Lasten verantwortlich war, übergab sie mit der auf- und abwogenden Stimme des Betenden.
Jetzt schwieg der Lama. Der großgewachsene junge Mann, ein Halbbruder von Ang Tsering, legte den hölzernen Deckel auf die losen Blätter und stieg vom Opferstein. Der Rauch aber quoll weiter aus den grünen Sträuchern und verbreitete einen wohligen Duft.
Alles im Camp ging in die gewohnte Unordnung über.

Der große Riccardo Cassin, Erstbegeher des Walkerpfeilers an den Grandes Jorasses, der Mount-McKinley-Südwand, der Badile-Nordwand und der Nordwand der Westlichen Zinne, war der Lhotse-Mannschaft ein väterlicher Expeditionsleiter.

Der Küchenjunge brachte das Frühstück ins Eßzelt, und die Sherpas hockten neben ihren gepackten Rucksäcken und schoben Reisknödel, die sie mit den Fingern formten, in ihre Münder. Welche Unmengen von Reis sie schon am frühen Morgen verschlingen konnten!
Für unseren Schlußangriff sollten alle Hochträger eingesetzt werden, und zusammen mit Cassin hatte ich einen genauen Plan ausgearbeitet, wer in den nächsten Tagen in welches Hochlager aufsteigen sollte.
Mario Curnis und ich sollten die Gipfelwand erkunden und brachen deshalb als erste auf. Die Sherpas, die uns begleiteten, gaben jedem von uns eine Handvoll geweihten Reis mit, den wir vor gefährlichen Stellen ausstreuen sollten, wie auch sie es zu tun pflegten.
Die zarten Federwölkchen, die sich langsam am Himmel verschoben, gaben dem Tag etwas Spielerisch-Hoffnungsvolles. War mein Glaube an den Erfolg in den Tagen zuvor und besonders in der letzten Nacht dem allgemeinen Pessimismus gewichen, so richtete sich mein Vertrauen in der frühlingshaften Stimmung und unter meinen zügigen Bewegungen von neuem auf.
Wie hatte Piussi vor dem Schlafengehen gesagt?
»Wenn man vom Erfolg nicht mehr spricht, aber an ihn glaubt, dann kommt er.«
Ich wandte den Blick zur Gipfelwand hin, wo ein Windstoß gerade eine Schneefahne auftrieb. Über die alten Zeltplätze kletterte ich dann zum Einstieg empor. Der Lawinenschnee war inzwischen geschmolzen. Ich sah zerrissene Zeltplanen, zu Trüm-

merhaufen zusammengeschobene Lagerhütten, verbogene Alustangen. Immer noch fehlten wichtige Ausrüstungsgegenstände.
»Unlöschbar ist mein Durst nach Todesgefahr«, sagte Curnis neben mir und lachte.
»Lammer«, bestätigte ich.
»Ich bin bereit, mein Leben hinzuwerfen wie einen zerbrochenen Bergstock«, zitierte er weiter.
Nein, das war Mario nicht, das wußte ich. Dazu war keiner von uns bereit.
Wir wollten ebenjenen Punkt erreichen, über dem der Einsatz Selbstmord, unter dem er Ängstlichkeit und Mißerfolg bedeutet. Aber war es nicht schon zu spät? Wir hatten noch nicht einmal ein drittes Lager stehen. Jetzt, Anfang Mai. Hatten wir die Lhotse-Wand nicht schon im April verspielt gehabt?
Wir konnten uns nicht damit abfinden. Ich schreibe: die Lhotse-Wand. Und sollte hinzufügen: der Himalaja, die Achttausender, diese Umwelt, fremd und lebensfeindlich. Das waren die Kräfte, die uns geformt hatten, vielleicht mehr als alle Bergsteigermoral und -literatur.
Diese Landschaft, die keine weichen Flächen kennt, die nirgends weit ist, außer am Gipfel, nicht nur ausschließlich Fels und Eis, sondern zudem immer Spannung. Dieses Gebirge, das wenige Kilometer voneinander entfernt die grausame Hölle der Todeszone und die friedliche Harmonie der Lamaklöster in sich vereint. Dieses Klima, das Hitze und Kälte mischt wie der Schmied Feuer und Wasser beim Härten von Eisen. Am Tag die Sonne senkrecht über einem wie in der Wüste, nachts Polarkälte mit Schnee und Stürmen.
Würde ein Durchschnittsbürger in drei Monaten die Energie verbrauchen, die ein Bergsteiger einsetzt, um einen Achttausender zu besteigen, er wäre im Nu um zehn Jahre älter. Zumal der Sturm, immer wild und gewalttätig, den ausgeglichensten Menschen mit innerer Unruhe erfüllt und ihn wie einen Schiffbrüchigen der Verzweiflung aussetzt.
Die Landschaft steil, das Klima grausam; Gefahr unabwendbar, wohin man auch tritt; die Gipfel über den Wolken großartig, aber entrückt, wie nicht für uns geschaffen. All das hatte unser Wollen geprägt. Darum blieb es nur bedingt von logischen, weit weniger noch von materiellen Überlegungen abhängig.
Mario und ich kletterten, durchstiegen ausgeschwemmte Rinnen, umgingen pilzartige Eistürme, balancierten über fußbreite Simse, immer am fixen Seil gesichert.
Im Lager I sah es schlimm aus. Ein Durcheinander wie noch nie, zudem alles naß. Die zweiten Schlafunterlagen waren verschwunden, kein Zünder, die Pfannen dreckig. – Trostlose Nacht.
Um 3 Uhr morgens war es sternenklar. Der Himmel schwarz, die Milchstraße ein weißer Streifen, der Orion über dem Ama Dablam.
Um 5 Uhr funkelten nur noch einzelne Sterne durch eine zerschlissene Wolkendecke. Dämmerung.
Zwei Stunden später brachen wir auf. Der Felspfeiler über uns war wie eine riesige, angezuckerte Turmspitze, abwärts geschichtet, vereist. Am Eisgrat war von einem

Aufschwung zum nächsten kaum ein Unterschied zu sehen. Die Nebel füllten jede Mulde. Mit schmerzenden Augen tasteten wir uns hier ins Lager II durch.
Ein einziges Nebelmeer, dicht, aschfarben, unbeweglich, weitete sich unter uns, unwirklich, reglos, flach. Kam schon der Monsun?
Die Stille war vollkommen. Über den Wolken nur ein Gipfel: der Makalu. Wie eine Insel stand er im Osten, hell schimmerte sein Eis. Nichts sonst unterbrach das Halbrund. Ich wähnte die Erde weder unter noch über uns, sondern irgendwo, weit weg. Wir hatten fünf Stunden gebraucht, um die Nebeldecke zu durchstoßen. Fünf Stunden im knietiefen Schnee, wühlend, steigend.
Wir waren übermüdet, konnten nicht schlafen. Deshalb lagen wir einige Stunden einfach nur so da. Dann rappelte ich mich auf und bereitete Tee. Der halbrunde Himmelsausschnitt im Eingang der Zeltbox war von hellen Streifen durchzogen, die Sonne war also schon hinter dem Nuptse verschwunden.

Wir hatten nach der Lawinenkatastrophe kein Yak mehr geschlachtet, auch hatten die beiden Alippi ihre Vogelfallen entschärft. Mit Steinplatten und Stöcken hatten sie eine Art Fallbeil gebaut, in der Hoffnung, einige von den Schneehühnern zu fangen, die sich zuweilen in der Umgebung des Basislagers aufhielten. Noch lieber hätten sie natürlich einen der Königsvögel erlegt, doch bekamen sie von ihnen nur einmal einen zu Gesicht.
Wir glaubten zwar nicht an das Gesetz: ein getöteter Yak – ein toter Bergsteiger, bemühten uns aber, die Götter nicht weiter zu reizen. So wenigstens hatten wir es unseren Sherpas versprochen. Wir achteten fortan die Bräuche der Einheimischen, die es verboten, oberhalb von Dingpoche irgendwelche Tiere zu töten.
Allein durch unser Dasein, durch das Vorhaben, einen so hohen Berg zu besteigen, griffen wir empfindlich in die Welt der Nepalesen ein. Wir Bergsteiger – ich meine jetzt auch frühere Expeditionen – haben die Einheimischen zwar dazu veranlaßt, unsere Technologie zu bewundern, ihre kulturelle Identität aber gefährdet. Unsere Art zu campieren, zu kochen, Krankheiten zu heilen, war für uns die einzig mögliche. Sie brachte aber – gewollt oder ungewollt – das religiös-moralische Gefüge in diesen Bergdörfern aus dem Gleichgewicht. Mit jeder Expedition wurde die einheimische Tradition ein klein wenig zerrüttet.
Mit unseren Funkgeräten zum Beispiel überschritten wir willkürlich die natürliche Begrenzung von Raum und Zeit. Mit unseren Sauerstoffgeräten konnten wir die höchsten Berggipfel, die Throne ihrer Gottheiten erreichen. Wir waren also in den Augen der Einheimischen fähig, Dinge zu vollbringen, die in ihrem Land nur Menschen zugeschrieben wurden, denen die Erlösung bereits zu Lebzeiten zuteil geworden war und die aus dieser Vollkommenheit heraus Wunder vollbringen konnten. Da aber auch wir in ihren Augen ähnliches fertigbrachten, mußten wir ihnen in irgendeiner Weise überlegen sein, geistig sowohl als auch religiös. Wie konnten einheimische Religion und Denkweise auf die Dauer unangefochten bleiben, wenn sie der unseren gegenüber als minderwertig empfunden wurden?

Vor jeder Spalte, bei jeder schwierigen Kletterstelle hatten die Sherpas, die mit Mario und mir aufgestiegen waren, heute geweihten Reis gestreut. Sie hatten ihre Gebete gemurmelt und zwischendurch die Luft durch die Zähne ausgestoßen, daß es pfiff.
Auch wir waren besonders vorsichtig gewesen, wenn es über Wächten und Spalten ging, wenn wir Neuschneehänge querten. Gegen Lawinen, Wetterstürze und die Schwerkraft waren auch wir machtlos. Irgendwie blieben die Götter also doch die Überlegenen.
Die Wolkenfront, die jetzt im Süden stand, war stahlblau. Wie eine riesenhafte tibetische Gebetsfahne hingen die Nebel am Ama Dablam. Man sah bis ins Basislager hinab. Die Erde war wieder unter uns.

Einen Tag später stiegen wir mit Det Alippi und zwei Sherpas weiter auf, um Lager III zu errichten. Ein guter Teil des Weges dorthin war bereits erkundet und versichert, das Zelt sollte unter der 500 Meter hohen senkrechten Gipfelwand stehen. Det kletterte voraus. Wie eine Maschine wühlte er sich vorwärts. Er hob das eine Bein, bis das Kniegelenk einen spitzen Winkel bildete, setzte es auf. Dann das näch-

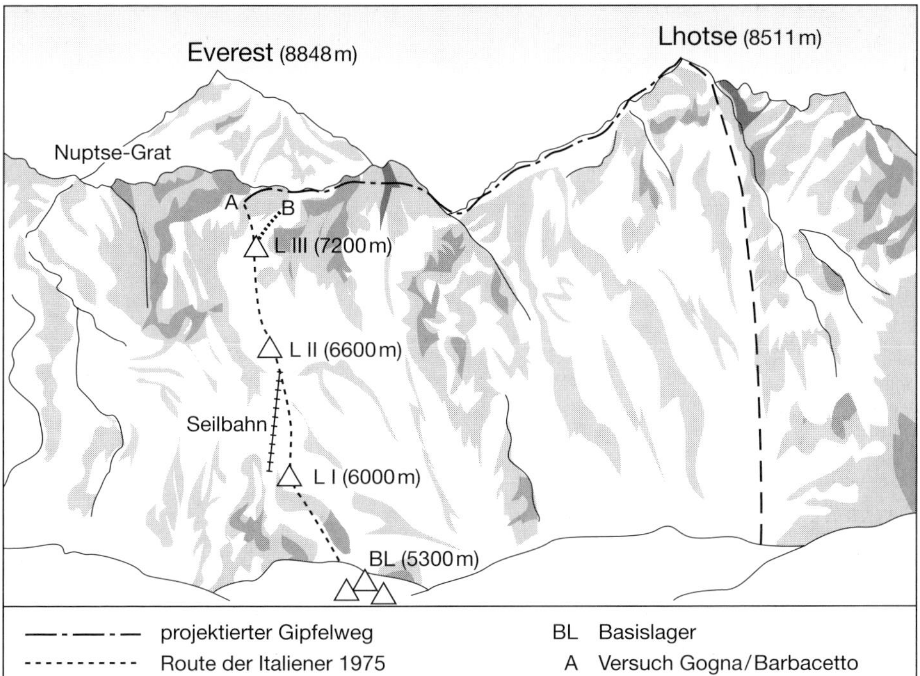

Die CAI-Expedition 1975 war der zweite Versuch an der Lhotse-Südwand, die erst 1990, nach einem Dutzend weiterer Versuche, von einer starken Expedition aus der ehemaligen Sowjetunion im Himalajastil durchstiegen wurde.

ste Bein. Bis weit über die Knie versank er jedesmal im grundlosen Pulverschnee. Eine höllische Schinderei.
Det war nach Cassin der zweitälteste in der Mannschaft. 41 Jahre, aber wenn es um Ausdauer und Willen ging, der erste von uns allen. Seine Handflächen sahen aus wie ein ausgedörrtes Stück Lehmboden, und seine Gesichtshaut schien aus Leder zu sein. Schmal und klein, war er für große Höhen besonders geeignet. Er, der nicht zu den Stars der Mannschaft gehörte, keine sensationellen Erstbegehungen in seiner Tourenliste hatte, war von den »Primadonnen« in der Mannschaft enttäuscht und zeigte – halb bewußt, halb unbewußt –, daß hier oben nicht der Name eines Bergsteigers, sondern allein der Mann zählte.
Ich wollte nur mehr dastehen und mein rasendes Herz gleichmäßig schlagen, die strapazierten Lungen wieder langsamer pumpen lassen. Mein Blick schweifte über die endlosen Schneehänge. Die Séracs und Spalten hoben sich im leichten Nebel kaum ab. Der Wind am nahen Gipfelgrat heulte jetzt nicht mehr, er zischte. Eben bekam ich wieder einen Schwall Graupelkörner mitten ins Gesicht. Wie Peitschenhiebe brannten sie auf der wunden Haut.
Der Höhenmesser zeigte 7100 Meter. 100 Meter fehlten also noch, wenn die Karte stimmte, auf der wir im Basislager die Höhenschichtlinien abgezählt hatten, um das Ende der Eisrampe zu kennen.
Nun stieg ich voraus. Mit gespannter Vorsicht setzte ich meine Füße auf. Die Schneefläche unter mir war bei diesem Zwielicht unbestimmbar. Ich merkte, daß ich automatisch den Boden abtastete, bevor ich einen neuen Schritt wagte.
Ein Gefühl der Aussichtslosigkeit ergriff mich. Nirgends ein sicherer Lagerplatz, die Wand wurde zusehends steiler. Das war nicht mehr die breite Rampe. Wir kletterten in einer riesigen vertikalen Eiswüste. Mir war, als stiegen wir seit Tagen hintereinander her. Kein Lebewesen sonst auf diesem abgesprengten Stück Welt. Waren wir noch am Lhotse?
Doch da, über uns, ein dunkler Streifen.
Ich zog mich am Pickel hoch und warf einen Blick über den Spaltenrand. Randspalte – Unterlippe – ungefährlich. Trotz des Nebels konnte ich sehen, daß die Oberlippe leicht auskragte wie ein Dachvorsprung. Wie mochte es bloß rechts aussehen? Ein Dutzend Schritte balancierte ich über dem Abgrund. Links die Spalte, rechts der Wandabbruch. Die Stufe von Unterlippe zu Oberlippe wurde kontinuierlich höher. Zu gefährlich. Ich kehrte zurück zum Ausstiegspunkt.
Mario stand neben mir. »Brauchbarer Platz, oder?«
»Wenn wir die Zeltbox eingraben, ja.«
»Ein Stück hinein, und wir liegen sicher wie in einer Katakombe.«
Die Sherpas hatten ihre Lasten abgeworfen und stiegen unterr der Führung von Det ab, zurück ins zweite Hochlager. Mario und ich sortierten das Material: ein Zelt, zwei Schlafmatten – kaum mehr als einen Zentimeter dick –, ein Kocher, Nahrungsmittel für zwei Tage, eine Schneeschaufel. Das Kletterzeug und die private Ausrüstung steckten noch in unseren Rucksäcken.

Inzwischen waren die Nebel gesunken. Die helle, ruhige Wolkendecke unter uns glatt wie ein See, undurchsichtig, blendete stark. Der Horizont wie mit dem Zirkel gezogen, ein exakter Halbkreis. Kein Gipfel darüber. Wie klein jetzt unser Gesichtsfeld war.
Es dauerte zwei Stunden, bis unser Zelt stand, die hintere Hälfte im Eishang, die vordere teilweise durch den oberen Spaltenrand geschützt. Eine Lawine hätte es eindrücken, nicht aber mitreißen können. Trotzdem hatten wir Angst.
Vor Müdigkeit konnten wir kaum etwas essen und hatten Mühe, in die gefrorenen Außenschuhe zu kommen. Erst als wir vor das Zelt traten und uns anseilten, überkam mich die gewohnte Ruhe. Beharrlich trotzten wir dem fauchenden Sturm.
Nach zwei Stunden hingen die 100 Meter Seil, die uns zur Verfügung gestanden hatten, über uns in der Wand. Am Nachmittag brachten zwei Sherpas eine neue Rolle: Arbeit für den nächsten Tag.
Die Nacht kam. An Schlaf war nicht zu denken. Jeder wußte vom andern, daß er wach war, außerstande, sich zu entspannen, daß er den Atem anhielt, immer wieder, um zu hören, was draußen geschah. Stille. Wir lauschten. Nichts.
Plötzlich, erst grollend, dann donnernd: Wumm – bum – bum – bum…
Wir schreckten auf, fuhren hoch. Ein Schneerutsch fegte über unser Zelt. Riß er uns mit? Angst packte uns. Mit einem Mal war es wieder still. Das flache Dach hing bis zur Zeltmitte durch. Fingerdick klebte der Reif an den Wänden.
Wir hatten Glück gehabt, wieder einmal. Nach einer Viertelstunde schliefen wir ein.

Am Umkehrpunkt vom Vortag schloß Mario zu mir auf. An zwei Standhaken gesichert, schob er langsam das Seil durch die Bremse. Einen Zentimeter, Ruhe, wieder einen Zentimeter. Der Fels war brüchig, grobbrüchig. Wenn ich den Kopf zurücklegte und nach einem Weiterweg forschte, überkam mich die Vision, daß der ganze Berg zusammenbrechen werde, in sich zusammenbrechen.
»Sassi!«
Immer wieder warnte ich Mario vor fallenden Steinen. Ganz plötzlich tauchten sie in der Luft auf, kleine schwarze Punkte über uns, schwirrten vorbei und schlugen weit unten wie Schrapnelle im Eis ein.
Wir hatten die Verschneidung erreicht, die schräg von rechts nach links die zweite Hälfte der Gipfelwand durchreißt. 7500 Meter Höhe. Das Eisbeil am Handgelenk, die Handschuhe an Bändern, schob ich mich über glatte Urgesteinsplatten, spreizte eine Rinne hoch und erreichte einen senkrechten Riß. Die Steigeisen knirschten metallen auf dem Fels. Der Haken, den ich in eine Längsspalte steckte, blieb hängen. Fünf Schläge mit dem Eisbeil, und er hielt. Reepschnur eingefädelt, doppelt natürlich, Karabiner eingeklinkt, und schon hatte ich eine Zwischensicherung. Auf »Ho ruck« wollte ich den Riß nehmen. Entweder schaffte ich ihn auf Anhieb oder überhaupt nicht. Für langes Probieren reichten mein Mut und meine Kraft nicht aus.
Ich kam nur bis zur Mitte. Weiter oben kein Griff mehr, der Fels zu steil, als daß ich mich auf den obersten Tritten hätte aufrichten können. Verdammt!

»Aufpassen!«
Mario schaute herauf, die Mütze voll Schnee. Ich wagte es nicht, ihm ein Zeichen zu geben, weil ich dabei das Gleichgewicht hätte verlieren können.
Da war ein faustgroßer Felskopf. Drei gezielte Hiebe mit der Haue, und das Eis spritzte weg. Schnell fummelte ich eine Reepschnur vom Klettergürtel, legte sie um den Felsen, prüfte nach, ob dieser hielt, und pendelte an ihr gesichert nach rechts auf ein Band. Gerettet.
An einem Klemmkeil und zwei Querhaken gesichert, wollte ich Mario nachkommen lassen.
»Vieni!«
Er hatte eben den einen Haken herausgeschlagen – den zweiten ließ er für die Fixseile stecken –, als eine ganze Steinlawine auf uns zuraste. Es hob ein Krachen, Singen, Hüpfen und Pfeifen an, das erst fünf Minuten später wieder aufhörte. Mario und ich standen an den Fels gedrückt da, die Rucksäcke über den Köpfen, und warteten. Zuerst starr vor Schreck, dann schicksalsergeben. Am liebsten hätten wir uns im Berg verkrochen.
Das war zuviel. Es roch nach Schwefel, und die Luft zitterte noch, während wir uns abseilten. Zurück ins Lager und ab ins Hauptlager!
Vorerst hatten wir die Nase voll.

Gescheitert

Der Aufenthalt im Basislager war eintönig. Die Gleichgültigkeit der demoralisierten Mannschaft bedrückte mich. Es dauerte nicht lange, da erwachte in mir die alte wilde Begierde nach Taten. Ich verbot mir, unentwegt nur an Sicherheit zu denken ,und legte mir ein neues Expeditionsziel zurecht. Ein Ziel und der Glaube an den Erfolg reichen aus, um es zu gewinnen, um das Leben zu ertragen. Der Aufstieg durch die direkte Gipfelwand kam nicht mehr in Frage. Die Wand war zu steil, zu brüchig und zudem völlig vereist. Ich hatte daher den Vorschlag gemacht, daß man es weiter links versuchen sollte, über eine Rampe und einen kurzen Pfeiler, der schräg nach links zum Grat weist. Dort, am Grat, mußten wir meiner Meinung nach an einer Stelle aussteigen, die unmittelbar über dem »Tal des Schweigens« lag, das sich vom Khumbu-Eisfall zwischen der Nordwand des Nuptse und der Südwestwand des Everest zum Fuße der Lhotse-Nordflanke hinaufzieht. Vielleicht konnte man von dort trotz der steilen Schneehänge absteigen. Absteigen zu den Japanerinnen, die noch am Normalweg des Everest waren und dort unten Lager haben mußten. Es wäre weiter kein Problem gewesen, über den versicherten Khumbu-Eisfall in ihr Basislager zu gelangen. Einige von uns sollten westlich um Nuptse und Lhotse herummarschieren und uns am Fuß des Everest erwarten.

Daß es für einen Gipfelangriff auf den Lhotse zu spät war, wußten inzwischen alle. Aber auch dieser neue Plan, der eine Überschreitung der Nuptse-Lhotse-Mauer gebracht hätte, stieß nicht auf allgemeine Begeisterung. Als ich ihn am Abend nach dem Essen vorbrachte, las ich in Riccardos Gesicht, daß er nicht die Unterstützung aller Kameraden erwartete und deshalb wenig Aussicht sah, das komplizierte Manöver durchzuführen. Er selbst jedoch erhob keine Einwände. Wahrscheinlich erkannte er, daß diese letzte Chance nicht blindlings abgeschlagen werden sollte und daß auch nur ein Teil der Mannschaft genügt hätte, einen derartigen Erfolg zu ermöglichen.

Wir durften nicht hier sitzenbleiben und uns geschlagen geben. Die Möglichkeit dieser Überschreitung war für mich so faszinierend, daß ich sie kaum weniger reizvoll fand als die Lhotse-Besteigung selbst. Aber erst nach einigen Tagen war ein Großteil der Mannschaft für meinen Plan zu haben. Cassin bestimmte, wie die Hochlager weiter aufzubauen seien und wer die Spitze übernehmen sollte. Eine Seilschaft mußte zuerst die letzten 200 Meter bis zum Grat versichern, dann eine andere den Versuch einer Überschreitung wagen. Eine zweite Seilschaft sollte folgen. Auf diese Weise konnte die erste relativ schnell den Grat erreichen und dann, ohne dort ein Lager errichten zu müssen, auf der anderen Seite absteigen. Die zweite Seilschaft hätte den Abstieg der ersten verfolgen und im Notfall von oben Hilfe bringen können.

Über der Diskussion waren einige Tage vergangen; inzwischen ließ das neuerdings eingebrochene Schlechtwetter einen ernsthaften Versuch nicht mehr zu.

Wie nach dem Scheitern am Makalu wog ich auch jetzt die Vor- und Nachteile einer starken Expeditionsmannschaft gegeneinander ab. Da waren auf der einen Seite größere Sicherheit, Rückendeckung, Möglichkeit, im Krankheitsfall ersetzt zu werden, Kameradschaft. Auf der anderen Seite standen die geringe Beweglichkeit, die langen Diskussionen, der Mannschaftsgeist, der unter Umständen allen Auftrieb ersticken konnte. Bei der richtigen Vorbereitung und der nötigen Erfahrung mußte eine Zweier-Expedition nicht nur schneller und billiger, sondern auch sicherer sein. Bei jedem ganz großen Berg ist jeder für sich selbst verantwortlich, und es ist leichter, *einen* gleichwertigen Partner zu finden als zehn oder 15.

Dann kam der 13. Mai, der Tag, an dem Cassin unsere Expedition endgültig für gescheitert erklärte. Von da an gab es für mich nur noch eines: Sehnsüchtig wartete ich auf Uschi, die bald das Basislager erreicht haben mußte.

Von dem, was inzwischen zu Hause geschehen war, ahnte ich nichts.

Ich hatte vor etwa einem Jahr bei der Regierung von Pakistan um die Erlaubnis zur Besteigung des Hidden Peak angesucht, keinen Bescheid erhalten, keinen mehr erwartet und das Ganze nahezu vergessen.

Und doch: Die Antwort aus Pakistan war eingetroffen, die Genehmigung erteilt. Uschi hatte den Brief aus Rawalpindi zum Bergfilm-Festival nach Trient mitgenommen, dort Peter Habeler getroffen und ihn insgeheim unterrichtet. Peter hatte zugesagt, mit mir zusammen den Hidden Peak anzugehen. Er war begeistert. Doch sollte

Der Alpenstil an den Achttausendern galt vor 1975 als unrealistisch. Hochlager und Fixseile gehörten bei den »kleinen« Achttausendern zur Standardlogistik, bei den »großen« auch Hochträger (Sherpas) und Sauerstoffgeräte. Die Mini-Expedition, die ich 1975 zum G I führte, beförderte 200 Kilogramm Expeditionsgepäck, ein Zehntel des Materials also, das Hermann Buhl 1957 für seine Broad-Peak-Besteigung eingesetzt hatte. So waren ein reibungsloser Anmarsch und ein rascher Aufstieg möglich. Ab 1975 konnte ich alle meine Expeditionen selbst finanzieren – auch weil sie nur einen Bruchteil dessen kosteten, was damals bei Achttausender-Reisen normalerweise anfiel.

Broad Peak und Gasherbrum-Gruppe (rechts der Bildmitte), vom K 2 aus gesehen.

Links: Lager I in der Lhotse-Südwand. Ausrüstung, Einrichtung der Route sowie das Lager charakterisieren den schwerfälligen Himalajastil.

Rechts: Sherpas beim Rasten in der Südwand des Lhotse. Der Holzbalken war für den Aufbau einer Materialseilbahn vorgesehen.

Italienische Bergsteiger am Fuß der 3500 Meter hohen Lhotse-Südwand.

Die Lhotse-Wand ist in ihrer ganzen Breite schwierig und gefährlich: Steinschlag und Lawinen drohen.

Die kleine Trägerkolonne beim Anmarsch auf dem Baltoro-Gletscher.

Wie Oasen liegen die bewässerten Felder im wüstenhaften Braldotal.

Vor dem Mustagh Tower am Baltoro-Gletscher.

Ein Balti-Träger am Ufer des reißenden Braldo.

Oben:
Trägerkolonne mit Broad Peak in Concordia.

Links:
»Little Karim«, ein Balti aus Hushe, war bei fast allen meinen Expeditionen im Karakorum als Läufer, Träger und Führer dabei. Er ist ein Freund geworden.

Aufstieg über den Abruzzi-Gletscher Richtung Gasherbrums; rechts hinten der K 2.

Unten: Aus dem Baltoro- und Abruzzi-Gletscher apern immer wieder die Überreste verunfallter Bergsteiger aus.

G III, G II und G I über dem zerklüfteten Gasherbrum-Gletscher, durch den sich einst jede Gruppe ihren Weg selbst suchen mußte.

Oben: Peter Habeler wenig unterhalb des G-I-Gipfels.

Gipfeldokument: Peter auf dem G I, neben dem Wimpel seiner Heimatgemeinde Mayrhofen im Zillertal.

Das winzige Zelt im zweiten Biwak mit dem Dach der Chogolisa im Hintergrund.

Rast in der Steilwand, knapp unterhalb des Felsgürtels des G I.

Peter Habeler im Basislager nach der Besteigung des Gasherbrum I im Alpenstil.

Nur über den Gasherbrum-Eisbruch ist heute ein Zustieg zu G I und G II von Pakistan aus möglich.

vorerst noch niemand wissen, auf welches große Wagnis wir uns da einlassen wollten.
Für mein Buch »Der siebte Grad« hatte ich in Trient den ITAS-Preis gewonnen. An meiner Stelle nahm ihn Uschi in Empfang. Senatspräsident Spagnolli überreichte ihr Urkunde und Geld – Manna für die expeditionsgeschwächte Haushaltskasse! – und zog sie dabei halb über den Tisch, um ihr etwas ins Ohr zu flüstern.
»Was hat er gesagt?« fragte Emanuele Cassarà, ein Journalist, augenzwinkernd und mit gezücktem Bleistift.
»Sie sind auf 7200 Meter angekommen und beginnen den Quergang zum Gipfel. In einer Woche haben sie's geschafft«, erwiderte Uschi.
Sie lachten beide, wollten das beide glauben. Aber sie hatten schon viele italienische Expeditionsinformationen bekommen und gelernt, nicht mehr alles für bare Münze zu nehmen.
In zehn Tagen spätestens mußte Uschi im Basislager ankommen. Wenn sie einen Tag nach dem Festival geflogen war, mußte sie am 5. Mai in Katmandu gewesen sein. Zwei Tage fürs Trekking-Permit – eine Art Wandererlaubnis –, dann der Flug nach Lukla, zwei Tage bis Namche Bazar, einer nach Tengpoche und dann noch zwei Tage herauf.
Abends, in meinem kleinen Zelt, ließ ich all jene Augenblicke an mir vorüberziehen, in denen ich Uschi nach langer Trennung wiedergesehen hatte: 1971 im späten Herbst in Karatschi; ich kam von Neuguinea zurück und hatte mir eigens für sie ein neues Hemd gekauft. Wenige Monate vorher in Mailand. Einmal war sie umsonst zum Flughafen gekommen, da man ihr einen falschen Ankunftstag mitgeteilt hatte. Eine Woche später war sie wieder da, und wir kletterten zu ihrem Geburtstag die Delagokante. Sie ging so leicht, als ob sie nie etwas anderes getan hätte. Dann nach dem Manaslu in München. Das war drei Jahre her, drei Jahre Trennung und Wiedersehen, Schmerz und Glück. Damals am Münchner Flughafen Riem gab es in der ganzen Welt in jenem Augenblick nur zwei Menschen: Uschi und mich. Ich fühlte mich in schwindelerregende Höhen versetzt, wie über den Wolken, als sie auf mich zukam und ich sie in die Arme nahm. Irgendwo ganz tief unten waren all die Journalisten, die Freunde, Gönner und die übrige Welt.
Jetzt, im Zelt, versuchte ich mir ihr Gesicht vorzustellen. Es war in ihm immer derselbe Ausdruck. Ihr frohes, offenes Lächeln. Daran erinnerte ich mich, an mehr nicht. Wie lang war zuletzt ihr Haar gewesen? Auf welcher Wange saß der winzige braune Leberfleck? Ich wußte es nicht mehr. So sehr ich mich bemühte, ihr Gesicht wiederzufinden, es blieb verschwommen.
Am nächsten Morgen bat ich Cassin um die Erlaubnis, meiner Frau entgegengehen zu dürfen. Er willigte ein. Ich wollte so lange gehen, absteigen, laufen, bis ich sie

Die Gipfelwand des G I, aus dem Gasherbrum-Tal gesehen.

Uschi Demeter, meine Frau, auf dem Weg ins Lhotse-Basislager. Wir ließen uns 1977 scheiden.

traf. Piussi sollte mitkommen, um im Japaner-Hotel bei Khumjung Geld abzuholen, das für die Trägerlöhne benötigt wurde. Bald nach dem Frühstück zogen wir los. Im Rucksack nur die Schlafmatte und ein hartes Brot, einige Konserven.

Nach dieser beschwerlichen Expedition bis weit über alle Gipfel der umliegenden Berge war der Abstieg wie eine Rückkehr ins Leben. Knapp unter dem Basislager, wo nur Büschel von dürrem Gras wuchsen, das erste verkrüppelte Buschwerk, vereinzelt noch, dann frische Gräser, und weit unten im Tal, hinter endlosen Einöden, ausgedehnte Waldstreifen und Flecken dampfender Erde.

Die obersten kargen Almen waren schon bewohnt. Ja, es waren Almen, diese zimmergroßen braungrünen Flächen zwischen den Steinen, diese winzigen Oasen am Fuße der Achttausender: die armselige Heimat der Sherpas, die unfruchtbaren Weidehänge des genügsamen Yak.

Beim Aufstieg – gut sechs Wochen vorher – waren mir die Unterschiede zwischen den letzten bewohnten Weilern und den Moränenrändern der Gletscher nicht weiter aufgefallen. Baumlos war unten alles, es war der Berg gewesen, der mich mit seinen ständig wechselnden Gesichtern fasziniert hatte. Jetzt aber, als ich von den Hochre-

gionen, wo die Steine kaum mit Moos und Flechten bewachsen waren, herunterkam in diese ersten Frühlingstage, war ich überwältigt von dem, was ich sah.
An den Schattenseiten lag fleckenweise noch Firn, Rhododendronbüsche und Gras niederdrückend. Wenige Meter daneben die ersten Blumen: Primeln, winzige Glockenblumen und hellgrüne Blätter, mit feinen Härchen übersät.
Weiter unten war das Tal mit Nebeln erfüllt. Die Augen in den Nebel bohrend, eilte ich nordseitig an Dingpoche vorbei. Da, ich konnte mich nicht geirrt haben, zwischen der gescheckten Hausmauer und dem halb eingestürzten helleren Steinwall ein gelber Fleck, ein Zelt. Dort mußte sie sein! Das Zeltdach leuchtete aus dem Dunkelgraublau der Nebelmassen hervor und verschwand auch dann nicht, wenn zerblasene Nebelschwaden darüber hinwegzogen.
Ich war keine Dutzend Schritte mehr vom Zelt entfernt, da hörte ich Stimmen. Uschis Stimme war nicht dabei. Aber es waren unverkennbar deutsche Wortfetzen, die mein Ohr trafen. Zögernd zog ich den Zelteingang auseinander. Heidi, Uschis Schwester, und Ilse, die Freundin, waren da. Aber wo war Uschi?
Sie stand etwas abseits an eine Mauer gelehnt. Ich sprang zu ihr hin und küßte sie, preßte sie an mich, um sie zu spüren. Der Talwind wehte ihr die Haare aus der Stirn. Das waren Augenblicke großen Glückes. Meine Finger schoben sich zwischen die von Uschi, ihre Haare berührten zart mein Gesicht.

Das Wetter hatte sich wieder aufgeklärt. Den ganzen Vormittag über war ein feiner dichter Regen niedergegangen, aber jetzt brach da und dort die Sonne zwischen den grauen Nebeln durch. Die Äcker, die Steinplatten auf den Hausdächern, die Sträucher und Begrenzungsmauern zwischen den Feldern dampften. Das Wasser in den schmalen Bewässerungsgräben blitzte in der hellen Maisonne. Es war 4 Uhr nachmittags, als wir uns für einen kurzen Spaziergang zurechtmachten. Hand in Hand wie Kinder schlenderten wir über die Felder, kletterten über Mäuerchen und saßen lange am Fuße eines Tschorten[1]), den Blick durch ein Wolkenloch hindurch auf den heiligen Berg Taboche gerichtet. Die Streifzüge durch das fast unbewohnte Dorf nahmen erst in der Dämmerung ein Ende. Dieser Tag war mein schönster während der ganzen Expedition.

Es war ein Tag, an dem ich Uschi wiedersah und wiederentdeckte. Und doch war es zugleich der Tag, an dem ich alle die Vorsätze zu vergessen begann, die ich am Lhotse gefaßt hatte. Am selben Abend nämlich gab mir Uschi die Genehmigung der Regierung für den Hidden Peak im Karakorum. Zunächst tat ich gleichgültig. Aber schon baute sich in meiner Vorstellung dieser neue Achttausender als Herausforde-

---

[1]) Symbolische Bauwerke des lamaistischen Weltbildes; sie stehen meist an Ortseingängen, Kreuzungen, Bergpässen und exponierten Wegen.

rung auf, die ich anzunehmen bald bereit war. Erst als ich dann Wochen später tatsächlich zum Hidden Peak aufgebrochen war, kehrten meine Gedanken mit Bedauern zu diesem Tag zurück.
Uschi hatte in den zwei Monaten unserer Trennung nicht viel Zeit für Grübeleien gehabt. Jetzt war sie vergnügt und ausgeglichen. Sie war in guter Form und ganz erfüllt von ihren Eindrücken beim Anmarsch. Dieses selbständige, führerlose Herumstreunen in unbekannten Gebieten war schon früher ihre ganze Leidenschaft gewesen, und sie fand, jede Landschaft habe eine ganz bestimmte Ausstrahlung auf sie. Die argentinischen Anden zum Beispiel hatten sie in tiefste Depressionen gestürzt, der karge Hindukusch hatte ihr Selbstvertrauen und Mut gegeben. Und so versetzte sie Solo Khumbu in heitere Ausgeglichenheit.
Während wir anderntags zum Basislager aufstiegen, hofften wir insgeheim, daß die Wand schon geräumt sei und wir unsere Spaziergänge in Solo Khumbu fortsetzen könnten. Uschi hatte ihre Bluejeans aufgekrempelt. Ab und zu war der Steig so schmal, daß wir balancieren mußten. Sie tat es geschickt. Immer, wenn sie nicht weiterwußte, wandte sie sich um und lächelte. Einmal blieb sie stehen, um ihren Pullover auszuziehen. Es war schwül, und wir waren den ganzen Tag über in Bewegung gewesen.
Das Hallo bei unserer Ankunft im Basislager war groß. Die seit Wochen angekündigten und mit Sehnsucht erwarteten Mädchen waren endlich da. Alle kannten Uschi schon, sie war bei den Vorbereitungen und beim Abflug in Mailand dabeigewesen. Von den beiden anderen, Heidi und Ilse, wußten sie nur vom Hörensagen. Dicht gedrängt standen alle herum. Vor allem Cassin bemühte sich rührend um sie, während ich Uschi zu meinem kleinen Zelt führte. Nach wenigen Stunden schon gehörten die drei Mädchen zur Gemeinschaft.

Am nächsten Tag sollten Sandro und ich zusammen mit einigen Sherpas in die Wand einsteigen, um die Hochlager abzubauen. Langsam begann ich den Aufstieg zur Moräne und stolperte über die herumliegenden Steine weiter bis zum Wandfuß. Anfangs wollte es mit dem Bewegungsrhythmus nicht recht klappen. Erst war mir zu warm, dann spürte ich einen Druck im rechten Schuh. Als ich in Schwung gekommen war, fiel es mir schwer, mich nicht umzudrehen, um zu sehen, ob Uschi noch winkte. Schließlich wurde meine Aufmerksamkeit abgelenkt von den fixen Seilen, die teilweise in den Schnee getreten waren oder als vereiste Stränge in der Wand hingen. Auf halbem Weg nach Lager I erst hatte ich mich eingelaufen und stieg zügig aufwärts.
Plötzlich überkam mich die Empfindung, wir hätten uns bei dieser Expedition nicht voll eingesetzt. Hatten wir doch nicht einmal den Grat erreicht. Doch halt, aus welchem Grund sollte ich mich schämen? Einen Augenblick lang blieb ich – am Fixseil gesichert – stehen, lehnte mich zurück und schaute hinauf bis zum Grat, an dem jetzt dichte Nebelschwaden hingen. Noch einmal vergegenwärtigte ich mir unseren letzten Versuch, als Mario Curnis und ich vom Lager III zum Gipfelgrat vorzustoßen

versucht hatten. Alles war gut organisiert gewesen, und wir hatten uns in bester Verfassung befunden. Aber die Felsen dort waren so fürchterlich schlecht, und der Wind tobte ohne Unterbrechung. Ich dachte an die leichteren Schneehänge an der Nordseite des Lhotse, an die Möglichkeit, vom Grat in einem Tag zum Gipfel aufzusteigen. Aber wir waren nicht bis zum Grat gekommen. Die Felsen zu brüchig, das Ganze zu gefährlich. Da gab es wirklich nichts, was wir nicht versucht hätten, und dennoch: Das Gefühl, etwas verspielt zu haben, wurde mit jedem Schritt stärker.
Jetzt, bei diesem schnellen Aufstieg, wurde mir mit einem Mal ganz klar, daß einige wenige Tage voller Einsatz genügt hätten – das Risiko natürlich mit einbezogen, das zu einem Blitzangriff gehörte. So waren wir gescheitert, aber niemand hatte mit dem Leben bezahlt.
Was hatte es zu bedeuten, für mich zu bedeuten, den Gipfel nicht geschafft zu haben? Kein dritter Achttausender, das war nicht schlimm; aber nicht oben gewesen sein, nicht bis zum Ende gekommen zu sein: Das war es. Abschlüsse beruhigten mich. Ich war immer noch der gleiche Narr. Ich lächelte über mich selbst und griff wieder fest in die Seile.
Mit der rechten Hand schob ich den Jümarbügel aufwärts, mit der linken tastete ich am Fels, um das Gleichgewicht besser halten zu können. Zwischendurch machte ich sogar einige Sätze und hätte beinahe gejubelt im Gefühl der Freude, als ich feststellte, daß ich vom Hauptlager bis zum ersten Hochlager keine Stunde gebraucht hatte. Ich fühlte, wie sich meine Muskeln weiteten, gleichsam wie ein Ball, den man aufpumpt. Es prickelte in meinen Waden und Schenkeln. Irgend etwas trieb mich weiter und verbot mir, hier auf Sandro zu warten, wie ich es mir ursprünglich vorgenommen hatte. Manchmal hatte ich Zweifel, ob ich dieses Tempo bis zum Seilbahnlager in 6400 Meter würde durchhalten können.
Kletterten da bereits die Sherpas vor mir? War ich wirklich schon an dem Platz, wo meine Steigeisen hingen? Mein Herz schlug heftig. Ich stieg fast automatisch, zog die Steigeisen an, stand auf und steigerte mein Tempo von Haken zu Haken. Einen Augenblick lang nur hielt ich an, als die Sherpas unmittelbar vor mir standen, die Hochträger, die sechs Stunden vorher vom Lager I aufgebrochen waren, um am Abend im Seilbahnlager zu sein. Ich kletterte entschlossen an ihnen vorbei und hetzte weiter.
Es dauerte eine gute Stunde, bis Sandro im Seilbahnlager eintraf. Ich hatte inzwischen Tee bereitet und die Winde kontrolliert. Auch hatte ich versucht, einige Schritte in Richtung Lager II aufzusteigen, aber der Schnee lag hier so tief, daß die Aussicht, es am gleichen Tag noch erreichen zu können, zu gering war, als daß ich einen ernsthaften Aufstieg in Erwägung zog. Auch war ich jetzt nach einer kurzen Rastpause im Zelt träg und müde geworden – gleich unlustig, wie ich vorher angespannt gewesen war.
Während wir uns am nächsten Vormittag die letzten Meter zum völlig zugeschneiten Lager II hinaufwühlten, durchriß plötzlich das Dröhnen eines Hubschraubers die eisigstarre Luft. Wie magnetisch wurden unsere Blicke von der nahen Maschine an-

gezogen. An der Nuptse-Wand vorbei entschwand der Hubschrauber als ein kleiner schwarzer Punkt hinter dem Westgrat unserem Gesichtskreis.
Volle drei Stunden buddelten wir, um wenigstens Zelte, Sauerstoffflaschen, ein Funkgerät und Reste von Fixseilen bergen zu können. Die Sherpas schleppten das Expeditions-Strandgut bis zur Bergstation der Seilbahn, und von dort ließen wir es bündelweise hinuntersausen. Huiii – peng! 400 Höhenmeter auf 800 Meter Seil etwa. Unten schlugen die Pakete wie Blindgänger in den Schnee.
Als alles, Menschen und Material, im Basislager war, galt es nur noch, die Sherpas auszubezahlen und zu packen. Dann waren wir frei.
Cassin übernahm es, die Trägerkolonne talwärts zu führen, wir durften auf eigene Faust vorauseilen. In Namche Bazar wollten wir uns alle wieder treffen.

Alpenstil am Hidden Peak

Wanderung durch das Sherpa-Land

Eben noch, so dachte ich, waren wir Expeditionsbergsteiger gewesen, jetzt waren wir – Uschi, die beiden Mädchen und ich – Trekker, normale Wanderer. Einfach nur dahinspazieren, ohne Trägersorgen, ohne Eile – auch das hatte seine Vorteile.
Am ersten Tag waren wir bis zum Kloster Tengpoche gekommen. In einem der Gästeräume, die in den Seitenflügeln dieses Lamaklosters untergebracht sind, bekamen wir ein schlichtes Abendessen und einen Platz auf einer Pritsche. Es waren noch andere Trekker da, außerdem zwei Lamas, die Bier und Tibetika verkauften, und einige Nepalesen, die mit den Engländern am Nuptse gewesen waren und jetzt von Rasthaus zu Rasthaus heimwärts zogen. Der Schreck der Lawinen saß ihnen immer noch im Nacken. Offensichtlich hatten sie den ganzen Abend über Raksi getrunken, und einer hatte versucht, sich mit mir anzulegen. Ich aber war nicht aufgelegt zu Scherzen oder Plänkeleien. Es war schon Mitternacht, als uns lautes Schreien weckte. Einer der Nepalesen, ein Gurkha, sprach über Europa – so, wie er sich Europa vorstellte, das er angeblich »von London bis Rom« kannte – und über die Expeditionen, an denen er teilgenommen hatte. »Diese Haufen von Krüppeln«, wie er sagte, »die Angst haben, sobald sie allein sind.«
Mit einem Mal wurde uns klar, daß die Nepalesen – zumindest etliche von ihnen – anders über uns dachten, als wir geglaubt hatten, und daß es in ihnen Feindseligkeit und Aggressivität gab, die sie im allgemeinen verdeckten, um sich nicht zu schaden. Dieser Mann jedenfalls haßte Europa, aber er drückte diesen Haß mit den gemeinsten Beschimpfungen aus, die er eben von Europäern übernommen hatte.
Das Kloster Tengpoche, in der Sherpa-Sprache Gomba genannt, wurde vor etwa 50 Jahren gebaut und ist ein geistiger Mittelpunkt des Sherpa-Lamaismus. Es liegt auf einem Hochplateau, das sich wie eine grüne Insel vor der gewaltigen Kette der heiligen Berge Ama Dablam, Kantega und Tamserku erhebt und den großartigsten Blick auf Everest und Lhotse bietet. Der Bau selbst ist vielschichtig gegliedert, seine pagodenförmigen Dächer steigen übereinander auf und scheinen sich gegenseitig aufzuheben. Die Wände sind mit Lehm verputzt und mit einem Rot gestrichen, das an pompejanisches Rot erinnert. Kunstvoll geschnitzte, vielfarbig verzierte Fenster, das Holz von der Sonne schwarz gebrannt, lockern die Wände symmetrisch auf. Vor dem Kloster liegt ein von hohen Steinmauern eingefaßter Hof. Zu ihm führen steile Stufen. Oben öffnet sich ein geschnitztes Tor. Durch das Tor betritt man Hof und Kloster und die verrauchte Küche im Seitenflügel. Das Kloster selbst enthält eine Unzahl der schönsten Thangkas – tibetische Rollenbilder, ikonographische Malereien, die der Selbstidentifikation mit den Gottheiten dienen, deren Eigenschaften

man durch Meditation in sich selbst zu entwickeln sucht –, kostbare Buddhas aus Gold und Silber sowie Wandmalereien, auf denen das Leben Buddhas dargestellt ist. Hier war für mich einer der schönsten Plätze der Erde.
Unmittelbar unter dem Kloster querten wir einen Rhododendronwald. Der satte Geruch der sterbenden Blüten lag in der Luft, und die Blütenblätter variierten von Weiß über Gelb bis zu Dunkelrot. Unter den Gelbtönen überwog das Orange, das Weiß war nicht selten mit Rosa überhaucht, oft zart wie frischer Schnee, dazwischen wieder ein ganzer Strauß mit rotbetupften weißen Blumen.
Über Khumjung und Kunde, die wohl größte Sherpa-Siedlung, wollten wir nach Thame wandern, wo dieser Tage das Mani Rimdu, das höchste religöse Fest des Jahres, stattfinden sollte.
Überall in den Dörfern liefen uns die Kinder nach, Buben, die auf den Wegen spielten, kleine Mädchen mit ihren Puppen im Schultertuch. Sie trugen sie genauso, wie die Mütter dort ihre Babys tragen. Uschi unterhielt sich oft und gerne mit den Kleinen. Unterwegs lehnte sie sich für einen Augenblick gegen eine Mauer, um auszuruhen. Da kamen zwei Buben und ein Mädchen, setzten sich neben sie und versuchten, sie an den Händen zu fassen. Mit einem Mal war Uschis Gesicht anders, als es eben noch gewesen war. Da war ein Hauch von Melancholie, eine Spur von Trauer. Mir fiel mein Traum ein: die Hotelhalle, der Akt von Kirchner, die Frau, die jemanden suchte. Damals hatte ich geglaubt, Uschi in ihr wiederzuerkennen. Sie war diese Frau. Was über einen Menschen verhängt ist, läßt sich nicht abtun.
Schon früh am Morgen verließen wir das Rasthaus in Kunde, wo wir unweit des Hillary-Hospitals genächtigt hatten. Nach ausgedehnten Pinienwäldern und steilen Wiesenhängen schlugen wir den Weg nach Thame ein.
Es war drückend heiß. Bleigraue Nebel hingen knapp über dem Fuß der Berge, und nur ab und zu ließ ein Sonnenfleck die Steinmauern, die die Felder umrandeten, weiß aufleuchten. Schließlich erreichten wir Thame. Das Dorf lag da wie ausgestorben. Weiter oben allerdings, in der winzigen Felsenstadt am Kloster, herrschte reges Treiben. Seit Tagen schon hielt der Zustrom der Gäste zum großen Fest an. Das Kloster Thame und die umliegenden Schuppen füllten sich mit Menschen, die Gomba mit Lamas von anderen Klöstern.
Auch aus den entlegensten Teilen des Sherpa-Landes waren festlich gestimmt Gläubige eingetroffen: Männer, Frauen, Kinder und sogar Reisende aus dem Ausland mischten sich in das bunte Gemenge. Die Gasthäuser waren überfüllt, um die Küchen im Freien drängte sich jung und alt. Vorerst glich das Festgelände mit tibetischen Altertumshändlern und Tschang-Verkäufern eher einem Jahrmarkt.
Bekannte Gesichter tauchten auf: zwei Sherpas, die mich am Makalu bis in jenes dritte Lager begleitet hatten, das wie eine kurze Sprungschanze in den mit 60° geneigten Eishang gegraben war; einige Expeditions- und Trekkingleute, die ich von Vorträgen in Europa her kannte. Ein kurzes Nicken zu den Sahibs hin, ein »Namaste – ich begrüße das Göttliche in dir« zu den Sherpas.

Wie üblich wurde die Feier am Nachmittag vor dem eigentlichen Festbeginn durch den Ringpoche eröffnet. Ein Glockenzeichen ertönte, und der ganze Klostervorhof – geschwängert mit Murmeln, Neugier und Festerwartung – versank in tiefes Schweigen.
Der folgende Morgen brachte auch für die Pilger Gebet und Meditation. Vom Dachvorsprung der Gomba aus war eine Zeltplane gespannt, die den ganzen Hof überdeckte. Unter ihr saß, erhöht auf einem thronartigen Sessel im Lotossitz, der Ringpoche. Er trug die hohe rote Mütze seines Ordens und ein gelbes Seidengewand. Auf dem ebenfalls erhöhten Sessel rechts von ihm stand ein geschmücktes Bild des Dalai Lama. Etwas niedriger hatten zu beiden Seiten des Ringpoche weitere würdige Lamas Platz genommen.
Auf einem Tisch vor dem Ringpoche lagen die wichtigen Kultgeräte des Lamaismus: Dorje, das Zepter, und Drilbu, die Glocke.
Von Zeit zu Zeit griff der Ringpoche zu einem der beiden Geräte, läutete mit der Glocke oder hob das Zepter. Er war ein junger Mann von erst 17 Jahren, und das hohe Amt, das er bekleidete, war ihm zugefallen, weil man in ihm die Reinkarnation jenes Lamapriesters erkannt hatte, der vor ihm das Kloster geleitet hatte.
Den Höhepunkt der Festlichkeiten bildeten die Maskentänze. In immer anderen Masken und Gewändern traten die Lamas aus der Gomba, tanzten, spielten, rezitierten, wobei Musik, Bewegung und Gesang zu einer Einheit wurden. Die symbolische, zeitlose Welt dieser Mönche nahm uns gefangen und erfüllte uns mit ihren unendlich neuen Bildern, Tönen und Gerüchen.
Am Abend nach den Festlichkeiten ließ man uns in die Gomba ein. Jetzt war der Ringpoche nicht mehr der unnahbare Priester, jetzt sprach er mit uns und zeigte uns einen fingerdicken, einen Meter langen Eisenstab, in den er in einem seiner früheren Leben als Beweis seiner Berufung einen Knoten gedreht hatte, ohne den Stab vorher erhitzt zu haben. Trotz seiner Jugend strahlte er Ruhe und Würde aus. Er zeigte uns seine privaten Gemächer und bat uns zu guter Letzt, sein Kofferradio zu reparieren. Also auch hier, in diesen letzten Oasen der Ruhe, hielt die Technik bereits ihren Einzug, obwohl die Zeit noch immer nach Monden, Sonnenauf- und Sonnenuntergang bemessen wurde.
Im Dorf Thame, ja auf dem ganzen langen Rückmarsch bis nach Namche Bazar herrschte bei Uschi und mir Hochstimmung. Uschi, obwohl müde vom staubigen Marsch und der durchwachten Nacht in der engen, verlausten und lauten Klosterzelle, war noch vertieft in diese Stimmungen, die sie in sich eindringen ließ, während wir die Serpentinen nach Namche Bazar hinuntergingen.
Cassin war schon da, der Hauptteil der Lasten – 300 Gepäckstücke mit Trägern und Yaks – voraus nach Lukla unterwegs.

Warten auf die Herkules

»Campo base, campo due.«
Lautes Gelächter.
»Tutto bene, pico bello, Mamma mia, pasta asciutta.«
Wie ein Schattenriß stand da eine schwarze Gestalt im Schein des flackernden Feuers: O-Beine, die Füße leicht nach außen gedreht, in der rechten Hand ein Holzscheit. Dazu der Tonfall und die Stimme des Alten.
»Pronto, pronto, campo base.«
Einer unser Sherpas mimte Cassin beim Funken. Er machte es so treffend, daß nicht nur die Träger in der Runde, sondern auch wir schallend lachen mußten. Für Sekunden sah ich mich wieder ins Basislager zurückversetzt.
Es war schon Nacht, und ein Sherpa hatte uns vom verregneten Lagerplatz in sein Haus geholt.
Bei Raksi und Taschang, Tanz, Gesang und Gelächter saßen wir dort bis weit nach Mitternacht bei den Trägern. Sie waren ausgelassen, und ihre Heiterkeit steckte an. Wieder nahm einer der Sherpas das Holzscheit, imitierte die Beinstellung Cassins.
»Tutto bene?«
Wie genau sie beobachtet hatten! Bevor wir gingen, baten sie uns allerdings, dem Bara Sahib[1]) von ihrem Spiel nichts zu verraten.
In den Feldern und Wäldern schillerten am Morgen alle Farbtöne von Gelb bis Blaugrün. Auf einer Terrasse sproß die junge Saat vitriolgrün hervor, darüber stand in warmem Gelb die reife Gerste, dazwischen hob sich eine bemooste Steinmauer ab wie ein Band aus Seetang. Der Wald war vom Horizont herab von einem schmutzigen Graugrün, darunter sattgrün, und ins Unterholz mischte sich da und dort ein Blauton, besonders dann, wenn die Sonne hinter einer Wolke verschwunden war. Scheinbar ohne Abstufung gingen die Farben der untersten Baumstämme über in die Weideflächen außerhalb der Mauern, die in einem riesigen Netz alle Felder umspannten und gliederten. Und doch lagen – wenn man unmittelbar dort hindurchkam – mehrere Farbtöne zwischen dem schwefeligen Gelb der Flechten, die die Rinde der Stämme überwucherten, und dem stumpfen Goldgelb des dürren Grases am Waldrand.
Im Schatten einer Manimauer wartete ich auf Uschi und ihre Schwester. Es war nur mehr eine halbe Wegstunde bis Lukla; von dort würden wir am nächsten Morgen nach Katmandu fliegen.
Durch den ausgedehnten Rückmarsch und die Anwesenheit Uschis in ein neues Gleichgewicht versetzt, entschloß ich mich, die Hidden-Peak-Genehmigung anzu-

---

[1]) Bara Sahib heißt »großer weißer Herr«; so nennen die Einheimischen den Expeditionsleiter.

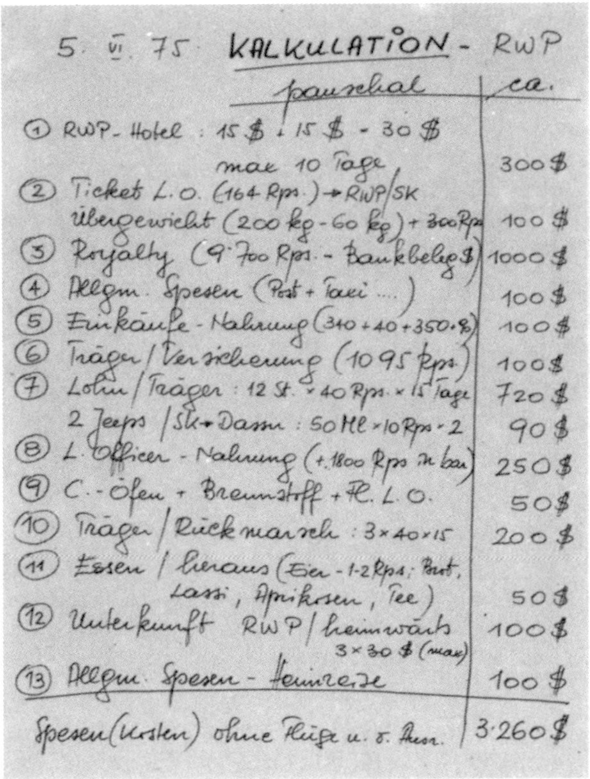

5. VI. 75 KALKULATION – RWP

pauschal	ca.
① RWP-Hotel: 15 $ + 15 $ = 30 $ max 10 Tage	300 $
② Ticket L.O. (164 Rps.) → RWP/SK Übergewicht (200 kg – 60 kg) + 300 Rps	100 $
③ Royalty (9700 Rps. – Bankbeleg $)	1000 $
④ Allgm. Spesen (Post + Taxi ....)	100 $
⑤ Einkäufe – Nahrung (340 + 40 + 350·8)	100 $
⑥ Träger/Versicherung (1095 Rps.)	100 $
⑦ Lohn/Träger: 12 St. × 40 Rps. × 15 Tage	720 $
2 Jeeps/SK → Dassu: 50 Ml × 10 Rps × 2	90 $
⑧ L. Officer – Nahrung (+ 1800 Rps in bar)	250 $
⑨ C.-Öfen + Brennstoff + Fl. L.O.	50 $
⑩ Träger/Rückmarsch: 3 × 40 × 15	200 $
⑪ Essen/Heraus (Eier – 1-2 Rps; Brot, Lassi, Aprikosen, Tee)	50 $
⑫ Unterkunft RWP/heimwärts 3 × 30 $ (max)	100 $
⑬ Allgm. Spesen – Heimreise	100 $
Spesen (Kosten) ohne Flüge u. d. Ausr.	3.260 $

Bereits in Katmandu, auf dem Heimweg vom Lhotse, hatte ich einen pauschalen Kostenvoranschlag für die Hidden-Peak-Expedition gemacht. Sie sollte alles in allem, mit Ausrüstung, Flügen und den eigentlichen Expeditionskosten, keine 8000 Dollar kosten.

nehmen. Ich hoffte deshalb, bald nach Europa zu gelangen, um diese Expedition vorbereiten zu können.

Wir hielten uns nun schon rund zwei Wochen in Katmandu auf. Längst war der Termin verstrichen, an dem uns die Militärmaschine unseren Berechnungen nach hätte abholen sollen. Wir alle drängten nach Hause, einige verloren langsam die Geduld. In der Zwischenzeit hatte ich versucht, mit dem Ministerium für Tourismus in Rawalpindi zu telefonieren. Vergeblich. Da seit dem Indisch-Pakistanischen Krieg 1971 alle Telefonate über London gingen, kamen Verbindungen selten zustande. Auch alle Telegramme, die meinen neuen Expeditionsplan betrafen, blieben ohne Antwort. Normalerweise hätte ich die Wartezeit in dieser Stadt der Tempel und Buddhas genossen, aber jetzt kam ich mir vor wie ein wildes Tier im Käfig. Jeder Tag, der hier tatenlos verstrich, konnte uns am Hidden Peak fehlen.

Endlich, am 7. Juni, meldete man uns die Herkules-Maschine. Drei Wochen lang hatte es gedauert, bis die Genehmigung erteilt worden war, über indisches Hoheitsgebiet zu fliegen.

Es sah so aus, als sei die Hälfte des CAI-Vorstandes nach Nepal gekommen, um uns abzuholen: ein halbes Dutzend Funktionäre, deren Frauen, Journalisten, Freunde.

Jetzt erst, im Gedränge der Bekannten, unter den bohrenden Fragen der Reporter, kam Cassin unser Scheitern voll zum Bewußtsein. Er, der zuvor immer mit Erfolg von seinen Auslandsfahrten ins Mutterland Italien zurückgekehrt war, stand diesmal mit leeren Händen da. Die Antworten des Alten auf die vielen neugierigen Fragen waren rauh, fast ruppig; er murrte und raunzte wie die Lhotse-Wand bei Sturm.
»Ist sie wirklich unmöglich, diese Südwand?«
»Unlösbar. Die Gipfelfallinie haben wir sofort aufgegeben. Oben total brüchig, und unten fegten Steine und Eisstücke alles blank. Wenn es schneite, stürzten ganze Ströme von Schnee durch die Rinnen, weiter unten waren es ununterbrochene Lawinen. Heute steigt dort niemand hinauf, vielleicht in zwanzig Jahren einmal. Und dann braucht er viel, viel Glück. Die Lhotse-Wand ist nicht nur eine doppelte Eiger-Wand, sie ist ein Ungeheuer.«
Es war Cassin gewesen, der diese Expedition gewollt, der die Verantwortung übernommen und sie zusammen mit dem Präsidenten des CAI, Senator Spagnolli, auf die Beine gestellt hatte. Der vorbildliche, klassische Alpinist – auf der einen Seite von einer unglaublichen Ehrlichkeit, auf der anderen von unbeugsamem Stolz getragen – war nun ein Geschlagener. Seine Worte, seine Haltung verrieten, daß er ein persönliches Drama durchlitt.
Er hatte wohl bis zur letzten Konsequenz verstanden, daß ein Ziel wie die Lhotse-Wand etwas vollständig anderes war als die Besteigung irgendeines hohen Berges über einen leichten Weg: Vaterlandsliebe und die Ehre, mit dabeizusein, genügten da nicht mehr. Neben Disziplin und beinahe schon wissenschaftlichem Vorgehen gehörten ausgefeilte Technik und eiserne Härte dazu, eine Zähigkeit der Seele, wie sie nur ganz wenigen Menschen eigen ist.
In seinem Groll schimpfte Cassin über die Sherpas, dann wieder schwieg er in sich hinein, enttäuscht, verzweifelt. Es war nicht seine Schuld, und doch nagte der Schmerz an seinem erfolggewohnten, großzügigen Bergsteigerherzen.
»Und Anghileri?« wollte der Reporter weiter wissen.
»Er hat das Vertrauen, das ich in ihn gesetzt hatte, nicht erfüllt.«
»Anghileri aber sagte, man sei kein Verräter, wenn man nicht bleibt, bis man umkommt. Er lehnt sich gegen diese herkömmliche Bergsteigermoral auf. Er sagte, all diese Regeln machten sich die Alpinisten selbst, und er lachte darüber, als man ihm nach seiner Rückkehr drohte, ihn aus dem CAI auszuschließen. Er sagte weiter, daß all jene, die nur leiden und sich nicht auflehnen können, arm seien, daß es von einem bestimmten Punkt an Masochismus sei, zu leiden, um zu genießen. Auch fände er all jene verrückt, die nur in den Bergen glücklich sein könnten, für die ein Bergsteiger nur dann ernst genommen werden dürfe, wenn er den Idealen bis zu seinem seligen Ende treu bleibe.«
Cassin schwieg. Das waren nicht die Probleme, die seit dem Fortgang Anghileris für ihn aufgetaucht waren. Er, dem der italienische Alpinismus so viel verdankte, hat nie viel philosophiert. Er sah sich im Falle Anghileri als Vater der Expeditionsmannschaft betrogen und hatte zu all diesen Einwänden keinen Kommentar.

In den Wochen des ungeduldigen Wartens hatten Uschi und ich zwei junge Hunde gekauft: zwei Lhasa Apso, tibetische Klosterhunde. Im lauten und unverkleideten Militärflugzeug saßen die beiden meerschweinchengroßen Wollknäuel zunächst hechelnd in ihrem Körbchen, die Augen unruhig vor Angst. Als aber die Motoren aufheulten, legten sie sich auf den Rücken, alle viere von sich gestreckt, und blieben locker so liegen, bis die Maschine wieder stand. Verwundert über diese Fähigkeit, vollkommen abschalten zu können, die sie wohl von den buddhistischen Lamas, den Züchtern dieser alten Rasse, übernommen hatten, sprachen wir auf der Reise von Nepal nach Italien viel über den Buddhismus und das verbotene Land Tibet, die Urheimat unserer beiden jungen Freunde.
Der Empfang in Mailand war nicht groß. Einige Freunde waren da, Aldo Anghileri, der jetzt schon spürbar nicht mehr zur Mannschaft gehörte, wieder Journalisten.
Für uns war alles einfach und selbstverständlich, der Himalaja kein Mythos mehr, Nepal nicht nur Traumland.
So spiegelte unsere Expedition auch unsere Zeit wider, und die Journalisten, die, in der alpinen Literatur der fünfziger Jahre bewandert, in uns zu dringen versuchten, verstanden uns nicht.
Schließlich fuhren Uschi und ich im Zug – die heiligen Hunde am Fenstersitz – nach Bozen, und am nächsten Vormittag waren wir daheim. Auf dem Kalender stand der 13. Juni, drei Monate war ich mit der Lhotse-Expedition unterwegs gewesen.
Jetzt lockte der Hidden Peak. Die Zeit drängte.

Der Entschluß

Meine Versuche, Peter Habeler sofort telefonisch zu erreichen, blieben tagelang erfolglos.
»Vielleicht ist es besser so, damit ist es entschieden«, war mein erster Gedanke, als ich mich wieder einen halben Vormittag lang vergeblich bemüht hatte, mich mit Peter in Verbindung zu setzen. Er war offensichtlich nicht daheim, und ich vermutete, daß sein anfängliches Interesse am Hidden Peak durch meine allzu große Verspätung geschwunden war.
Ich ging zu Uschi in den Garten und sah mich nach den Hunden um.
Wir haben einen kleinen, aber üppigen Blumengarten um die Süd- und Ostseite des Hauses. Uschi bog die Büsche zurecht, zupfte Unkraut aus und warf es in einen Eimer. Sie band den jungen Zwetschgenbaum an die südliche Hauswand und freute sich sichtlich über jede Knospe, über jede offene Blüte.
»Das wird ein Sommer!« sagte ich. »In der nächsten Woche werde ich mein Manuskript für das Buch über die Bergvölker abgeben, dann sind wir frei, und unser Leben wird wieder in seinen alten, gewohnten Bahnen verlaufen.«

Ich freute mich nun über den Verzicht auf den Hidden Peak. Uschi und ich würden miteinander klettern, vielleicht eine Woche lang auf Gschmagenhart – eine Alm am Fuße der Geislerspitzen – ziehen und uns um die Kletterschule kümmern. Auch Uschi genoß die ruhigen Tage und freute sich auf einen gemeinsamen Sommer. Noch nie hatten wir einen Frühling in Europa zusammen verbracht.

Die Geislerspitzen von Norden. Nur meine Hütte am Fuße dieser Dolomitengruppe habe ich in Villnöß behalten.

Dann ging sie ins Haus, um zu kochen. Ich lag immer noch auf dem Rasen, spielte mit den Hunden und blätterte in Zeitschriften, die während der Lhotse-Expedition gekommen waren. Als Uschi wieder herauskam, konnte sie den inneren Widerstreit zwischen Freude und Sorge nicht verbergen.

»Peter hat angerufen«, sagte sie schnell, »er ist zu allem bereit.«

Und mit der gleichen Begeisterung, mit der sie meinen Verzicht auf den Hidden Peak aufgenommen hatte, sah sie meinen Entschluß wachsen.

»Du mußt fahren«, sagte sie verstehend und damit gleichzeitig verzeihend. Sie wußte, ohne darüber nachgedacht zu haben, daß eine ablehnende Haltung früher oder

später Unmut in mir hervorrufen mußte, das Gefühl, etwas versäumt zu haben. Wenn ich nicht fahren wollte, sollte ich das selbst sagen.
Plötzlich, um den 20. Juni, war Peter da. Seine Begeisterung hatte sich zu einem Drängen gesteigert. Und als mein Freund Karl Vaja, Landtagspräsident von Südtirol, den Ehrenschutz über die Expedition anbot und seine persönliche Unterstützung zusagte, warf ich den Plan, zu Hause zu bleiben, endgültig über den Haufen.
Arme Uschi! Es war nicht allein das unruhige Leben, das ich führte. Ihr blieb auch alle Arbeit daheim. Mehr noch aber war es diese ständige Ungewißheit: Wird er nun dableiben, oder wird er fahren? Das würde jede Frau verzweifeln lassen.
Peters Begeisterung hatte in mir wie ein elektrischer Funke gezündet, und das hoffnungslose Hin und Her der letzten Tage, das mich im Grunde doch mehr belastet hatte, als ich es mir selbst eingestehen wollte, war wie weggeblasen.
Ich spürte, daß meine Kraft und Konzentration nun auf diese Karakorum-Expedition ausgerichtet waren und alle anderen Interessen langsam um mich versanken. Ich fühlte Freude und gleichzeitig Angst, ohne zu wissen, worin sie eigentlich bestanden.
Unter einer Unmenge von Post fand ich die Kopie eines Briefes des Steirer Bergsteigers Hans Schell aus Graz an Peter Habeler.

Lieber Herr Habeler!

Durch Edi Koblmüller habe ich soeben telefonisch erfahren, daß Reinhold Messner und Sie die Bewilligung für den Hidden Peak erhalten haben.
Voriges Jahr hat mir Reinhold erzählt, daß er einmal einen Achttausender nur zu zweit über einen schwierigen Weg besteigen möchte.
Seit langem planten wir schon ein Unternehmen im Baltoro-Massiv. Leider habe ich erst sehr spät erfahren, daß dieses Gebiet von den pakistanischen Behörden wieder freigegeben wurde, und so zu spät um eine Bewilligung angesucht. Als Hauptziel war der Hidden Peak vorgesehen, von den neun angegebenen Zielen bekamen wir jedoch nur den Baltoro Kangri I bewilligt.
Meine große Bitte wäre nun, ob eine Möglichkeit besteht, vor der pakistanischen Behörde als eine Expedition aufzutreten.
Ich nehme an, daß Ihr den Nordwestgrat oder eine andere schwere Route versuchen wollt. Da wir den Normalweg über den IHE-Sporn vorhatten, würden wir Euch in keiner Weise stören und die Einmaligkeit Eures Zwei-Mann-Unternehmens auch nicht herabsetzen.
Falls die Behörden beide Unternehmungen als eine Expedition anerkennen, würden wir selbstverständlich die Bewilligungskosten sowie die Ausrüstung und sonstigen Kosten für den Begleitoffizier übernehmen. Falls Ihr noch keinen Arzt habt, könnten wir dieses Problem auch lösen.
Ich glaube auch, falls beide Unternehmungen für die Behörden nicht als eine Einheit anerkannt werden, daß uns die Ersteigungserlaubnis ebenfalls erteilt werden würde, wenn Ihr nichts dagegen hättet.

Falls Ihr Lust habt, könntet Ihr auch relativ angenehm eine Überschreitung durchführen.
Ich schreibe an Sie, da ich nicht weiß, wann und ob Reinhold vor Ihrer Abreise nach Europa zurückkehrt. Wir werden am 7. Juni in Europa wegfahren und am 14. oder 15. Juni in Rawalpindi eintreffen.
Wir sind insgesamt sechs Bergsteiger und wären sehr glücklich, wenn wir den Hidden Peak versuchen könnten.

Herzlichen Dank im vorhinein,
mit freundlichen Grüßen
Hans Schell

»Der Begleitoffizier, der mir bisher am meisten Sorgen bereitet hat, wäre in dieser Form zu umgehen«, sagte ich zu Peter.
»Das Unternehmen könnte so auch leichter finanziert werden.«
Da wir schätzungsweise 3000 bis 4000 Dollar pro Kopf aufzubringen hatten und beide in finanziellen Schwierigkeiten waren – Peter hatte sich intensiv auf den Hidden Peak vorbereitet und nicht gearbeitet, ich war seit fünf Monaten ohne Einkommen –, machte uns diese Geldsumme Sorge.
Die Expedition finanzierten Peter und ich im großen und ganzen selbst, und soweit wir fremde Quellen dazu heranzogen, waren diese privater Art. Einige Zeitungsverträge, ein kleiner Fernsehvertrag waren dabei und eine bescheidene Unterstützung vom Alpenverein und der Nordtiroler Landesregierung.
»Wenn Schell in Rawalpindi wartet, die Genehmigungsgebühr und alle Spesen für einen gemeinsamen Begleitoffizier übernimmt, soll er von mir aus den Normalweg machen. Stört unseren Plan ja nicht weiter«, meinte Peter. »Nur bekanntgeben müssen wir es vorher, die Alpinhistoriker wachen mit Argusaugen über unsere Expedition.«
Ich setzte ein Telegramm an das Ministerium für Tourismus in Islamabad, Rawalpindi auf, und von der Antwort sollte es abhängen, ob wir uns tatsächlich mit Schell zusammentun wollten oder nicht. Er mußte ja dort vorbei und von unserem Kommen informiert werden.

Arrival of Tyrolian Karakorum Expedition Hidden Peak in two weeks. Give notice to Hans Schell, leader of Baltoro Kangri I. Immediately telling him that he can share in our expedition. I expect answer by Schell immediately.
Messner, Tyrolian Karakorum Expedition.

Im Bewußtsein, daß der Entschluß endgültig war, beteiligte sich Uschi am nächsten Morgen eifrig an den Expeditionsvorbereitungen. Obgleich noch nicht feststand, ob wir am Dienstag oder Mittwoch der Woche darauf fliegen würden, da die Antwort von der PIA (Pakistan International Airlines) aus Frankfurt noch ausstand, fuhr sie am gleichen Vormittag nach Brixen, um die wichtigsten Einkäufe zu erledigen.

Am Abend forderte sie mich dann zu einem Spaziergang um die Kirche auf, den wir so gerne miteinander machten. Wir benutzten diese Gelegenheit jetzt immer, um die Hunde ins Freie zu führen sowie ein Weilchen auf der Bank an der Friedhofsmauer zu sitzen und zu plaudern. Mit langsamen Schritten gingen wir den schmalen Schotterweg entlang. Ich hing noch nicht so sehr dem neuen Expeditionsplan nach, dessen Organisationsschwierigkeiten zu entwirren es zu früh war, sondern versuchte mich in der so plötzlich veränderten Lage zurechtzufinden.
»Wenn du nur die Wahl hättest, die Berge oder ich, wie würdest du dich entscheiden?« fragte sie, nachdem wir schweigend nebeneinander gesessen waren.
»Eine solche Frage würdest du im Ernst nicht stellen.«
»Aber ich habe sie gestellt.«
Ich schwieg. Wie hätte ich in diesem Augenblick antworten sollen?
»Von allen Expeditionen schreibst du mir lange, sehnsuchtsvolle Briefe, wie sehr du mich vermißt; dann, zwei Wochen daheim, bist du schon wieder unterwegs.«
Nach einer kurzen Pause fügte sie hinzu:
»Mit den Gedanken bist du sowieso kaum da.«
Sie hatte recht. Wie oft hatte ich mir geschworen: nie mehr eine große Reise ohne sie. In den Hochlagern, während der wochenlangen Anmärsche, in fernen Städten. Aber diesmal kam das nicht in Frage, der Weg zum Hidden Peak war zu gefährlich, und zudem wollten Peter und ich allein sein – ein Achttausender zu zweit...

Die Filmaufnahmen, die ich am nächsten Nachmittag mit Luis Trenker zu machen hatte – ein Interview zum Thema 50 Jahre Furchetta-Nordwand – waren in einer halben Stunde abgedreht. Der in der Kunst des Erzählens so routinierte Luis Trenker saß nachher noch einige Stunden bei uns im Garten und unterhielt alle: Kameraleute, Regisseur, Tontechniker; später kamen noch Peter Habeler und Karl Vaja dazu. Trenker, der als einer der ersten in der 800 Meter hohen, lotrechten Furchetta-Mauer gehangen hatte – 1913 mit Hans Dülfer –, strahlte immer noch Charme und Vitalität aus. Er interessierte sich für unser Vorhaben ebenso wie für die Situation der Villnösser Bergbauern und erzählte heitere Episoden aus seinem Leben.
Nachdem Uschi unsere Gäste bis zur Haustüre begleitet hatte, kehrte sie in den Wohnraum zurück, setzte sich aber nicht, sondern ging unstet auf und ab. Sie schien jetzt mein Verhalten nicht mehr zu billigen. Obgleich sie den ganzen Nachmittag und Abend über all ihre Überzeugungskraft aufgewandt hatte, unsere Freunde und Gäste für meine neue Expedition zu begeistern, und obgleich sie fühlte, daß ihr das vortrefflich gelungen war, war sie jetzt unzufrieden mit sich, mit mir, kam sich betrogen vor.
»Du frißt mich langsam mit Haut und Haaren auf«, klagte sie.
»Ich liebe dich.«
»Wenn du da bist, nimmst du mich ganz in Anspruch; wenn du fort bist, bleiben mir außer meinem Kummer all deine Sorgen, deine Arbeiten, deine Probleme. Das hält keine Frau auf die Dauer aus.«

Wieder hatte sie recht, und obwohl ich einsah, daß ich mich viel zuwenig um sie kümmern konnte, verzichtete ich auf diese meine Herausforderung nicht.
Der Plan stand fest. Nachher wollte ich nur mehr für sie da sein.
»Nachher, das kenne ich. Da kommt die Auswertung: Vorträge, ein Buch vielleicht und dann sicher wieder ein neuer Plan.«
Sie war verzweifelt. Wie hätte ich sie trösten können?

Auch Peters Leben war unterdessen mit Arbeit und Ereignissen ausgefüllt gewesen, die ihn voll beansprucht hatten. Nach dem Abschluß des Skiführerkurses, dessen Leitung ihm als Ausbildungschef des Österreichischen Bergführerwesens oblag, hatte er Vorträge gehalten und war dann nach Bozen gefahren, um Tiziana Weiß abzuholen. Tiziana, ein junges Klettertalent aus Triest, der Bergheimat von Emilio Comici, hatte in den Jahren vorher mit großen Bergfahrten, vor allem in den Dolomiten, von sich reden gemacht. Peter hatte sie beim Festival in Trient kennengelernt und dort einige Touren mit ihr unternommen. Gleichzeitig hatte er mit ihr vereinbart, sie im späten Frühling in den Wilden Kaiser einzuführen. Nun fuhren sie gemeinsam nach Ellmau, und bei der Begehung der Maukspitze-Westwand passierte etwas, was ihn jetzt noch genauso aufregte wie damals. Sie waren schon im obersten Teil, die Hauptschwierigkeiten lagen hinter ihnen, als Peter, der die Tour von früher her kannte, mit einem ausbrechenden Griff plötzlich hintenüberstürzte. Tiziana, die ihn nicht sauber gesichert hatte, konnte ihn nicht halten, und Peter fiel scheinbar endlos in die Tiefe. Etwa 30 Meter unter ihrem Standplatz erst verfing sich das Seil zufällig an Tizianas Beinen. Peter pendelte im überhängenden Gelände. Das Mädchen konnte ihn weder zu sich heraufziehen noch ihm Hilfe leisten. Geistesgegenwärtig schwang Peter hinaus an den Maukpfeiler, kletterte über ihn, ohne Karabiner und Fiffis zu benützen, hinauf und kehrte von oben zum Standplatz zurück. Tiziana war nicht wenig erstaunt, als er plötzlich wieder neben ihr stand. Er, den sie unter sich vermutet hatte, irgendwo in den Überhängen baumelnd, erstickt vielleicht schon, nicht mehr fähig, sich selbst zu helfen, kam von oben. Dieser Zwischenfall hatte nur wenige Minuten gedauert. Aber Peter erzählte mir immer wieder von diesem Sturz, der ihm nur deshalb passiert war, weil er die Tour allzugut kannte, weil er einen Griff benutzt hatte, der früher immer sicher gewesen war, einen großen Henkelgriff, an dem man sich mit einem Arm hatte aufziehen können.

In den letzten Tagen vor unserer Abreise zum Hidden Peak schickte ich ein Telegramm an das Foreign Ministry nach Pakistan mit dem Hinweis, daß wir am 4. Juli in Rawalpindi eintreffen würden. Das Telegramm hatte auch den Zweck, Hans Schell zu verständigen. Ich hoffte immer noch, daß einer von der Schell-Gruppe in Rawalpindi auf uns warten würde und daß wir die Expeditionen während des Anmarsches irgendwie verbinden könnten.
Uschi und ich hatten in der Zwischenzeit die Arbeiten aufgeteilt. Sie erledigte wie üblich die Einkäufe in Brixen, und ich blieb daheim, um zu packen, zu planen, neue

Peter Habeler, Bergführer und Skilehrer, gehörte damals zu den besten Alpinisten der Welt: elegant im Fels, schnell, höhentauglich, perfekt in jedem Gelände.

Listen auszufüllen. Meist blieben uns am Abend nur wenige Minuten für ein Gespräch, für einen kurzen Spaziergang. Ich merkte, daß Uschi unter der Hektik litt, und ich hatte Verständnis dafür. Ich war selbst nicht ganz glücklich mit meinem Entschluß, nachdem ich doch Wochen vorher versprochen hatte, den Sommer über daheim zu bleiben. Doch der Gedanke an die einmalige Gelegenheit, einen Achttausender zu zweit zu besteigen, auch die Möglichkeit, damit meinen dritten Achttausender zu bezwingen, drängte alle anderen Überlegungen in den Hintergrund.
Zwei Tage später fuhren Uschi und ich nach Innsbruck, um uns mit Peter zu treffen. Es wurde eine fürchterliche Hetze durch die Stadt: Fotos mußten abgeholt werden, ein Bild, das wir von Walter Spitzstätter, einem extremen Innsbrucker Bergsteiger, als Grußkarten hatten vervielfältigen lassen. Es zeigte den Hidden Peak vom Abruzzi-Gletscher aus. Anzüge wollten wir kaufen, gleiche Expeditionsanzüge für die Reise nach Pakistan, und zu guter Letzt mußten wir noch schnell ins Studio des Österreichischen Rundfunks rennen, um dort mit Manfred Gabrieli, der sich viel um die Bergsteiger und ihre Pläne kümmert, ein Interview zu machen.
Die Zeit reichte wieder nicht für ein gemütliches Zusammensitzen aus. Wir tranken zwar am Abend vor der Heimreise – Peter fuhr zurück ins Zillertal, Uschi und ich nach Südtirol – gemeinsam Kaffee, redeten dabei aber fast ausschließlich von der

neuen Expedition, von den Geldschwierigkeiten und von der Ausrüstung, die noch zu besorgen war. Auch Nahrungsmittel fehlten noch sowie einige Karten, Kammverlaufsskizzen vom Karakorum, die wir unbedingt brauchten.
Auf der Fahrt über den Brenner kam es dann zu einer ernsten Auseinandersetzung zwischen Uschi und mir.
»Nicht einmal mehr Zeit haben wir, um in Ruhe einen Kaffee zu trinken«, warf sie mir vor.
»Entschuldige bitte«, konnte ich darauf nur sagen.
»Da gibt es nichts zu entschuldigen. Du bist das ganze Jahr unterwegs, und wenn du zwischendurch einmal für ein paar Monate oder auch nur ein paar Wochen heimkommst, sind deine Gedanken bei der Packarbeit, bei neuen Büchern, die du machen willst, oder auch schon beim nächsten Ziel, das in ein oder zwei Jahren auf dem Programm steht.«
»Das ist eine einmalige Gelegenheit, das weißt du genau, du warst selbst einverstanden.«
»Was heißt bei dir einmalige Gelegenheit, alle deine Gelegenheiten sind einmalig. Der Everest '78 etwa nicht?«
»Die Abreise steht vor der Tür. Jetzt müssen wir planen, die letzten Angelegenheiten genauestens besprechen. Wenn wir eine Kleinigkeit vergessen, werden wir scheitern.«
»Ich weiß, ich weiß. Die Berge sind nun einmal dein Beruf, dein ein und alles.«
»Nein, das stimmt nicht, die Berge sind nicht mein Beruf, aber der Faszination, einen Achttausender wie einen Westalpenberg, wie das Matterhorn zum Beispiel, anzugehen, kann ich nicht widerstehen.«
»Das verstehe ich, aber warum muß es gerade in diesem Sommer sein, nachdem du erst vor drei Wochen heimgekommen bist?«
»Weil ich eben jetzt die Genehmigung erhalten habe und diese Art von Genehmigung wahrscheinlich in meinem Leben nie mehr bekommen werde. Es ist wirklich *die* Chance.«
»Ich verstehe, aber einen Kaffee zu zweit in Ruhe hätten wir uns doch noch leisten können.«
Uschi bestand auf ihrem Kaffee, und ich begriff ihre Argumente nur zu gut. Sie hatte vollkommen recht: Ich war ein Egoist, ich war ungerecht; ich hatte nur mehr Zeit und Kraft für mein neues Ziel, in das ich all meine Begeisterung steckte.
Als wir am nächsten Morgen aufstanden, bot Uschi sich freiwillig an, zum weiß der Teufel wievielten Mal nach Brixen zu fahren, um die letzten Nahrungsmittel für die Expedition einzukaufen. Ohne ihre Hilfe hätte ich diese Expedition nicht auf die Beine stellen können. Und sie half nicht nur, sie unterstützte mich letzten Endes auch in meinem Plan, obwohl sie ihn nicht billigen konnte und traurig darüber war, daß sie wieder einmal monatelang allein sein sollte.
An diesem Vormittag waren mehrere Journalisten vom Südtiroler Fernsehen bei mir, und wieder galt es, auf Fragen zu antworten.

»Ist es möglich, den Hidden Peak zu zweit zu machen? Einen Achttausender ohne Sauerstoffgerät, ohne Hochlager, ohne Hochträger zu bewältigen?«
»Rein theoretisch ja.«
Als man mich fragte, wie groß die Chancen seien, daß wir zum Gipfel kämen, sagte ich überzeugt:
»Fünfzig zu fünfzig. Wir können hinaufkommen oder auch nicht hinaufkommen, das hängt vom Wetter ab, nicht zuletzt auch von unserer körperlichen Verfassung und dem Zufall, ob einer von uns krank wird oder nicht, ob unsere Ausrüstung den Anforderungen entsprechen wird.«
Wir hatten, um die Expedition billig zu halten, in unserem Gepäck keinen Platz dafür vorgesehen, alles doppelt mitzunehmen.
Um die Mittagszeit des 30. Juni war es dann soweit. Ich hatte zwischen den Packarbeiten, meinen Telefonaten und einem anderen Fernsehinterview außerdem noch die wichtigsten Arbeiten erledigt und stand nun vor gefüllten Säcken und Kisten: Am anderen Morgen konnte es losgehen.
Meine letzte Nacht zu Hause. Zwischen langem Schweigen einige Worte und die unterschwellige Angst: Wird alles klappen – werden wir's schaffen? Aber es war keine Angst, wie sie Todeskandidaten fühlen müssen oder Krieger. Eine Ungewißheit nur, die sich zeitweise zur Angst verdichtete und wieder abklang, wenn Uschi etwas sagte. Wäre es möglich gewesen, daß sie mitgekommen wäre, ich bin sicher, diese Zweifel wären gar nicht erst aufgekommen. Als Uschi eingeschlafen war, lag ich da, und alle Schwierigkeiten früherer Expeditionen tauchten vor mir auf: die Umkehr am Makalu, das Scheitern am Lhotse. Es war Wahnsinn, was wir vorhatten.
Um mich zu beruhigen, rekapitulierte ich alles: unsere Ausrüstung – die leichteste, die es gibt. Peter – einen besseren Partner konnte ich nicht finden: schnell, ausdauernd, zäh und genügsam, dabei einer der besten Kletterer der Welt. Vielleicht ein bißchen nervös, aber im Ernstfall doch nicht aus der Ruhe zu bringen. Kein Zweifler, aber auch kein blinder Draufgänger, verläßlich. Eher klein, mager, durchtrainiert bis zur letzten Faser. Körperlich wie geschaffen für einen Achttausender. Peter hatte noch alle ganz großen Touren zu Ende geführt, immer war er davongekommen, er mußte es schaffen. Er war schon in Grenzsituationen gewesen, allerdings noch nie über 8000 Meter, aber auf sehr hohen Bergen. Die Todeszone war ihm zwar unbekannt, die Voraussetzungen dafür fehlten ihm nicht.
Über diesen Gedankenfetzen mußte ich wohl eingeschlafen sein. Der Morgen wirkte beruhigend auf mich, und mit den ersten Handgriffen kam jene Selbstsicherheit zurück, die für den Start aller meiner Expeditionen den Ausschlag gegeben hatte. Uschi war vor mir aus dem Bett geschlüpft und wohl schon in der Küche.
Diese Unsicherheit, diese Angst des vorangegangenen Abends – worauf war sie zurückzuführen? Während ich mich wusch und anzog, dachte ich darüber nach. Waren es die Erfahrungen von früheren Unternehmungen, die meine Phantasie anregten, die alle möglichen Situationen in meinem Bewußtsein heraufbeschworen

Kurz vor der Abreise zum Hidden Peak lief ich nochmals meine alten Trainingsstrecken, die in Villnöß und die von Bozen nach Jenesien, sozusagen als Test. Ich war zufrieden: etwa 1000 Höhenmeter in 35 Minuten. Meine Selbstsicherheit wuchs. Trotz der tagelangen Organisationsarbeit am Schreibtisch und im Auto war ich in guter Form.

hatten? Hätte ein Unerfahrener weniger Bedenken? Wie wichtig war das Leben schon – mein Leben?

Die Kisten standen gepackt im Hausgang, und als eine Stunde später Karl Vaja auftauchte, waren auch die letzten Nahrungsmittel verstaut, die Uschi noch gebracht hatte. Wir verteilten die Kisten – zwei in Karls Wagen, eine in unseren VW – und fuhren am Nachmittag über Innsbruck nach Mayrhofen, wo eine Verabschiedungsfeier geplant war, die der Bürgermeister von Mayrhofen für unsere Expedition organisiert hatte.

Trotz des Regens waren viele Leute gekommen. Die Atmosphäre war herzlich. Von unserer Expedition war viel geredet worden, auch jetzt noch wurde diskutiert. Ich wußte um die Bedenken einiger Bergsteiger, und ich wußte gleichzeitig, daß wir trotzdem so viele Chancen hatten wie eine große Expedition. Trotz aller Argumentationskünste aber war es mir bis zu diesem Zeitpunkt niemals gelungen, diese meine Überzeugung der Allgemeinheit verständlich zu machen.

Die Musikkapelle spielte, der Bürgermeister von Mayrhofen sprach, natürlich auch unser Freund Karl, der als Schirmherr auch in seiner Eigenschaft als Vertreter der Südtiroler Landesregierung anwesend war. Wolf Girardi brachte die Grüße der Nordtiroler Landesregierung zum Ausdruck, und Luis Lechner, Jugendleiter des Österreichischen Alpenvereins, ein alter Freund von Peter und mir, übermittelte uns die Glückwünsche des ÖAV.
Besonders freute uns, daß Hias Rebitsch gekommen war, der alte Expeditionsbergsteiger, der Mann, der als erster nach einem Versuch lebend aus der Eiger-Nordwand zurückgekehrt war. Hias, in seinem Bergsteigerleben viel vom Pech verfolgt gewesen, fand unseren Plan ebenso vermessen wie viele andere, traute uns aber wenigstens zu, heil wiederzukommen.
Am Abend saßen wir lange bei unseren gemeinsamen Bekannten, den Spießens, diskutierten und plauderten. Wir spürten vor allem hier, im engeren Kreis der Bergführer und Freunde, Begeisterung und moralische Unterstützung, die uns Schwung und Mut gaben, die uns selbst noch im Karakorum die Kraft geben sollten, durchzuhalten.
Spät erst gingen alle zu Bett. Nur Uschi und ich standen noch lange auf dem Balkon der Pension Kumbichl und diskutierten. Alles, was Uschi mir jetzt noch sagte, prallte an mir ab. Ich hörte sie nicht, ich war in meinen Gedanken schon allzuweit entfernt, bereits drüben in Pakistan. Wenn ich im Innersten meines Herzens auch die Einsamkeit vorausfühlte, in die ich mich freiwillig begab, so war ich doch von jener sportlichen Begeisterung getragen, von der Herausforderung des Achttausenders zu zweit.
Am anderen Morgen trat Uschi, noch nicht ganz angezogen, auf den Balkon hinaus. Aus ihrem Gesichtsausdruck und ihren Bewegungen sah ich, daß sie traurig war, daß sie etwas sagen wollte. Ich fand einfach nicht die rechten Worte, sie zu trösten. Uschi, die meine Angewohnheit, in solchen Situationen auf die Uhr zu sehen, kannte und haßte, blickte mich nur still an, und das war schlimmer, als wenn sie mich angeschrien hätte.
Ohne ein Wort zu sagen, begann ich die Koffer zu packen. Dabei überlegte ich nicht, ob uns noch Zeit blieb, wenigstens gemeinsam zu frühstücken. Mir war, als besäße ich nur noch ein oberflächliches, rein mechanisches Denkvermögen, das mir angab, was im nächsten Augenblick zu geschehen hatte.
An diesem Morgen – es war der 2. Juli – fuhren wir nach München. Uschi und ich mußten noch schnell ins Büro der PIA, um die Flugtickets abzuholen. Von dort hetzten wir auf den Flugplatz. Wir waren bereits in irrsinniger Zeitnot, denn wir hatten im letzten Augenblick unseren Flug vorverlegen müssen, weil eine andere Maschine Verspätung hatte. Ich riß das Gepäck aus dem kaum geparkten Auto, Uschi hastete mit meinem Rucksack hinterher. In der Halle warteten Bekannte und Journalisten, aber ich sah alle nur wie durch einen Schleier, vergaß, sie zu begrüßen; ich war in einer Art Trance. Blitzlichter, Fragen, hektische Betriebsamkeit an der Waage und Gepäckaufgabe. Günter Sturm, der Chef der Berg- und Skischule im Deutschen

Alpenverein, half uns beim Einladen des Gepäcks: 160 Kilogramm alles in allem. Ein Vertrag wurde mir zugesteckt, Telefonnummern. Als ich das alles zwei Tage später in meiner Tasche fand, war ich erstaunt; ich konnte mich an nichts mehr erinnern. Dank verständnisvoller Freunde, die zur richtigen Zeit mitdachten und mit anpackten, schafften wir unseren Flug dann doch noch.
Im letzten Augenblick ging es so drunter und drüber, daß nicht einmal mehr die Möglichkeit bestand, mich von Uschi zu verabschieden. Ich wurde durch einen Ausgang gedrängt, ins Flugzeug hinein. Erst als ich dort saß, merkte ich, daß Uschi die Tickets noch hatte. Sofort eilte ich zur Stewardeß, bat um einige Sekunden Geduld, ließ Uschi ausrufen, und noch rechtzeitig wurden die Flugscheine durch einen Spalt beim Eingang zum Wartesaal geschoben. Fünf Minuten später rollte unsere Maschine an, und nochmals einige Minuten später waren wir hoch in der Luft.
In München und Innsbruck hatten Bergsteiger Wetten abgeschlossen, daß wir entweder ohne Gipfel oder überhaupt nicht mehr wiederkommen würden. Man munkelte: Viele, die von unserem Plan gehört hatten und etwas davon verstanden, ärgerten sich über unsere Verwegenheit. Zwei nur hatten auf Erfolg gesetzt, der allerdings nur dann eintreten könne, wenn wir sehr viel Glück hätten. Andere meinten, die günstigste Zeit sei bald vorbei, und noch ehe wir am Ziel wären, würde der Monsun einsetzen. Überhaupt hätten wir gar keine Genehmigung, Peter kein Höhentraining. Es kursierten die phantasievollsten Gerüchte.

Abschied, der keiner war

»Weg, abgereist, kein Wort, nichts!«
Uschi ging hinter den Freunden her, verstört, fand in die Wirklichkeit zurück, machte sich klar, was geschehen war. »Das war kein Abschied«, sagte sie sich, »aber wie soll einer Abschied nehmen bei so viel Gehetze.« Sie war traurig; verzweifelt zu sein, erlaubte sie sich nicht.
Unterdessen landeten Peter und ich in Frankfurt. Die PIA-Maschine nach Kairo/Karatschi war defekt; wann sie starten würde, war nicht zu erfahren. Wir warteten, mit einem Mal untätig, müßig wider unseren Willen, nach der Unrast, die vorausgegangen war.
Erst als wir endlich wieder im Flugzeug saßen, war ich imstande nachzudenken. Es tat mir leid, daß ich so wenig Zeit für Uschi gehabt und mich nicht einmal von ihr verabschiedet hatte. Mir wurde bewußt, daß Peter und ich uns in das größte Abenteuer begaben, das der Alpinismus zur Zeit möglich machte, und daß wir zwei bis drei Monate unterwegs sein würden.
In Karatschi hatten wir einige Stunden Aufenthalt. Ich las, döste vor mich hin. Noch in derselben Nacht ging es weiter nach Rawalpindi. Die Zollformalitäten machten

keine Schwierigkeiten, und trotz der frühen Morgenstunde fanden wir in Flashman's Hotel sofort Unterkunft.

Wie immer, wenn ich mich zu neuen Abenteuern in Rawalpindi aufhielt, gab es eine Menge zu tun. Neben der Beschäftigung mit unserem Expeditionskram, meinem Freund Peter und meiner Aufenthaltsgenehmigung gab ich mich auch der Erinnerung an jene Zeit hin, die ich mit Uschi vor Jahren hier verbracht hatte.
Trotz einiger neuer Hochhäuser und der grotesk bemalten Omnibusse sah Rawalpindi immer noch nicht wie eine Stadt aus. Nichts war von jener melancholisch-verspielten Lebensweise der Moslems verlorengegangen, die ich so sehr liebte. Am ersten Abend in Flashman's Hotel bestellte ich mir Hühnchen à la Kiew und verzehrte es in der Erinnerung an jene Stunde, in der ich mit Uschi hier gesessen und gespeist hatte. Das war 1971 gewesen, nachdem wir, völlig ausgelaugt vom Nanga Parbat kommend, hier wieder in die Zivilisation eingetaucht waren und uns nach gründlichem Waschen und einer ausgiebigen Entlausung erst wieder an ein normales, bürgerliches Leben gewöhnen mußten.
Gleich am nächsten Vormittag setzten sich Peter und ich mit Mintur, dem Ministerium für Tourismus, in Verbindung, um alles bezüglich unserer Genehmigung und Hans Schell zu klären. Aber Mr. Awan, der verantwortliche Mann, war nicht da, und auch von unserem Begleitoffizier wußte man nichts. Peter und ich ließen uns ob dieses verlorengegangenen Tages nicht aus der Ruhe bringen. Ich hatte viel Erfahrung mit den bürokratischen Gepflogenheiten orientalischer Länder und wußte, daß es für das Weiterkommen mit das Wichtigste war, Zeit zu haben, warten zu können, nicht die Geduld zu verlieren. Das einzige, was wir so nebenbei erfuhren, war die Tatsache, daß die Grazer Gruppe unter der Leitung von Schell bereits unterwegs war und daß sie weder die Genehmigungsgebühr für den Hidden Peak hinterlegt noch einen gemeinsamen Begleitoffizier angefordert hatte. Unter diesen Umständen wollten wir der Schell-Gruppe die Besteigung des Hidden Peak über den Normalweg nicht mehr gestatten. Wir waren jetzt entschlossen, alles zu unternehmen, das zu verhindern.

An diesem Nachmittag trafen wir mit Yannick Seigneur, einem Bergführer aus Chamonix, zusammen, der mit einigen französischen Freunden den Gasherbrum II bestiegen hatte und nun mit ihnen zusammen in einem einfachen Hotel neben dem unseren logierte. Er hatte uns nicht gerade Erfreuliches vom Karakorum, vom Baltoro-Gletscher zu erzählen: viel Schnee, schlechte Träger, Stürme. Auch über den Verlauf seiner Expedition war Seigneur unglücklich. Bei einem zweiten Gipfelangriff unter Louis Audoubert war ein Teilnehmer im Schneesturm ums Leben gekommen, und der Rückmarsch unter sengender Sonne, bei ständigem Neuschnee und durch reißende Gletscherbäche hatte ihnen das Äußerste abverlangt. Seelisch ausgebrannt von den Tagen der Trauer um den verlorenen Freund und körperlich müde saßen sie jetzt in Rawalpindi herum, in Gedanken immer noch im Schneesturm, nahe am Gipfel.

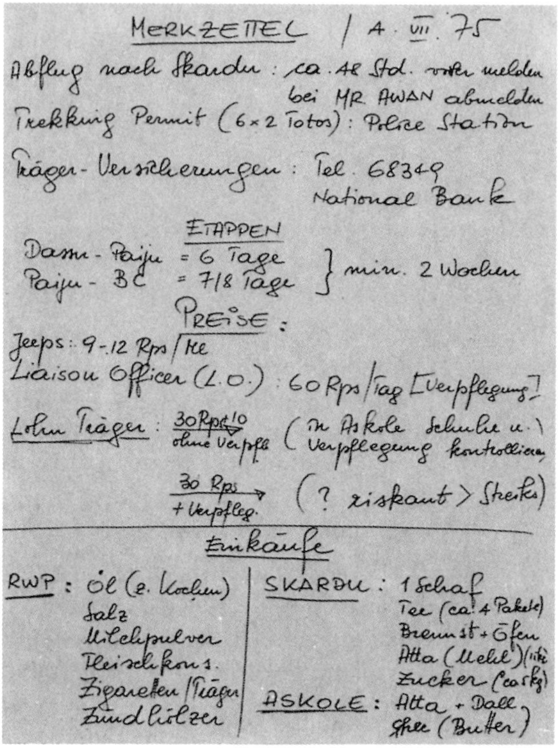

Dieser Merkzettel entstand nach und nach aus den Gesprächen mit Bergsteigern in Rawalpindi, die aus dem Karakorum zurückkamen.

Die Franzosen hatten eine Tragödie hinter sich, welche die einen als Schicksalsschlag, die anderen als Folge von Egoismus abtaten. Sie waren über den Westsporn auf den Gasherbrum II gestiegen und beim zweiten Gipfelangriff in einen heftigen Schneesturm geraten.

Seigneur, als Führer der ersten Seilschaft, war mit seinen Seilkameraden bereits ins zweite Hochlager abgestiegen, und so war Louis Audoubert mit seinem höhenkranken Partner Villaret allein im Sturmlager. Tagelang wütete der Orkan, so daß die beiden nicht einmal das Zelt öffnen konnten. Auch hatten sie nichts mehr zu trinken. Villaret baute mehr und mehr ab und war nicht mehr fähig, ohne fremde Hilfe abzusteigen.

Da kroch Audoubert hinaus in den zischenden Sturm und kämpfte sich allein zum Lager II durch, um Hilfe zu holen. Doch es war bereits zu spät für Villaret. Es lag zu viel Schnee, ein Rettungsversuch von unten erschien unmöglich. Wenige Tage später räumte die Expedition alle Lager und zog den Baltoro-Gletscher hinaus. Von Villaret hatte man nichts mehr gesehen und gehört.

Jeden zehnten hatte es im Frühjahr 1975 bei den großen Expeditionen in Nepal erwischt. Und nun schon wieder ein Unglück an einem Achttausender. Diese Höhe war einfach unberechenbar.

Yannick, der eine Skizze geholt hatte, kam in die Hotelhalle zurück. Er sah mit seinen langen blonden Haaren, dem noch jungen Bart und den hellen Augenbrauen verwegen aus. Durch die gebräunte Haut kamen seine markanten Gesichtszüge besonders gut zur Geltung. Er zählt zu den besten Bergsteigern der Welt und hatte nun mit dem Gasherbrum II seinen zweiten Achttausender-Gipfel erreicht. Insgesamt waren es mit ihm bis dahin vier Sahibs, denen das gelungen war: Hermann Buhl war mit Nanga Parbat und Broad Peak der erste gewesen, Kurt Diemberger mit Broad Peak und Dhaulagiri I der zweite, mir waren mit Nanga Parbat und Manaslu zwei Achttausender gelungen, und nun kam Seigneur dazu mit Makalu und Gasherbrum II. Wenige Monate später, nach der ersten Durchsteigung der Everest-Südwestwand, sollte auch Dougal Haston zu dieser kleinen Gruppe der Doppel-Achttausender-Männer gehören, denn er hatte bereits 1970 den Hauptgipfel der Annapurna I erreicht. Natürlich ging diese Rechnung nur auf, wenn man ausschließlich die Hauptgipfel der Achttausender zählte. Auch zwei Sherpas, Gyaltsen Norbu und Lakpa Tensing, hatten schon zweimal auf einem Achttausender-Hauptgipfel gestanden: der erste auf Makalu und Manaslu, der zweite auf Dhaulagiri I und Everest.
Wer würde der erste Bergsteiger sein, der drei Achttausender bezwang? Ich wußte, daß Yannick Seigneur mit einem solchen Gedanken spielte und bereits ein Ansuchen für eine Broad-Peak-Expedition eingereicht hatte. Vorerst aber schien er die Nase voll zu haben. Nichts war ihm augenblicklich wichtiger, als so schnell wie möglich zu Frau und Kind nach Hause zu kommen.
Nachdem Seigneur und seine Leute mit ihren Erzählungen unseren Optimismus etwas gedämpft hatten, mußten wir erkennen, daß es bereits die Hälfte des Expeditionserfolges ausmachte, wenn wir überhaupt bis ins Basislager kämen.

Zwischen Rawalpindi und Islamabad

Am nächsten Morgen fuhren Peter und ich wieder zu Mintur nach Islamabad, dieser modernen Trabantenstadt von Rawalpindi, in der alle Ministerien untergebracht sind. Wir trafen Mr. Awan an, der uns sofort den Vorrang vor anderen Expeditionen gab – zum Glück hatten wir uns rechtzeitig angemeldet – und uns sehr freundlich unterstützte. Der Begleitoffizier wurde uns für Montag, den 7. Juli, versprochen, und auch sonst schien sich alles in kurzer Zeit regeln zu lassen.
Am Nachmittag trafen wir wiederum mit den Franzosen zusammen. Sie gaben uns Tips, wie und wo man Nahrungsmittel einkaufen könnte, wo gute Träger zu erhalten wären und wie wir diese während des langen Anmarsches am Baltoro-Gletscher am besten behandeln sollten. Und noch am selben Nachmittag setzten Peter und ich uns zusammen und besprachen ausführlich unseren Finanzplan. Wir hatten noch etwa 3000 Dollar zur Verfügung, und die mußten reichen.

In diesen Wochen waren noch andere Expeditionen in der Stadt: eine Schweizer Gruppe, die zum Tirich Mir wollte, und eine andere Mannschaft, größtenteils ebenfalls Schweizer, die den Sia Kangri zum Ziel hatten. Dölf Reist war dabei, mit dem wir uns öfter unterhielten und der uns in Aussicht stellte, daß wir den Anmarsch teilweise gemeinsam machen könnten.
In der Zwischenzeit hatten wir auch erfahren, daß die Schell-Gruppe seit Tagen von Skardu, das den letzten größeren Stützpunkt aller Karakorum-Expeditionen bildet, aufgebrochen war und schon irgendwo auf dem langen Marsch ins Basislager sein mußte. Wir waren jetzt davon überzeugt, daß die Grazer zu guter Letzt doch auf eine gemeinsame Expedition mit uns verzichtet und deshalb nicht gewartet hatten und daß sie nicht zum Hidden Peak wollten, sondern ihr ursprünglich genehmigtes Ziel, den Baltoro Kangri I, ansteuerten. Also machten wir uns vorerst keine weiteren Gedanken darüber.
Am Mittag ließen wir uns im Intercontinental Hotel die Haare schneiden, saßen lange am Swimmingpool und staunten am Abend nicht wenig, als plötzlich Sandro und Ornella Gogna auftauchten. Die beiden waren im Anschluß an die Lhotse-Expedition von Nepal im VW-Bus bis hierher nach Rawalpindi gereist. Ich hatte sie eigentlich nicht mehr erwartet, obwohl Sandro und ich in Katmandu ein mögliches Treffen besprochen hatten. Sandro lieh uns eines seiner Biwakzelte, und wir tauschten Gas aus. Er hatte spezielles Höhengas, eine Mischung aus Propan und Butan, wir hatten teilweise nur normales, das er im heißen Indien bevorzugte. Bald trennten wir uns wieder, mit völlig verschiedenen, aber gleichermaßen interessanten Zielen: Er wollte auf dem Landweg nach Italien, wir zu zweit auf einen Achttausender.
Umsonst warteten wir den ganzen nächsten Vormittag lang auf unseren Begleitoffizier, den jede Expedition in Pakistan mitnehmen und ausrüsten muß. Zum Glück hatten Peter und ich, nachdem wir zu Hause zehn Tage lang vergeblich auf eine konkrete Antwort von Hans Schell gewartet hatten, die vorgeschriebene Ausrüstung für einen solchen Liaison Officer dabei. Als dieser am Nachmittag immer noch nicht aufgetaucht war, fuhr ich zu Mr. Awan, und der vertröstete mich auf den Abend oder auf den nächsten Morgen.
Und wirklich, am nächsten Morgen um 11 Uhr war er da: Captain Khaled, unser Begleitoffizier, der dritte unumgängliche Mann der Expedition. Er sollte uns bis ins Basislager begleiten. Khaled, groß, mit schwarzem, krausen Haar und dunklen, braunen Augen, mochte 25 Jahre alt sein und hatte sich, wie er erzählte, extra auf unsere Expedition vorbereitet: Geländeläufe, Schlafen im Freien, lange Märsche. Er war ehrgeizig und selbstbewußt, und es lag ihm offensichtlich daran, daß alles gutging. Er versprach uns, ein guter Helfer zu sein; Peter und ich merkten sofort, daß wir mit ihm einen ausgezeichneten Griff getan hatten.
Gemeinsam stellten wir einen Zeitplan auf. Dann eilten wir alle drei zur Versicherungsgesellschaft, um unsere Talträger gegen Unfall zu versichern, wie es die pakistanischen Bestimmungen vorsahen. Weiter ging es zur Polizei wegen der Visaverlängerung. Dann kontrollierten wir zusammen die Ausrüstung, die wir Khaled

Khaled, unser Begleitoffizier am Hidden Peak, war ein sympathischer, hilfsbereiter Mann.

zugedacht hatten. Mit Ausnahme der Schuhe, die sich als viel zu klein erwiesen, war er mit allem einverstanden. Als wir trotz stundenlangen Suchens in Rawalpindi keine passenden auftreiben konnten, erbot er sich, selbst welche zu besorgen, die wir ihm bezahlen sollten.

So war also alles geregelt, und im Intercontinental bei einer Tasse Kaffee sitzend, rekapitulierten Peter und ich die letzten Tage. Die Genehmigungsgebühr hatte wieder 1000 Dollar aus unserer Expeditionskasse geschluckt. Die Nahrungsmittel, die wir zusätzlich in Rawalpindi gekauft hatten, waren verpackt. Jetzt hing unser Weiterkommen allein vom Flug nach Skardu ab. Er war nur bei gutem Wetter möglich, und wenn man Pech hatte, ließ dieses oft lang auf sich warten.

Ich hatte eben bezahlt, als ich durch das Fenster des Restaurants, draußen im Swimmingpool des Hotels, einen Mann erblickte, der mir bekannt vorkam. Braun gebrannt und ein ironisches Lächeln auf den Lippen, tauchte er gerade im Wasser unter. Wie ein Blitz durchzuckte es mich: Wackernell! Als er wieder an die Oberfläche kam, schaute ich nochmals hin. Konnte das sein? War dieser Mann wirklich Ingenieur Wackernell, mein früherer Professor, dessentwegen ich mein Abitur zweimal gemacht hatte?

Kurz entschlossen eilte ich zur Rezeption und fragte, ob hier ein Herr Wackernell abgestiegen sei, Norbert Wackernell. Als man dies bejahte, lief ich zum Schwimmbad und sprach ihn an. Er erkannte mich, und wir lächelten beide über die Laune des Schicksals, daß wir uns hier, in Rawalpindi, nach jenem Prüfungstag vor bald zehn

Jahren, wieder gegenüberstanden. Beide freuten wir uns ehrlich über dieses zufällige Zusammentreffen.
Der Abend brachte jedoch eine böse Überraschung für Peter und mich. Unsere Platzreservierung für Skardu schien gestrichen worden zu sein, und wir standen unter tausend anderen auf der Warteliste. Ich beschwor Beamte und Flugpersonal, versuchte es mit Schmeicheleien und Schimpfen.
»Wir waren gebucht für die nächste Maschine!«
»Kann sein, jetzt ist sie voll.«
»Seit zehn Tagen warten wir schon hier, wenn wir morgen nicht wegkommen, ist es zu spät für den Hidden Peak!«
Wieder kam die orientalische Mentalität zum Vorschein. Einer schickte uns zum nächsten und dieser wieder zu einem anderen. Es war zum Verrücktwerden. Zeit zu haben, im Sinn von Geduld, mußte ich im Orient immer wieder aufs neue lernen. Knapp vor Büroschluß hatten wir es endlich geschafft: Drei Plätze für den Flug am nächsten Morgen waren uns zugesagt, maximal 200 Kilogramm Gepäck waren erlaubt. Schnell packten wir nochmals, wogen unsere Kisten und Säcke: 180 Kilogramm alles in allem. In der Hoffnung, nun endlich fliegen zu können, legten wir uns schlafen.

Während wir am nächsten Morgen im Flughafen Stunde für Stunde auf den Aufruf unserer Maschine nach Skardu warteten, verstärkte sich in mir das Gefühl, daß sie nicht starten würde. Als aber dann plötzlich eine Herkules von Gilgit her kam, flackerte doch wieder ein Hoffnungsschimmer in uns auf. Ob diese Maschine nach Skardu weiterfliegen würde? Aufmerksam beobachteten wir das Flugzeug – und staunten nicht wenig, als wir ein halbes Dutzend Bergsteiger herausklettern sahen: Die Felix-Kuen-Gedächtnisexpedition unter Leitung von Dr. Herrligkoffer war zurückgekommen; zumindest ein Teil der Mannschaft.
Ich eilte in die Empfangshalle, um mit ihnen zu sprechen, um etwas vom Nanga Parbat zu erfahren. Der erste, mit dem ich zusammentraf, war ihr Begleitoffizier. Er war überrascht, wie gut ich mich am Nanga auskannte, und erzählte, daß sie drei Routen versucht hatten: die linke Route, die bereits von Toni Kinshofer erkundet worden war, eine ideale Möglichkeit links von der Rupal-Wand, dann eine Route am Südostpfeiler, ein sehr kühnes Vorhaben, und den Südgrat hinauf zum Rakiot Peak, lang, aber sicher interessant. Sie hatten sich verzettelt, wie der Begleitoffizier in seinem Gespräch durchblicken ließ. Auch das Wetter war schlecht gewesen, so daß sie zum Umkehren gezwungen worden waren, bevor sie einen Gipfelangriff hatten planen können.
Im staubigen Gepäckabgaberaum ging Dr. Herrligkoffer in seinem hellen Tropenanzug, eine Schirmmütze über die grauen Haare gestülpt, die Hände in den Taschen vergraben, auf und ab: zehn Schritte hin, zehn Schritte zurück. Seit fünf Jahren mit seinen Expeditionen ohne Gipfelerfolg, schien er müde. Mißgelaunt hatte er die Augen auf die Glaswand gerichtet, die den Gepäckabgaberaum von der Empfangshalle trennte.

Als ich mich dieser Wand näherte, schien es mir einen Augenblick, als habe er mich erkannt. Plötzlich blieb er stehen, starrte mich an und kam zur Tür. Ganz automatisch folgte ich ihm auf der anderen Seite der Glaswand. Als wir zusammentrafen, reichte er mir zögernd die Hand, begrüßte dann auch Peter. Wir unterhielten uns angeregt: über seine gescheiterte Expedition, die Schwierigkeiten in den verschiedenen Routen. Auch bei dieser Nanga-Parbat-Fahrt waren schlechtes Wetter und Lawinen am Scheitern schuld gewesen. Dr. Herrligkoffer lobte die Mannschaft sowie die Route, auf der sie bis hinauf in die Mazeno-Scharte gekommen waren.
Dann, nach einer weiteren Wartefrist, war es endlich soweit: Unser Flug wurde ausgerufen, und wir rannten geradezu auf die Landepiste hinaus, schauten zu, wie unser Gepäck verstaut wurde – und waren nicht wenig enttäuscht, als urplötzlich wieder alles umsonst schien, unser Flug als gecancelt galt.
»Das Wetter ist zu schlecht, man kann nicht fliegen.« So lautete die Antwort auf unsere verzweifelten Fragen.
Wieder ein weiterer wertvoller Tag verloren. Wir waren demoralisiert, denn die Zeit drängte, wollten wir am Hidden Peak noch erfolgreich sein.
Ins Hotel zurückgekehrt, unterhielten wir uns kurz mit den Nanga-Parbat-Leuten, die ebenfalls im Flashman's Quartier bezogen hatten. Dabei erfuhr ich auch, daß ihnen das Verhalten von mir und meinem Bruder Günther bei der Nanga-Parbat-Expedition 1970 als nachahmenswertes Beispiel hingestellt worden war.
Peter und ich hatten Mr. Awan zum Abendessen eingeladen. Als wir feststellten, daß wir zufällig im selben Lokal speisten wie Dr. Herrligkoffer, konnten wir ein Schmunzeln nicht unterdrücken. Er war in Begleitung eines jungen, recht hübschen Mädchens und eines vornehmen Pakistani. Auch Michl Anderl war bei ihnen, den ich als den bergsteigerischen Leiter unserer Nanga-Parbat-Expedition von 1970 noch in bester Erinnerung hatte. Dr. Herrligkoffer ignorierte uns jetzt. Sein Verhalten stand im Widerspruch zu der Freundlichkeit, die ich am Morgen an ihm erlebt hatte. Auf dem Heimweg waren wir recht zufrieden, fast ausgelassen.
Der nächste Tag. Wieder einmal warteten wir seit mehr als drei Stunden am Flughafen. Die Hoffnungen, doch noch fliegen zu können, waren geringer als am Vortag. Im Nordosten hatte sich eine düstere Wolkenbank aufgetürmt, die wie eine undurchdringliche Mauer jeden Weg nach Skardu abzuriegeln schien. Die Flugmannschaft zeigte keinerlei Eile beim Beladen der Maschine. Peter hatte sich, da ihm die Hitze und der Gestank in den Warteräumen unerträglich geworden waren, auf eine kleine Wiese gelegt, den Rucksack unter dem Kopf, den Sonnenhut übers Gesicht geschoben. Er schien friedlich zu schlafen. In Wirklichkeit aber peinigten ihn die Gedanken über unsere Verspätung. Wieder und wieder rechnete er die Tage aus, die wir bis zum Basislager noch benötigten. Er kalkulierte einen möglichen Streik der Träger ein, auch Schneestürme und reißende Flüsse. Je mehr er über all das nachgrübelte, um so weiter sah er sich von unserem Ziel entfernt.
Ich sprach zwischendurch mit den Angestellten des Flughafens, versäumte es dabei aber keinen Augenblick, unser Gepäck im Auge zu behalten. Die Kisten, Seesäcke,

Pickel und Tragkraxen waren vor dem Wartesaal aufgestapelt, und Khaled, der jetzt neben Peter lag, hatte sie mit einer Reepschnur zusammengebunden. Die Unsicherheit, das Warten am Flughafen, das Zeittotschlagen hatte sich schier bis zur Unerträglichkeit gesteigert, als auch ich mich hinlegte.
Endlich, um 9 Uhr morgens des 12. Juli, war es soweit. Wir konnten eine Herkules des pakistanischen Heeres besteigen, die etwa 50 Personen und sehr viel Gepäck faßte. Eingezwängt saßen wir zwischen pakistanischen Frauen und Kindern, vor unseren Füßen eine Unmenge von Paketen, Körben und Schachteln. Bis zum letzten Augenblick waren wir nicht ganz sicher, ob man uns nicht doch wieder aussteigen lassen würde. Erst als die Motoren aufheulten und das Flugzeug über die Piste rollte, wußte ich, daß es tatsächlich losging, daß jetzt unsere eigentliche Expedition begann.

Verlust des Zeitgefühls

Wir flogen über die Vorberge hinweg. Unter uns immer wieder Wolkenhaufen. Ich versuchte, so weit wie möglich vorauszuspähen; früher oder später mußte rechts vor uns der Nanga Parbat auftauchen. Die Berge wurden größer und größer, heller in den Farben, und plötzlich erkannte ich ihn: den Nanga von Südwesten, rechts die Rupalflanke, links die Diamirflanke. Ich zeigte Peter die Route, über die Günther und ich damals vor fünf Jahren in verzweifeltem Ringen abgestiegen waren. Allein dieser Aussicht war ein aufregender Augenblick für mich. Am Nanga Parbat vorbeifliegend, erkannte ich Einzelheiten, blanke und verschneite Stellen, Lawinenkegel. Obwohl die Ausschnitte nur ganz winzig waren – die Herkules hat kleine Fenster –, konnte ich jede Rippe erkennen, im Diamirtal sogar Siedlungen sehen. Allzu schnell hatten wir den Nanga passiert und schwebten durch öde Täler hinunter in Richtung Skardu.
Eine ganze Reihe von Bergsteigern wartete hier auf den Rückflug nach Rawalpindi. Eine Expedition gab der anderen die Hand. Die einen kehrten zurück, die anderen brachen auf. Einige Franzosen saßen da, völlig verschmutzt, ausgezehrt, abgemagert. Sie erweckten in mir den Eindruck, als ob sie tagelang durch die Wüste geschleift worden wären. Mit Frehel waren sie am Paju Peak gewesen, hatten sich aber, da ohne Erfolg geblieben, von der Hauptgruppe getrennt. Jetzt befanden sie sich auf der Heimreise; sie hatten genug, waren für immer geheilt vom Karakorum. Einige von ihnen waren in einen Wildbach gestürzt und beinahe ertrunken, hätte man sie nicht rechtzeitig herausgezogen.
Ich bemerkte auch ein paar deutschsprachige Bergsteiger unter den Wartenden, kannte sie aber nicht und wollte sie nicht weiter stören. Das Flugfeld beobachtend, ging ich auf und ab, sprach da und dort einige Expeditionsleute an und ließ mich immer wieder über den derzeitigen Zustand des Baltoro-Gletschers informieren.

Auch hier waren die Auskünfte nicht ermunternd: viel Schnee oben in den Bergen, fürchterliche Hitze auf dem Marsch bis zu den letzten Dörfern.
Als Peter und ich unser Equipment ausgelöst hatten, fuhren wir in einem Jeep nach Skardu. Und nachdem wir im üblichen Rasthaus untergekommen waren, machte ich mich mit Khaled auf den Weg in die Stadt, um die letzten Kleinigkeiten zu besorgen. Peter, der starke Kopfschmerzen hatte, blieb bei unserer Ausrüstung.
Entschlossen marschierten Khaled und ich ins Dorf. Zuerst ging es eine lange, kahle Häuserfront entlang und dann hinein in jene staubige Gasse, in der sich die Geschäfte befinden. Ich hatte mir eine Liste gemacht von all dem, was wir kaufen mußten: Mehl für Tschapatis (dünne Fladenbrote), Zucker, Dörrobst und Benzin sowie einen Kocher. Wir hofften, nun all das hier besorgen zu können. Für die einheimischen Balti waren wir zwar Fremde, sie nahmen uns aber mit jener Selbstverständlichkeit auf, mit der man in allen Fremdenverkehrsgebieten der Erde empfangen wird. Kamen doch jetzt fast jede Woche Expeditionen in diese abgelegene Gegend. Jeder Bergsteiger kaufte ein, fotografierte, schlenderte durch die Straßen. Die Basare, die Kaufstraßen also, waren ärmlich ausgestattet, und ich hatte Mühe, das wenige zu finden, das uns noch fehlte. Ich trieb zwar Mehl und Zucker auf, später auch Dörrobst, brauchte aber einige Stunden, bis ich einen Kocher ausfindig gemacht hatte. Es war ein selbstgebasteltes Ding, ein Benzinkocher, der uns beim Anmarsch und auch im Basislager dienen sollte. Und Benzin?
Endlich sah ich ein Blechschild, das versprach, was ich seit einer Stunde suchte: Petrol. Es war Khaleds Vorschlag gewesen, in diesen alten Basar zu gehen, eine enge Gasse mit mindestens hundert Läden, staubig und heiß. Der Geruch von Benzin entströmte dem rostigen Faß, das auf dem Erdboden lag. Es war Nachmittag, die Sonne stand schon tief, aber immer noch hoch genug, daß sie über das niedrige Flachdach des Hauses gegenüber in den offenen Petrol-Laden fiel. Es war, als würden die schrägen Strahlen Staub und Gestank aufwirbeln. Männer und Kinder hatten sich sofort nach unserem Eintreten draußen vor dem Haus versammelt. Es war stickig – nicht so, daß man das Bedürfnis hatte, das Hemd auszuziehen, vielmehr so, daß ich am liebsten auf und davon wäre. Aber ich mußte Benzin kaufen.
Das Benzin wäre knapp, nicht verkäuflich, erklärte einer der Männer im Laden. Wir müßten es haben, fiel ihnen Khaled in die Rede, ohne Benzin könnten wir nicht in den Karakorum. Ohne Benzin würden auch die Jeeps und die Traktoren nicht mehr fahren, und die bräuchten wir doch auch, um bis nach Dassu zu gelangen. Ja aber, ja aber...
Sie berieten lange, die Männer im Laden und die Schaulustigen draußen auf der engen Gasse. Dann erhielten wir doch endlich unser Benzin, den Kanister allerdings mußten wir extra bezahlen. In einer Konservendose maß man die wertvolle Flüssigkeit heraus: Liter für Liter. Ich wartete, ich hatte Zeit, hatte gelernt, Zeit zu haben, einen ganzen Abend lang. Im Normalfall fällt mir Warten sehr schwer, und wenn es sich schon nicht vermeiden läßt, dann ertrage ich es mit wachsender Ungeduld. Aber in Skardu gehört Warten einfach dazu, wie Essen und Schlafen.

Mir fiel ein, daß wir, um ganz sicher zu gehen, unseren Kocher ausprobieren mußten. Ich ließ etwas Benzin in den flaschenförmigen Boiler füllen, drehte alle Schrauben zu, so fest ich konnte. Dann ging ich auf die Gasse mit meinem Gerät, das besser in eine Alchimistenküche aus dem Mittelalter als in das Gepäck einer Expedition gepaßt hätte. So schnell ich konnte, pumpte ich, zündete den Brenner an und – er brannte. Da hockte ich nun, den Kocher vor mir auf der staubigen Straße, das fremde Geschwätz über meinem Kopf, rundherum die nackten Füße der Kinder, schuppenartig überdeckt mit einer schwarzen Kruste; dann die Gesichter der Männer im Laden, die strahlten, als ich aufschaute. Unser Streifzug durch den alten Basar hatte sich gelohnt, wir hatten Benzin und einen Kocher, der funktionierte. Die Expedition konnte weitergehen.
Wir kehrten vorerst ins Rasthaus zurück, zwängten uns zwischen den Leuten vorwärts. Im Grunde liebe ich fremde, orientalische Städte, aber hier in Skardu, wo es keinen frischen grünen Grashalm gab, wo der Wind ununterbrochen Staub durch die Gassen trieb und es überall nach Urin stank, konnte ich mich nicht einleben. Offensichtlich war ich wohl noch zu verwöhnt, von den europäischen Städten, auch von Rawalpindi her, um mich in dieser Wüstensiedlung wohl zu fühlen. Man mußte lange auf Expedition gewesen sein, um das ärmliche und schmutzige Leben hier als etwas Angenehmes genießen zu können. In diesen Stunden jedenfalls konnte ich mir nicht vorstellen, daß Skardu bei unserer Rückkehr vom Hidden Peak zur ersten erholsamen Oase werden sollte, zu einem Platz, wo man Tee kaufen konnte, wo es Fleisch gab, wo ein Rasthaus stand mit Betten und klarem Wasser, wo man sich ordentlich waschen, ausruhen und sattessen konnte.
Nachdem ich den alten und den neuen Basar durchstreift und überall nach irgend etwas Brauchbarem gefahndet hatte, war ich bald zu der Überzeugung gekommen, daß es in Skardu für uns nichts mehr zum Einkaufen gab. Ganz zufällig stieß ich auf dem Heimweg in einer Ecke auf einen armen Händler, der getrocknete Weinbeeren anbot. Da wir noch wenig Dörrobst hatten, wollte ich einige Kilogramm davon kaufen. Während der Händler die Beeren mit einer Schaufel herausmaß, entschloß ich mich kurzerhand, den ganzen Sack voll aufzukaufen und ihn mit auf die Expedition zu nehmen. Der Mann staunte und freute sich wie ein Kind. Die Weinbeeren schmeckten gut, wenn sie auch staubig und mit kleinen Kieselsteinen durchsetzt waren. »Sie werden etwas Abwechslung in unsere eintönige Küche bringen«, dachte ich.
Ins Rasthaus zurückgekehrt, waren auch schon die ersten Träger da, die Khaled für den Abend bestellt hatte. Später kamen noch andere dazu, und um 6 Uhr waren es zwölf. So viele brauchten wir, um unsere 200 Kilogramm in den Karakorum hinaufzutransportieren. Ich verhandelte lange mit den Trägern. Sie waren hier dreimal so teuer wie in Nepal. Natürlich bezahlten wir sie nicht im voraus, legten aber jetzt schon alle Details der Entlohnung eindeutig fest. Ich versprach ihnen den hier üblichen Lohn: 40 Rupien pro Tag ohne Verpflegung, das Doppelte für den Fall, daß sie zwei normale Etappen an einem Tag schafften. Ich machte ihnen klar, daß sie genü-

gend Nahrungsmittel mitnehmen mußten. Als Zugabe versprach ich jedem etwas Atta (gebrochenes Korn). Oben in den Bergen war nichts mehr von all dem zu haben. Von anderen Gruppen hatte ich erfahren, daß schon so manche Expedition am Baltoro-Gletscher in große Schwierigkeiten geraten war, weil sie zuwenig Nahrungsmittel für die Träger dabeigehabt hatte. Diese hatten sich selbst nicht eingedeckt, und so waren sie nach einer Woche zum Rückzug gezwungen worden. Um einer ähnlichen Situation vorzubeugen, hatte ich vorsichtshalber mehr Mehl für unsere Träger gekauft, als sie ahnten. Ich wollte ganz sichergehen.

Jeder Träger hatte etwa 10 Kilogramm eigenes Gepäck: eine Decke, Kleidungsstücke, Mehl, Butter, etwas Zucker und Tee. Aus dem Expeditionsgut stellte ich Lasten von 18, maximal 20 Kilogramm zusammen, so daß jeder mit seinen eigenen Sachen und unseren Stücken etwa 30 Kilogramm zu schleppen hatte. Außerdem warnte ich die Träger und erklärte unwiderruflich, daß ich nur die bezahlen würde, die das Basislager erreichten, Krankheitsfälle ausgenommen. All jene, die vor dem Basislager schlappmachten oder auf und davon liefen, sollten überhaupt nichts bekommen.

»Wer vor dem Basislager aufgibt, soll sich ohne jede Rupie zum Teufel scheren. Verstanden?«

»Okay«, murmelten einige, »Hunza, hunza« einige andere.

Das Verhandeln mit den Trägern war eine delikate Angelegenheit. Die meisten von ihnen hatten schon früher Expeditionen begleitet und kannten alle Tricks, um mehr Lohn herauszuschinden; auch wußten sie genau, daß wir auf sie angewiesen waren. Die Männer versprachen, am nächsten Morgen um 4 Uhr früh dazusein, dann zogen sie sich wieder in ihre Hütten zurück.

Am Abend saßen Peter und ich noch lange vor dem Rasthaus und schauten hinunter in den scheinbar trägen und doch ungestümen Indus. Dieser Fluß, der aus dem Baltoro-Gletscher herauskommt, war unsere Richtschnur für die nächsten Tage. Wir mußten an ihm entlangfahren bis nach Shigar und an seinem Ufer weitergehen bis zu den letzten Dörfern. Von dort konnten wir den endlosen Marsch über den Baltoro-Gletscher bis zum Basislager antreten.

Die dreckige, staubtrockene Stadt nahm sich erst etwas freundlicher aus, nachdem die Sonne untergegangen war. Blauer Rauch stand über den Hütten, ein letztes warmes Licht erhellte die obersten Spitzen der Gipfel. Auf allen Seiten von hohen, gelbbraunen, vegetationslosen Bergen eingerahmt, liegt Skardu, die Hauptstadt Baltistans, etwa 2400 Meter über dem Meer. Die Grenzen Baltistans bilden Tibet im Osten, Indien und Kaschmir im Süden, Gilgit im Westen und die chinesische Provinz Singkiang im Norden. Bekannt unter dem Namen Kleintibet war das einstige Königreich lange Zeit nur Forschern und Abenteuerern zugänglich gewesen. Seit Jahren ist es ein Paradies für Bergsteiger. Vom normalen Tourismus blieb es jedoch bisher verschont. In diesem Gebiet sind auf engem Raum eine ganze Anzahl von Sieben- und Achttausendern konzentriert, unter ihnen der K 2, mit 8611 Metern der zweithöchste Gipfel der Erde, und der Hidden Peak, auch Gasherbrum I genannt, der versteckte Achttausender am Ende des Baltoro-Gletschers. Seit etwa 50 Jahren sind

immer wieder Expeditionen nach Skardu und Baltistan gekommen. Die Einheimischen haben sich deshalb bereits an die Fremden gewöhnt. Nicht zuletzt haben die Alpinisten der Stadt einen relativen Wohlstand beschert.
Nachdem ich einen Brief, den ich an Uschi geschrieben hatte, zur Post gebracht hatte, kehrte ich zurück ins Rasthaus und legte mich schlafen. Am nächsten Tage mußten wir frisch sein, der lange Marsch konnte beginnen.
Am anderen Morgen standen wir drei Stunden fröstelnd vor dem Rasthaus und warteten auf die Jeeps, die uns für 4 Uhr früh versprochen worden waren. Als um 5 Uhr die Träger kamen, war von den Jeeps noch immer nichts zu sehen. Das Wetter war gut, der Morgen strahlend klar. Frauen, an deren Knie sich Kinder klammerten, spähten um die Ecke der nahen Hütten. Peter und ich brannten darauf, endlich loszufahren. Immer wieder verfluchten wir diesen 13. Juli, der neuerdings endlose Wartestunden mit sich brachte.
Um 7 Uhr endlich waren die Autos da. Die Fahrer redeten sich geschickt auf die allgemeine Benzinknappheit heraus, durch die sie wertvolle Zeit verloren hätten. Sie gaben an, den ganzen Abend über und auch an diesem Morgen noch im Dorf herumgefahren zu sein, um Benzin zu sammeln. die Tanks zu füllen. Jetzt glaubten sie, die Fahrt nach Dassu und zurück schaffen zu können. Peter und ich machten gute Miene zum bösen Spiel, verluden die Kisten auf die beiden Wagen. Peter und ich sprangen auf den ersten, Khaled auf den zweiten, die Träger verteilten wir gleichmäßig zwischen den Lasten. Eine halbe Stunde später jagten die beiden überquellenden Fahrzeuge, lange Staubwolken aufwirbelnd, durch die Dorfstraße zur Indusbrücke. Über diese und zwei sandige Serpentinen erreichten wir die andere Talseite. Knapp hinter Skardu gab es bereits die erste Panne. Am zweiten Wagen war ein Stück verlorengegangen, und nun fuhr der, in dem auch Peter und ich saßen, zurück, um es zu suchen. Wieder Aufenthalt. Dabei bemerkte ich, daß die Aprikosen bald reif waren. Ich freute mich jetzt schon im stillen darauf, zurückzukommen in dieses Tal und mich an den kleinen, süßen Früchten gütlich zu tun.
Nach behobener Panne fuhren wir über staubige Wege weiter, mal schnell, dann wieder im Schrittempo. Im Straßendorf von Shigar, wo wir eine kurze Rast einlegten, tranken wir in einem Rasthaus Tee. In der sengenden Mittagshitze ging es dann über Flüsse und steile Paßstücke taleinwärts. Wieder kamen wir an Dörfern vorbei und schaukelten durch das Flußbett; bis wenige Meilen vor Dassu, wo die Straße zu Ende war. Hier luden wir unsere Gepäckstücke ab, und ich bezahlte die Fahrer.
Wenig später begannen wir unsere Kisten und Säcke auf die einzelnen Träger zu verteilen. Dies war nicht ganz einfach, denn sie rauften sich um die leichtesten Lasten, um die angenehmsten Stücke. Es dauerte eine ganze Weile, bis jeder seine 20 Kilogramm hatte, die er bis ins Basislager tragen sollte.
Eine Stunde später war unsere Kolonne in Bewegung. Peter und ich beherrschten uns und eilten nicht voraus. Wir wollten anfangs bei den Trägern bleiben, sie im Gänsemarsch halten. Das wurde aber für uns sehr bald schon zu einer harten Geduldsprobe, weil die Kulis nach jeweils fünf bis zehn Minuten ihre Lasten ablegten und rasteten.

An Dassu marschierten wir vorbei, vorbei auch an dem letzten grünen Fleck, einige tischgroße Äcker am Rande des Flusses. Am Abend lagerten wir alle zusammen unter einem breiten Stein am reißenden Braldo, der sich weiter unten in den Indus ergießt.

Es war noch dunkel, als mich am anderen Morgen die Geräusche der Träger weckten, die das Frühstück bereiteten. Links und rechts unserer Lagerstelle brannten kleine Feuer, Holz knackte, es wurde gespuckt und gerotzt. Der Himmel war schwarz und schwer, donnernd wälzte der nahe Braldo Steine vorbei. Eine Stunde später war unsere Karawane wieder marschbereit. Seit Skardu war alles gutgegangen, und Peter und mich beflügelte die Hoffnung, das Basislager doch noch rechtzeitig zu erreichen. Anfangs ging es nun steil bergan, und sofort gewannen wir Vorsprung vor den Trägern; oben auf der Paßhöhe wollten wir auf sie warten. Da Khaled bei ihnen geblieben war, marschierten wir aber doch weiter, über eine lange gerade Strecke, und erreichten bereits gegen 9 Uhr vormittags Tschakpo, eine Oase an der Bachmündung eines rechten Seitentales.

Wenn man nach einer Woche Expeditionsbürokratismus endlich losziehen kann, ist man darüber so glücklich wie über einen Urlaub nach ausgefüllten Arbeitswochen. Man hat plötzlich wieder Zeit, über sich selbst nachzudenken, alles bewußt wahrzunehmen. Ich bin der Meinung, daß für sehr viele arbeitstolle Menschen die Teilnahme an solchen Expeditionen kein Zeitverlust wäre, dieses tagelange Dahinmarschieren die sicherste, ja einzig mögliche Rettung vor einer Blindheit der Seele sein könnte. Die Möglichkeit, ja der Zwang, das Aktive mit dem Kontemplativen zu verbinden, ist wohl nirgends so stark wie beim Dahinziehen durch diese einsamen, kargen Bergtäler.

Das Leben der Einwohner von Tschakpo ist einfach und arm. Wir hatten uns auf einem der terrassenförmigen Hausdächer niedergelassen und versuchten nun Eier, Tschapati und Lassi (saure Milch) aufzutreiben, auch etwas Tee, um unseren Durst zu stillen. Frauen mit langen, farbenfrohen Gewändern hockten vor den schachtelartig übereinandergeschobenen Wohnstätten, sie verschwanden aber sofort, wenn wir zu ihnen hinsahen. Die winzigen Hütten waren finster, die Wände brüchig, die Mauern mit losen Steinen und Erde als Mörtel zusammengeklebt, die winzigen, teilweise nur kopfgroßen Fenster holzvergittert.

Auf einer buckligen Wiese am Dorfrand wollten wir unser Lager aufschlagen. Wir fragten einen einheimischen Bauern, ob dies gestattet wäre. Er nickte, und wir zogen dorthin, um unsere Träger gleich am Lagerplatz zu empfangen. Wir waren noch keine halbe Stunde da, als auch schon die ersten Bauern Hühner brachten und sie feilboten. Sie waren uns aber zu teuer, und wir kauften nur etwas Mehl für die Träger, damit die mitgeführten Rationen gespart werden konnten.

Wie bereits nachts zuvor, drohte es wieder zu regenen, und die Träger verzogen sich bald in einen nahen Stall. Vorher hatten sie versprochen, am nächsten Tag rechtzeitig wieder dazusein. Nach einer verregneten Nacht goß es am Morgen ohne Unterbrechung weiter. Die Träger hatten sich in die umliegenden Hütten verkrochen und waren zuerst nicht zu finden, dann nicht zum Weitergehen zu bewegen. Bei Regen sei die Strecke zu gefährlich, wandten sie ein. Erst gegen 8 Uhr brachen die ersten auf, zwei aber fehlten. Wir warteten eine halbe Stunde, eine Stunde, und als sie noch nicht kamen, ging ich von Hütte zu Hütte, um sie zu suchen. Schließlich fand ich sie in einer engen, höhlenartigen Behausung, wo sie mit einheimischen Männern eine Art Würfelspiel spielten. Sie taten recht erstaunt, als ich eintrat. Erst als ich sie anbrüllte, ließen sie alles stehen und liegen und folgten mir.

»Wenn ihr nicht tragen wollt, könnt ihr ja die Expedition verlassen und ohne Bezahlung nach Hause gehen«, sagte ich ihnen.

Doch sie kamen mit mir zur Lagerstätte, und so konnten wir endlich – es war schon später Vormittag – weitermarschieren.

In der schwülen Luft des Mittags kamen wir recht gut, wenn auch langsam vorwärts. Links und rechts unseres Weges stiegen die Talseiten steil an. Der Regen hatte für einige Stunden aufgehört, und die dünnen Wolken schienen die Sonnenstrahlen wie in einem Brennglas zu verdichten. Überall drohte Steinschlag, und ich konnte mir nicht vorstellen, wie diese wilde Schlucht am gefahrlosesten zu passieren war.

Plötzlich – es nieselte wieder leicht, und ich war gerade in der Mitte der Kolonne – kamen einige Träger mit erhobenen Armen zurück. Mit angsterfüllten Gesichtern, den Gebärden von Fliehenden, liefen sie an mir vorbei und zurück bis dorthin, wo die Talsohle noch breiter war. Es gelang mir nicht, sie aufzuhalten. Erst als ich an ihre Umkehrstelle gelangte, sah ich, was ihnen einen derartigen Schrecken eingejagt hatte: Ein mit koffergroßen Steinen und Lehm gefüllter Fluß – bei Trockenheit ein ungefährlicher Seitenbach – schoß an mir vorbei. Zehn Meter weiter unten ergoß er sich in den Braldo, der all den Schlamm und die Steine schluckte, ohne sich zu verfärben. Es schien nicht nur so, es war tatsächlich lebensgefährlich, diesen Fluß zu überschreiten. Die Träger hatten sofort erkannt, daß bei dem herrschenden Regen kein Weiterkommen möglich war.

Am Rand des tosenden Baches besprach ich mit Peter unsere Lage. Die Träger hatten bereits Feuerchen entfacht. Dicht unter den Steinen zusammengedrängt, kochten sie Tee. Einige hatten sich in eine kleine Höhle zurückgezogen und bereiteten sich für die Nacht vor. Wiederholt versuchte ich, sie zum Weitergehen zu bewegen. Ich sagte ihnen, daß wir ein Seil über den Fluß spannen würden, daß wir eine sichere Stelle suchen würden, daß wir bereit wären, ihnen die Lasten abzunehmen.

»Ihr braucht nur unbeladen zu folgen.«

Aber die Träger wehrten ab.

»Weiter drinnen«, so beteuerten sie, »müssen stark steinschlaggefährdete Hänge gequert werden.«

»Wir werden euch sichern!«

Doch sie lehnten ab. Sie könnten nicht weiter, auch für viel Geld nicht, nicht solange es regnete.

Peter und ich waren verzweifelt. Wieder ein Tag verloren. Wir konnten uns doch nicht schon in den ersten Nachmittagsstunden geschlagen geben. Deshalb ent-

schlossen wir uns, ein Stück vorauszugehen, die Lage selbst zu prüfen. Wir hofften, im Fluß eine seichte, nicht allzu gefährliche Passage zu finden.
Am Seil gesichert, stieg Peter über eine haushohe senkrechte Lehmwand in das dreck- und steineführende Wasser ab, spreizte hinüber zur ersten Steininsel, wagte den entscheidenden Schritt und watete, Schlamm bis zu den Knien, zur anderen Flußseite hinüber. Geschickt kletterte er dort den Steilhang hinauf. Wir spannten den Strick, den wir an beiden Flußufern an Felsbrocken verankerten. Ich folgte an diesem Fixseil nach, und dann eilten wir, teils kletternd, teils im Laufschritt – an außerordentlich steilen und gefährlichen Sperren –, immer am Rande des Braldo entlang, hin zum nächsten Moränenrücken, der uns die Sicht versperrt hielt. Diese steinschlaggefährdete Querung schien kein Ende zu nehen. Das kaum fußbreite Steiglein war größtenteils weggespült. Immer wieder sprangen Steine von oben herunter, drohten uns zu erschlagen. Oft führte die einzige Möglichkeit, weiterzukommen, so nahe an den Braldo heran, daß unsere Füße von der Gischt überspült wurden. Wenn die Spuren weiter oben am gefährlichen, schlüpfrigen Steilhang verliefen, waren sie kaum angedeutet, die Tritte zudem abschüssig. Ein einziger falscher Sprung schon hätte genügt, uns aus dem Gleichgewicht zu werfen, unweigerlich wäre der Taumelnde in den Braldo gestürzt, und seinen Fluten hätte wohl keiner entrinnen können.
Nach einer guten Stunde hatten wir uns selbst davon überzeugt, daß die Träger recht gehabt hatten. Es war nicht zu verantworten, in einer Kolonne von 15 Leuten diese Hänge zu queren. So blieb uns nichts anderes übrig, als zu den Kulis zurückzukehren und vorerst einmal abzuwarten.

Der Kapitulation nahe

Als der Regen am Nachmittag immer noch nicht nachließ, entschlossen wir uns, an Ort und Stelle zu biwakieren. Am nächsten Tag – eine Wetterbesserung vorausgesetzt – wollten wir weiterziehen. Die Träger hatten in der Zwischenzeit eine zweite Höhle entdeckt und sich in dieser eingerichtet. Peter und ich bauten unser Zelt unter überhängenden Felsen auf und versuchten, eng aneinandergekauert zu schlafen.
Unsere Hoffnung auf besseres Wetter wurde schon am Abend vom Regen, der auf unser Zeltdach trommelte, erstickt. Auch der beißende Rauch, der aus der Höhle der Träger kroch, war ein schlechtes Wetterzeichen. Es folgten Stunden der Verzweiflung, Stunden, die Peter und mir erstmals klarmachten, daß unser Erfolg diesmal mehr in der Luft hing als bei allen unseren bisherigen Unternehmungen.
»Wenn wir hier einige Tage hängenbleiben, ist alles vorbei, dann ist es besser, wir gehen gleich nach Hause«, begann Peter seine Befürchtungen auszusprechen.

»Es wird schon aufhören, früher oder später muß es ja aufhören.«
»Solange aber dieser nächste Schluchthang so feucht ist, gehen uns die Träger keinen Schritt weiter. Sie wissen um die Gefahren in diesem steilen Schottergelände. Sie haben sogar recht, wenn sie nicht weitergehen.«
»Solange es regnet und naß ist, ist der Übergang gefährlich. Wenn aber die Sonne die Feuchtigkeit wegsaugt, wird der Hang zäh, dann halten die Steine, dann können wir auch mit den Trägern übersetzen, vielleicht morgen schon.«
»Es gibt keine Anzeichen, daß es morgen besser sein wird.«
»Ja, du hast ja recht, wenn wir allzu lange warten müssen, ist es zu spät.«
Dann lagen wir beide da und hingen unseren Gedanken nach. Nun sah ich ein, daß es ein Unsinn gewesen war, dieses Wagnis einzugehen. Daheim, vor der Abreise, hatte ich mir relativ große Chancen ausgerechnet, Chancen, den Traum meines Lebens – einen Achttausender zu zweit – verwirklichen zu können. Jetzt, da ich gezwungenermaßen tatenlos im Zelt lag und es nicht mehr weiterzugehen schien, mußte ich mir resigniert eingestehen, daß ich wohl besser zu Hause geblieben wäre. In diese mißliche Lage gedrängt, malte ich mir den weiteren Anmarsch fürchterlich aus. Ich wußte, daß wir erst am Anfang waren und daß die Hauptschwierigkeiten am riesigen Baltoro-Gletscher beginnen würden. Wenigstens zwei Wochen Anmarsch lagen noch vor uns. Noch fehlte mir jene Schicksalsergebenheit, die nach Monaten des Wartens und Ringens um ein Ziel schon oft über mich gekommen war. Die psychische Belastung, die unser Vorhaben vorausschickte, wuchs, raubte uns den Schlaf. Die Zweifel dieser Regennacht, vermischt mit dem Gefühl des Gefangenseins, waren groß, so groß, daß wir noch stundenlang darüber redeten, gleich am nächsten Morgen zurückzugehen und einen anderen Berg anzugreifen. Den Nanga Parbat vielleicht, der in wenigen Tagen erreichbar war, oder einen Berg im östlichen Hindukusch.
Als der Regen am Morgen nicht nachließ, besprachen wir mit Khaled unsere Situation und baten ihn um seinen Rat. Er wußte nicht, was er uns sagen sollte. Als ich ihn aber fragte, ob er uns überhaupt zum Nanga Parbat gehen ließe, ob das aus politischen Gründen möglich wäre, und er dies bejahte, waren wir noch mehr hin- und hergerissen von unseren Wünschen und Möglichkeiten. Sollten wir weitermachen, oder sollten wir diese Expedition besser gleich aufgeben und wenigstens eine andere zu einem guten Ende führen?
Gegen 9 Uhr, nach einer einstündigen Regenpause, wollten die Träger plötzlich weitermarschieren. Peter und ich waren so überrascht, daß wir über diese Aussicht ganz unseren inneren Zwiespalt vergaßen. Wir zögerten keinen Augenblick und behandelten die Kulis wie mit Samthandschuhen, um sie nicht wieder umzustimmen. Wir hatten ein Seil über den reißenden Fluß gespannt, und der ganze Trupp querte ihn nun, am laufenden Karabiner gesichert, einer nach dem anderen. Peter voraus, ich in der Mitte der Kolonne, klettereten wir dann taleinwärts. Die Schluchtwand über uns war gefährlicher als die Eiger-Nordwand. Ab und zu blieben wir stehen, spähten die 400 Meter hohe, ungemein steile Schotterflanke hinauf. Nur wenn sich nichts rührte,

hetzten wir bis zur nächsten Stelle, die einigermaßen Sicherheit versprach. Einer deckte, den Kamm beobachtend, den anderen ab, dieser lief. Ausrutschen durfte hier keiner. Unweigerlich wäre er in den reißenden Fluten des Braldo verschwunden. Der Fluß war hier 60 bis 80 Meter breit. Er wälzte tischgroße Steine talwärts, und sein Getöse übertönte alle unsere Gespräche.
Die lebensgefährliche Querung schien kein Ende zu nehmen. Während Peter voraus-eilte, um den Weg zu erkunden, wartete ich in Deckung, neben mir die Träger. Erst wenn er uns das Zeichen gab, liefen wir das Stück zu ihm vor. Nur mit dieser Technik konnten wir eventuellen Steinlawinen rechtzeitig ausweichen, war die Querung überhaupt zu verantworten.
Plötzlich, in der Mitte einer besonders steilen, wenn auch seichten Rinne, wurde der Hang über uns lebendig. Peter war gerade mitten drin, als schon die ersten Salven daherschwirrten.
»Steinschlag!«
Geschickt wie eine Katze den Steinen ausweichend, erreichte er einen unterhöhlten Steinklotz, die nächste geschützte Stelle. Ein Träger, der knapp hinter ihm geklettert war, schrie auf und kam mit erhobenen Armen zurück, den anderen Kulis bedeutend, daß es aus wäre, daß sie alle zurück müßten, daß sie keinen Schritt mehr weitermachen sollten.
Sofort erfaßte ich die Situation. Ich wußte, daß es uns wieder einige Tage Verzögerung kosten würde, wenn wir jetzt nachgaben und mit unseren Trägern zur nächsten sicheren Stelle zurückkehrten. Nachdem ich mich vergewissert hatte, daß keine Steine mehr nachkamen, faßte ich den Leitkuli am Handgelenk und zerrte ihn mit all meiner Kraft über die Steinschlagrinne. Auf der anderen Seite des steinespeienden Schlundes angekommen, war er dann nicht mehr gewillt, noch einmal diese lebensgefährliche Strecke zurückzulegen. Den übrigen Trägern blieb nichts anderes übrig, als nachzukommen. Mit größter Vorsicht und erst auf unsere Anweisung hin betraten sie einer nach dem anderen den freien Hang. Alles ging gut.
Die zwei Stunden, die noch notwendig waren, um die restlichen Halden zu queren, erforderten all unsere Konzentration und Kraft. Wir waren in einen Zustand der erhöhten Reaktionsfähigkeit eingetreten, nahmen jetzt Geräusche nicht nur mit den Ohren, sondern mit unseren Körpern auf. Wenn irgend etwas von oben herunterkam, wenn irgendwo eine Gefahr lauerte, wir fühlten es, noch bevor wir es mit unseren Sinnen wahrnehmen konnten.
Müde und abgekämpft langten wir am Ende des ersten, mehrere Kilometer langen Schotterhanges an und gingen sofort einen zweiten, kürzeren an.
In diesem Augenblick kamen vier Männer die Querung herunter. Mit Staunen erkannte ich den berühmten Joe Brown, Leiter der englischen Trango-Turm-Expedition, Giulio Fiocchi, Leiter der italienischen Expedition zu den Kathedralen von Baltoro, Jan McNaught Davis und einen jungen Italiener.
Joe Brown war offensichtlich todmüde. Er warf sich gleichgültig vor uns in den Schotter. Klein von Wuchs, nicht mehr ganz jung, mit leicht aufgedunsenem Gesicht

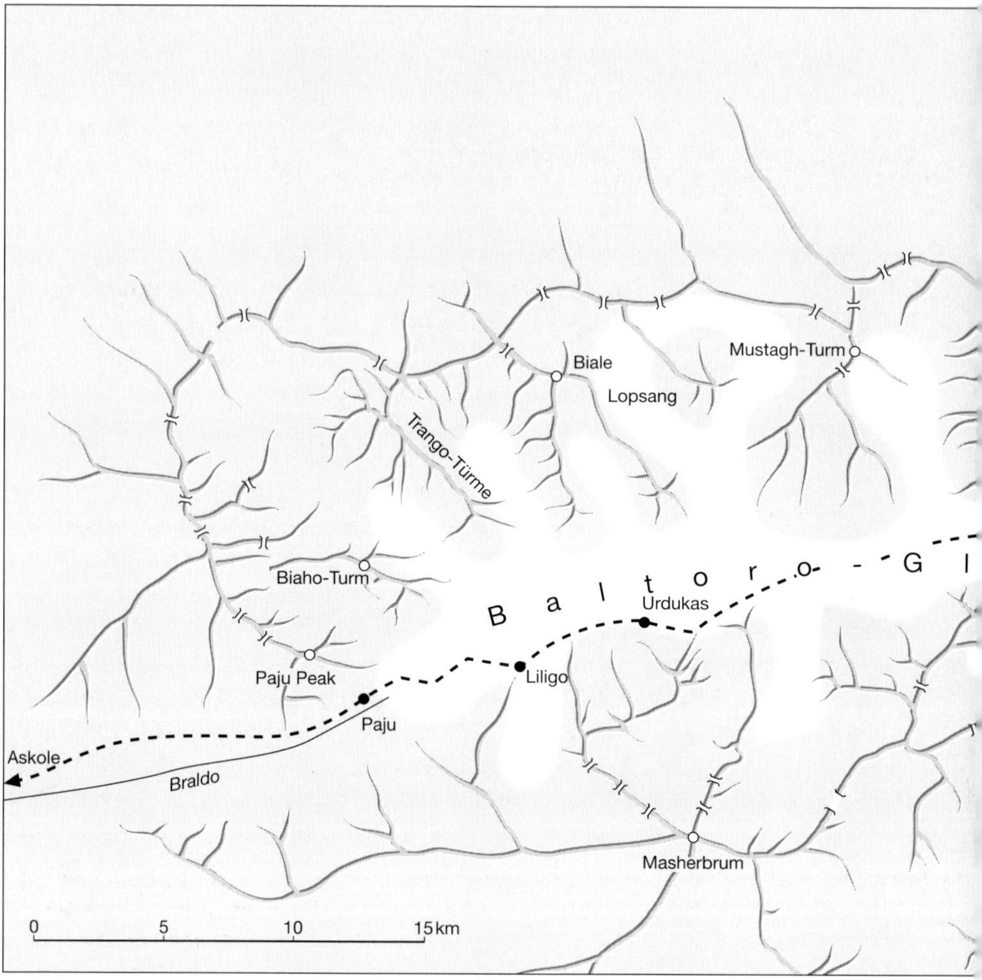

und halb ergrautem Haar, schien er ein Wrack. Seine Augen blicken träge, fast glasig; die Anstrengung des Rückmarsches vom Trango-Turm war in ihnen zu lesen. Ich hatte Joe Brown – den Erstbegeher des Mustagh-Turmes und des Kangchendzönga – immer bewundert. Ich wußte, wie hart er war, und so konnte ich mir ausmalen, was uns auf diesem Marsch noch alles erwartete. Brown staunte über unser Vorhaben, meinte aber fatalistisch: »Versucht's nur.«

Die harten Jahre lagen endgültig hinter ihm.

Peter und ich unterhielten uns kurz mit den vieren, ließen uns von ihren Unternehmungen erzählen. Die Engländer waren gescheitert, den Italienern waren zwei Erfolge gelungen. Als unsere Träger aufgeschlossen hatten, verabschiedeten wir uns. Wir waren sehr erleichtert, als wir endlich die gefährlichen Schotterhänge hinter uns

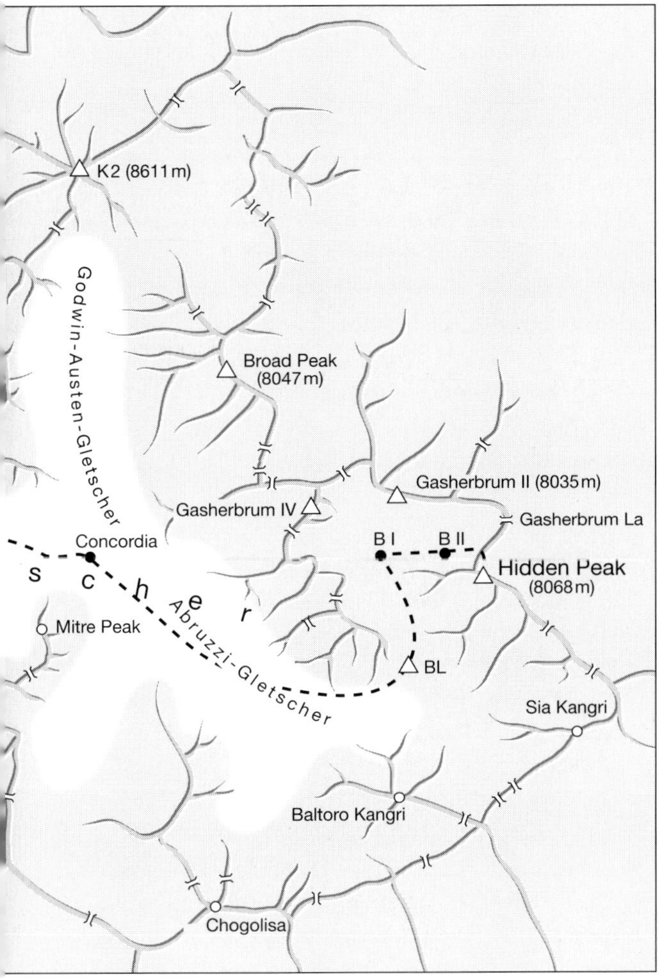

Der riesige Baltoro-Gletscher mit unserer Anmarschroute zum Hidden Peak.

hatten und mühsam einem steilen Aufschwung an der orographisch linken Talseite zustrebten. Peter und ich waren wieder einmal voraus, von den Trägern nichts mehr zu sehen. Wir hetzten die steilen Bergrücken hinauf – dabei kam es vor, daß ich mit Peter kaum noch Schritt halten konnte – und hielten Ausschau nach einem Lagerplatz. Aber davon immer noch keine Spur. Ununterbrochen plagten uns Durst und Hunger. Ein Stück Tschapati oder ein paar Kartoffeln hätten mir genügt. Aber so etwas gab es erst wieder im nächsten Ort. Wir ernährten uns während des Anmarsches ausschließlich »aus dem Lande« und verzichteten auf Konserven oder Käse für die Strecken zwischen den Dörfern.

Als wir die Höhe erreicht hatten, schauten wir nochmals zurück: eine endlose, enge, graubraune Schlucht. »So, das hätten wir geschafft«, dachten wir beide. Der Braldo

dröhnte bis zu uns herauf, die wir jetzt etwa 500 Meter oberhalb des Flusses standen. Weit voraus, bei der nächsten Talbiegung, wo unser Steiglein endete, wurden einige Bäume sichtbar. Tschongo vielleicht, die nächste Siedlung.
»Die Träger werden schon nachkommen, zudem ist Khaled ja bei ihnen«, drängte ich. Stunden später waren wir nicht mehr ganz sicher, ob wir uns noch auf dem richtigen Weg befanden. Nirgends ein Baum oder Strauch, der Schatten geboten hätte. Auch keine überhängenden Felsen. Ich ging jetzt voraus über einen steilen, abschüssigen Pfad. Zuerst eine Querung, dann in Serpentinen bergab. Einmal fand ich eine leere Zigarettenschachtel im Schotter; also waren wir doch nicht die ersten Europäer hier. Schweigend marschierten Peter und ich hintereinander her.

Die letzten Siedlungen

Zwar hatten wir am Morgen vor dem Aufbruch die Karte studiert, aber so lange war uns der Weg nicht erschienen. Ob die Träger nicht schlappmachten, jetzt in der Mittagshitze? Ob sie Tschongo erreichen konnten, bevor es Nacht wurde?
Unter einer schroffen Felswand sahen wir schließlich das Dorf liegen: einige übereinandergeschachtelte Lehmhütten, terrassenförmig die Felder zwischen Fluß und der düsteren Wandflucht. Der kleine grüne Landstrich, flußaufwärts durch einen Felssporn, der sich bis zum Braldo vorschob, flußabwärts durch ein Seitental abgegrenzt, war drei Kilometer lang und 500 Meter breit. Platz für Felder und Hütten für 20 Familien. Jedes Jahr wurden es zwei bis drei Behausungen mehr. Jeweils sechs bis acht Menschen wohnten hier auf engstem Raum zusammen. Der bebaubare Boden aber nahm Jahr für Jahr ab. Unten fraß der Braldo die Erde weg, oben begruben Felsstürze ganze Äcker. Bedroht wie das Land waren auch seine Bewohner. Ich hätte im Dorf nicht einmal mein Basislager aufgeschlagen, so gefährdet erschien mir die Stelle.
Über ein paar primitive Holzleitern stiegen wir auf ein Hausdach. Es war wie ein Vorhof der darüberliegenden Hütte. Kein Mensch, der uns empfing. Einige Hühner nur, die herumscharrten, ein klappriges Bettgestell mit einigen Tüchern, auf das wir uns setzten.
Es war windig dort oben. Nachdem wir uns kurz ausgeruht hatten, rief ich nach einem Bauern: vergebens. Jetzt waren die Frauen auf den Feldern, die Burschen und Männer anscheinend mit irgendeiner Expedition unterwegs. Während wir geduldig warteten, waren wir gespannt, wie die Einheimischen wohl aussehen würden.
Ich blickte über die Hausdächer hinweg und versuchte mir das Leben hier vorzustellen: karg, eintönig, hart, wenn man unsere Maßstäbe anlegte. Die hellen Lehmdächer strahlten jetzt in der Sonne. Wenn ich von den umliegenden Feldern wieder auf die Dächer sah, taten mir die Augen weh, so grell war das Licht.

Nach einer Weile kam ein alter Mann auf die Terrasse. Während er ein Stück von uns entfernt stehenblieb, sagten Peter und ich: »Salam!«
Er erwiderte den Gruß und kam näher. Peter streckte ihm die Rechte hin. Der Alte nahm sie, drückte sie mit seinen beiden rauhen Händen: behutsam, fast streichelnd, als wollte er fühlen, wie schwer und wie warm die Hand des anderen war. Als er seine Begrüßungszeremonie beendet hatte, tippte er kurz an Peters Schulter. Ich verneinte. Da ich seine Frage verstanden hatte, begannen wir uns in Zeichensprache miteinander zu unterhalten. Ich bedeutete ihm, daß wir keine zusätzlichen Träger brauchten, die unseren müßten bald da sein. Das gegerbte Gesicht des Alten straffte sich.
»Sahib?« fragte er und zeigte auf Peter und dann auf mich.
Wir wären nur zu zweit, also nur zwei Sahibs, betonte ich mit zwei gestreckten Fingern. Aber noch zwölf Kulis und ein Captain. Mit den Händen und den wenigen Worten Balti, die ich inzwischen gelernt hatte, erklärte ich ihm das. Er wollte noch wissen, woher die Kulis waren und wohin wir gingen. Beim Namen »Gasherbrum« leuchteten seine Augen auf. Er gab uns zu verstehen, daß auch er als Träger schon dort oben gewesen war.
Einige Zeit darauf brachte ein Bub ein paar Eier, ein anderer Tee und Tschapatis. Es war jetzt später Nachmittag. Alles kam heim von den Feldern: Frauen mit Körben voll Gras und Kinder, die hinterherliefen, ein bedächtiger Mann mit einer Hacke, kichernde Mädchen. Irgendwo Musik aus einem Transistorradio.
Das glänzende Licht auf den Gräsern und der Wind wurden stärker. Weit drinnen im V-förmigen Ausschnitt des Tales schwamm goldener Dunst. Draußen im Westen verdeckten dunkle Wolkenstreifen den Horizont. Nur über uns stand noch die Sonne.
Immer noch saßen wir auf dem Hausdach, als die Träger ankamen. Wieder bezogen sie in einem Stall Quartier. Diesmal blieben wir bei ihnen.
Als wir am Abend noch einen kleinen Spaziergang machten, trafen wir mit Martin Boysen zusammen, dem führenden Kletterer der Engländer vom Trango-Turm. Martin erzählte uns, daß sie recht gut vorangekommen waren, daß er aber beim Schlußangriff 200 Meter unterhalb des Gipfels in einem engen Spalt hängengeblieben war, mit dem Knie verkeilt. Er war nicht mehr herausgekommen, weder vor noch zurück. Seine Kameraden hatten sofort den Rückzug angetreten, um die Biwakausrüstung, Zelte sowie auch Nahrungsmittel hinaufzuschaffen. Martin aber hatte es nicht so lange aushalten können, und so hatte er in seiner verzweifelten Lage sein Knie mit einem Messerhaken befreit, den Hosenstoff weggeschnitten, das Knie freigestemmt. Er hatte sich abgeseilt, und so war der Gipfelerfolg dahin.
Mit Martin Boysen besprachen wir auch die Everest-Expedition, die er zusammen mit Chris Bonington für den Herbst 1975 geplant hatte, und wünschten ihm alles Gute für dieses nächste Unternehmen.

Von Tschongo ging es anderntags weiter nach Askole. Der Marsch dauerte nur zwei Stunden. Der Steig führte größtenteils durch grüne Felder, an Dörfern vorbei. Die Landschaft, die bisher einen traurigen, öden Charakter gehabt hatte, ähnelte jetzt etwas den Westalpentälern. Weit hinten, spitz und weiß, der Mango Gusar, rechts ragten einige Fünftausender auf. Die Felder, größtenteils bewässert und deshalb grün, wirkten üppig im Gegensatz zu den wüstenhaften Hängen zwischen dem bebauten Talgrund und den angeschneiten Bergspitzen.

Peter und ich hatten im stillen gehofft, am gleichen Tag noch weitermarschieren zu können. Die Träger aber machten uns klar, daß sie sich jetzt einen Rasttag verdient hätten. Wir forderten sie auf, sich Schuhe zu kaufen, soweit sie noch keine hatten, und sich mit Nahrungsmitteln einzudecken, denn Askole war das letzte Dorf.

Inzwischen hatten wir mit dem Lambadar, dem Bürgermeister, Kontakt aufgenommen. Peter und ich kauften etwas Mehl und Butter, ein Schaf für die Träger. Der Versuch allerdings, ein zweites einzuhandeln, scheiterte, weil kaum Schafe im Dorf waren und die Almen zu weit oben in den Seitentälern lagen, um schnell eines herbeischaffen zu können.

Unsere Zelte hatten wir auf einem kleinen, lehmigen Platz am bergseitigen Dorfrand aufgeschlagen. Nun lagerten wir dort. Einige Einheimische kamen vorbei, und wir versuchten, Kulis unter ihnen anzuheuern, um unsere eigenen Leute zu entlasten. Das war jedoch vergeblich, weil viele Träger bereits für den Rückmarsch der amerikanischen K-2-Expedition und andere für die italienische Baltoro-Expedition unterwegs waren. Am Nachmittag schlenderten wir dann durch das Dorf und beobachteten Frauen, die Mist auf die Felder schleppten, Männer, die auf ihren Hausdächern hockten und uns von weitem grüßten: »Salem Aleikum!«

Den ganzen Abend über saß ich vor dem Zelt und unterhielt mich mit den Einheimischen über frühere Expeditionen. Dabei freute ich mich darüber, daß sie sich genau an die fünfziger Jahre erinnerten. Vor allem die italienische K-2-Expedition, die immerhin gut 20 Jahre zurücklag, war den Kulis, die sie begleitet hatten, noch immer in bester Erinnerung. Riccardo Cassin, unser Alter vom Lhotse, war hier ein bekannter Mann.

Mehr aber als alle anderen, das merkte ich aus vielen Andeutungen und Erzählungen, schätzten die Einheimischen Walter Bonatti. Bonatti, der 1954 am K 2 mit dabeigewesen war und den sie als den damals Stärksten bezeichneten. Bonatti, der später am Gasherbrum IV im hintersten Baltoro, an dieser kühnen, leuchtenden Pyramide, den Gipfelerfolg errungen hatte. Man erzählte uns, daß er beim Anmarsch in Urdukas einen Felsklotz erklettert hat, einen glatten Felsen, nur an einem faustbreiten Riß.

Am Morgen des 18. Juli verließen wir Askole. Wir hofften, an einem Tag die doppelte Etappe zu schaffen, bis zur Brücke hinter Korofon. Vor den Häusern und auf den Wegen herrschte reges Treiben, als wir mit unserer hochbepackten Kolonne durch das Dorf zogen. Die Luft war kühl, während wir durch die letzten Felder zur engen Schlucht im Talschluß marschierten. In ihren dunklen Kleidern, tief gebückt, standen einheimische Frauen im kniehohen Korn und jäteten. Andere waren damit beschäftigt, das Vieh auf die steinigen Weidehänge zu treiben.

Obwohl wir nicht die erste Expedition waren, die in diesem Jahr den Biafo-Gletscher überquerte, hatten wir doch reichlich Mühe, den Weg zu finden und die Träger darüberzulotsen. Dieser tote Gletscher verändert sich tagtäglich, und die Steigspuren, die nach einer Expedition zurückbleiben, sind schon nach wenigen Tagen verwischt. Trotz einiger Schwierigkeiten am Gletscher und der sengenden Hitze peilen wir am Nachmittag bereits Joila an. Eine Hängebrücke führt dort im Sommer über einen Seitenfluß des Braldo; die einzige Möglichkeit nach oben.
Wir wählten das linke Ufer als unseren Lagerplatz. An derselben Stelle waren auch die Männer der amerikanischen K-2-Expedition unter James Wittacker, die geschlagen vom zweithöchsten Berg der Erde zurückkehrten. Nach und nach kamen sie mit Hallo bei uns an. Die italienische Expedition, deren Leiter Fiocchi wir wenige Tage zuvor getroffen hatten, lagerte auf der Gegenseite. Ich kannte viele der jungen Italiener, und wir unterhielten uns recht gut. Sie gaben uns Tips für die nächsten Tage und stärkten durch ihre Erfolge unser Selbstvertrauen.
Von den Amerikanern erfuhren wir so nebenbei, daß sie die Schell-Gruppe beobachtet hatten und daß ihnen zu Ohren gekommen war, daß auch die Grazer zum Hidden Peak wollten. Damit konnten wir nicht einverstanden sein. Die Genehmigung für den Hidden Peak war uns erteilt worden, und obwohl wir uns mit den Schell-Leuten in Verbindung gesetzt hatten, war es bisher zu keiner Absprache gekommen. Auch hatte keiner der Bergsteiger in Rawalpindi auf uns gewartet, so daß wir die beiden Expeditionen nicht hatten zusammenlegen können.
Peter und ich beschlossen deshalb, uns zu trennen. Wir wollten sie rechtzeitig zurückrufen, so daß ihnen noch Zeit blieb, auf das von der Regierung für sie vorgesehene Ziel auszuweichen. Wenn sie am Hidden Peak blieben, auch wenn sie den Normalweg versuchten, würde das für sie nur vergeudete Kraft, vergeudetes Material und vergeudete Zeit bedeuten. Peter sollte am nächsten Tag vorausmarschieren und in drei bis vier Tagen das Basislager erreichen. Als der im Umgang mit Kulis Erfahrenere übernahm ich die Aufgabe, die kleine Trägerkolonne mit den Lasten ins Basislager zu führen.

Die Italiener hatten mich spontan zum Abendessen eingeladen. Peter wollte schlafen, da er anderntags bei Dunkelheit aufbrechen mußte. Während ich über die schwankende Hängebrücke aus geflochtenen Weidenrutensträngen zu den italienischen Bergsteigern auf der anderen Flußseite balancierte, wurde es Nacht. Die Minestrone, die sie zubereitet hatten, war versalzen, nicht aber die allgemeine Stimmung. Wir unterhielten uns lange und angeregt. Da Peter und ich etwas knapp an Nahrungsmitteln waren und noch nicht genau wußten, wie lange wir oben im Basislager bleiben mußten, fragte ich die italienischen Kameraden, ob sie irgend etwas an Verpflegung entbehren könnten, eine Kleinigkeit vielleicht für den Anmarsch, und wenn es nur für einen Tag reichte. Sie aber verneinten. Sie müßten noch zurückmarschieren bis zu den ersten Dörfern und dann eine Woche weiter nach Skardu. Sie wären sich selbst nicht sicher, ob ihre Nahrungsmittel bis dorthin reichen würden,

versicherten aber, daß in ihrem Basislager eine Unmenge Brot und Konserven liegengeblieben war.
»Das werden die Träger schon geholt haben«, lachte ich.
»Ja, das fürchten wir auch. Die lassen normalerweise keine leere Büchse zurück.«
Als ich mich verabschiedete und dem stellvertretenden Leiter einen Brief für Uschi aushändigte, den ich in den letzten drei Tagen von Etappe zu Etappe geschrieben hatte, nahm mich einer aus der Gruppe, Giorgio Panzeri, zur Seite. Er steckte mir einen Nylonsack mit allerlei Süßigkeiten zu, Kleinigkeiten für den Anmarsch, die eigentlich alle für seinen Rückmarsch bestimmt gewesen waren: Schokolade, Trockenobst und einen Zettel mit den Worten: »Un sacco di auguri – Giorgio.« Ich war gerührt. Die Großherzigkeit dieses jungen Italieners, der genau erkannt hatte, daß seine älteren Kameraden nicht bereit waren, unsere Mini-Expedition zu unterstützen – wir waren schließlich absichtlich mit nur 200 Kilogramm Gepäck losgezogen und sollten folglich auch selbständig damit zu Rande kommen –, überraschte und freute mich.
Giorgio war einer der besten italienischen Kletterer. Knapp über 20 Jahre alt, kannte er damals bereits die wichtigsten Touren in den Alpen und hatte schon eine ansehnliche Anzahl von Alleinbegehungen hinter sich. Zweimal hatte er den Preis »Griguetta d'oro« gewonnen, einen Kletterpreis, der in Norditalien alljährlich für Bergsteiger unter 24 Jahren ausgeschrieben wird, die sich durch ihre alpinen Aktivitäten besonders hervortun.

Zu Fuß ins Nirwana

Es gibt eine Einsamkeit, an die sich der Mensch wohl nicht gewöhnen kann: das Alleinsein vor ganz großen, gefährlichen Abenteuern. Es war bereits nach 10 Uhr, als ich das italienische Camp verließ. Eine Julinacht, eine jener hellen Karakorum-Nächte, wie wir sie später noch öfter erleben sollten. Der Mond steckte irgendwo hinter den Bergen, aber trotzdem war es hell, und als ich mich der Seilbrücke näherte, sah ich sogar das Wasser von unten heraufschimmern.
Die schwarzen Stränge, aus der die Brücke geflochten war, waren kaum zu erkennen, und es kostete mich einige Überwindung, hineinzusteigen in das Dunkel über dem Fluß. Ich griff in die baumdicken, groben Seile. Je näher ich der Flußmitte kam, desto einsamer fühlte ich mich und desto lebhafter empfand ich, daß ich in dieser Nacht besser bei den Italienern geblieben wäre. Deutlich konnte ich das schäumende Wasser zwischen den drei Strängen am Boden sehen, die kleinen Strudel und Wellen im Fluß. Ich mußte verdammt aufpassen, um dem Sog des im Mondlicht fließenden Silbers nicht zu erliegen, das Gleichgewicht nicht zu verlieren. Die Hängebrücke schien unter meinen Schritten zu schweben. Ich war völlig benommen, als

ich auf der anderen Flußseite die steilen Stufen hinauf zur Brüstung kletterte. Damit war ich in eine andere Welt eingetreten, hatte mit der Hängebrücke das letzte Verbindungsglied zu anderen Menschen hinter mir gelassen. Unterwegs zum Zelt dachte ich wieder daran, daß Peter in wenigen Stunden aufbrechen wollte, daß ich ab morgen allein weitermußte, allein mit einem Begleitoffizier und zwölf Trägern, allein mit der Verantwortung, das Basislager ohne Unfall zu erreichen.

Noch bevor sich die ersten Sonnenstrahlen fächerartig über dem Horn des Mango Gusar ausbreiteten, hatte ich meinen Tee getrunken. Mit dem Morgen waren all die düsteren Gedanken und Stimmungen von mir gewichen. Jetzt freute ich mich sogar über die Gelegenheit, mit mir allein sein zu können.

Als wir von unserem Lagerplatz aufbrachen, sah ich einen kurzen Schimmer der Begeisterung über die Gesichter der Träger huschen, in denen sich alle Eindrücke so lebhaft widerspiegelten. Da wußte ich, daß sie ihr Bestes geben, daß wir in den nächsten Tagen gut vorankommen würden.

Ich eilte allen voraus, um den Weg zu erkunden, und auch, um mein eigenes Tempo gehen zu können. Am linken Flußufer entlangschlendernd, gelangte ich bald auf eine mit ausgedörrten Sträuchern und gelben Grashalmen gesprenkelte Moränenfläche. Dort suchte ich nach einer Quelle, und als ich keine fand, ging ich zum nahen Fluß und wusch mich in dem olivgrünen Gletscherwasser. Ich hatte den belastenden, unangenehmen Eindruck der ersten Marschtage vergessen und empfand hier am Rande des Braldo eine tiefe innere Ruhe. Auch später, als ich wieder zwischen den Bergen dahinschritt, schwang dieses für mich ganz neue, frohe und von jeder Belastung freie Gefühl der Selbstsicherheit mit. Mein kleiner Treck und das wilde Gebirge ringsherum hatten Mut und den Geschmack von Freiheit in mir erweckt. Ich hatte nicht das Bedürfnis zu sprechen. Wohl aber beherrschte mich ein Zwang, zu marschieren, meine Schritte zu beschleunigen, die von einem ununterbrochenen Rascheln der dürren Gräser begleitet wurden. Eigentlich hätte ich schon vor einer Stunde stehenbleiben und auf die anderen warten sollen, aber die warme Morgensonne, der reißende Fluß neben mir und meine Neugierde ließen mich nicht anhalten. Es gefiel mir, so allein vor mich hin zu marschieren.

Es war mir schon zur Selbstverständlichkeit geworden, meine Gedanken halblaut vor mich hin zu sprechen. Ohne mir erst Mühe zu geben, sie genau zu formulieren oder zu Ende zu denken, sagte ich einige Worte, dachte ich über Lücken hinweg. So kam es vor, daß ich einen Gedankengang, der mich kurz vorher noch zum Schmunzeln gebracht hatte, nicht wiederholen konnte und zu einem anderen überging.

Von der Moränenfläche, wo die Füße im Sand nur mit Mühe Halt fanden, stieg ich in das Geröll ab, das sich zwischen Flußufer und Steilhang angesammelt hatte. Allmählich näherte ich mich einem alleinstehenden Strauch, dessen wenige Blätter mir hier in dieser Einöde wie Blütenschmuck erschienen. Ringsum tiefe Stille. Zwar donnerte der Fluß zu meiner Rechten, Fliegen summten um meinen Kopf, aber diese Geräusche störten die allgemeine Ruhe ebensowenig wie das ferne Singen des Windes an den Graten und Gipfeln. Ab und zu glaubte ich die Stimmen unserer Träger

zu hören. Auch diese Laute betonten die Einsamkeit, in der ich mich bewegte. Während ich für wenige Minuten dastand und auf das Kommen des Kulis lauschte, verfolgte ich mit meinem Blick eine kleine Wolke, die sich über dem Gipfel des Mango Gusar gebildet hatte. Erst als ich die Kolonne in der Ferne erblickte, ging ich langsam weiter.
Ich habe doch recht gehabt, die Genehmigung auszunützen, dachte ich. Wäre unser Aufbruch bloß einem Strohfeuer, einer plötzlich auflodernden Begeisterung – ausgelöst durch die Herausforderung eines Achttausenders zu zweit – entsprungen, stünde ich heute nicht hier. Dann hätten wir schon vor Tagen, bei der Querung am Braldo, aufgegeben. Aber wir hatten es nicht getan. Ich war jetzt überzeugt, daß unser Unternehmen gelingen würde.

Als Peter den toten Gletscher betreten hatte und mutterseelenallein war, erwog er zwar unwillkürlich die Möglichkeit, zurück nach Paju zu gehen, wo ich mit der Hauptgruppe nächtigen wollte. Aber er kehrte nicht um, sondern marschierte auf dem Gletscher vorwärts, immer sein Ziel im Auge, oben im Basislager die Schell-Gruppe von einer Besteigung des Hidden Peak abzuhalten. Es war schon dunkel geworden, als er in Liligo seine Lagerstätte vorbereitete. Im Westen standen keine Wolken mehr. Sie hatten sich hinter den Paju Peak verzogen, und überall am Himmel blitzten Sterne auf. Peter lauschte auf das Poltern der Steine, die dann und wann vom Moränenrand in die Gletscherspalten ruschten. Immer wieder blickte er zu der ihm so vertraut gewordenen Milchstraße auf, die die riesenhafte Schlucht, in der er jetzt biwakierte, diagonal überspannte.
Peter hatte Kopfschmerzen, wie immer, wenn er einen relativ großen Höhenunterschied in kurzer Zeit überwunden hatte. Aber er suchte jetzt nicht mehr nach einer Erklärung für diese Schmerzen, sondern nahm sie einfach hin.
Wir werden es schon schaffen, dachte Peter, während er so dalag und einzuschlafen versuchte. Dieses neue Gefühl, völlig für sich allein zu sein, belastete ihn weniger als der schleppende Marsch mit den Trägern, die ständige Ungewißheit und der Zwang, sich um sie kümmern zu müssen. Der Gedanke aber, daß die Kolonne irgendwo hängenbleiben könnte oder zu langsam vorwärtskäme, beunruhigte ihn jetzt, wo er sie tagelang nicht mehr sehen sollte, mehr als vorher.

Es war ein sehr starkes Bewußtsein, jung zu sein, das ich empfand, als ich, über einige Moränenhügel hinaufsteigend, weit vor mir die Stirnmoräne des Baltoro-Gletschers erspähte. Links und rechts standen mächtige Granittürme, und weit hinten waren dunkle Gebirgskämme zu erkennen, die den K 2 verdecken mußten. Unter einem überhängenden Felsklotz, geschützt vor den senkrechten Strahlen der Sonne, setzte ich mich zur Rast hin. Hier wollte ich auf die Träger warten und die Umgebung studieren, die mich mit jedem Tag, den wir vorwärtskamen, mehr packte.
Inzwischen war es Nachmittag geworden, ein heißer, drückend schwüler Nachmittag. Es war undenkbar, direkt in der prallen Solle zu rasten. Die Luft flimmerte über

den Felsen, glühend heiß der Sand, die Steine. Doch der Himmel verdüsterte sich allmählich. Ein Windhauch kam auf, der einzelne Staubwölkchen vom Gletscher heruntertrieb. Für kurze Zeit verschwand sogar der glühende Ball der Sonne hinter den wachsenden Zirren am Himmel, und zwei Stunden später wurde es endlich angenehm kühl. Als nach einer weiteren halben Stunde wieder die Sonne durch die Wolken brach, stand ich auf und atmete gierig die frische Luft ein, stieg dann zum Braldo hinunter und wusch mich von oben bis unten. Es war wie eine erfrischende kalte Dusche. Ich verspürte auf einmal Lust weiterzumarschieren, einfach nur weiterzulaufen, hinter die nächste Biegung, um die neue, mir unbekannte Landschaft zu sehen. Ich wollte nicht mehr länger auf die Träger warten, für ein paar Stunden die Expedition vergessen. Aber so groß auch die Versuchung war, ich mußte dableiben. Ich wußte genau, daß die Träger nicht bis Paju durchhalten würden, wenn ich sie nicht dazu zwang. Von dort aus wollten wir am nächsten Tag den Baltoro-Gletscher in Angriff nehmen. So setzte ich mich wieder unter den Felskolz und schlief ein.
Erst gegen 5 Uhr nachmittags erwachte ich, fühlte mich matt und schläfrig, hatte Kopfschmerzen, und mir schwindelte, als ich rasch aufstand. Ich schaute mich um: niemand zu sehen. Da hörte ich talauswärts Geräusche, als ob Steine in den Fluß rollten. Als ich ein Stück zurückging, konnte ich die Träger erkennen, die gerade dabei waren, einen reißenden Seitenbach des Braldo zu durchqueren, und Mühe hatten, im kaffeebraunen, brodelnden Wasser das Gleichgewicht nicht zu verlieren. In den wenigen Stunden, seit ich die Stelle passiert hatte, war der Bach zu bedrohlichen Ausmaßen angeschwollen. Ich lief hin, und so gut ich konnte, half ich ihnen mit einer Stange von meiner Flußseite aus. Als alle das andere Ufer erreicht hatten, machte ich den Kulis klar, daß sie noch eine Stunde weitermüßten, nach Paju, denn nur dort gab es frisches Wasser und auch Holz zum Feuermachen.
Paju nennen die Einheimischen einen Lagerplatz unmittelbar unter dem gleichnamigen Berg, einem formschönen Sechstausender, orographisch an der rechten Talseite gelegen, eine halbe Stunde unterhalb der Stirnmoräne des Baltoro-Gletschers. Dieses Paju ist ein hübscher Aussichtspunkt. Die zwei Quellen gaben zwar nur fingerdick Wasser, aber immerhin war es frisches, klares Wasser, eine Seltenheit in dieser wüstenhaften Landschaft. Der ganze Lagerplatz war allerdings von Unrat und Kot bedeckt, und ich hatte Mühe, eine einigermaßen saubere Stelle zu finden, wo ich mir mein Lager einrichten wollte. Da der Himmel jetzt nicht mehr bewölkt war, verzichtete ich darauf, das Zelt aufzustellen, und breitete unter einigen Bäumen, deren Blätter fortwährend im Wind vibrierten, Gras aus, auf das ich meine Schlafmatte und meinen Schlafsack legte. Khaled schien todmüde zu sein, als er mit der Nachhut der Träger eintrudelte. Es fehlten ihm sogar die Kräfte, selbst seine Lagerstelle herzurichten, und ich bat die Träger, dies für ihn zu tun.
Sobald die Kulis da waren und ihre Lasten abgelegt hatten, verschwanden ein paar von ihnen in den Baumkronen, andere in Erdlöchern. Sie brachen dürre Äste ab, holten Wasser, und überall in den Höhlen, die von früheren Expeditionen übriggeblieben waren, begannen sie Tee zu kochen und Tschapatis zu backen. Wieder hatten die

Balti-Männer die doppelte Tagesstrecke geschafft, und wie versprochen zahlte ich an diesem Abend den Lohn für eine Etappe an sie aus. Sie waren daraufhin recht ausgelassen, brachten mir Dhal (Linsen) und Tee. Meine Hoffnung, daß wir in einer Woche, spätestens in zehn Tagen, im Basislager sein würden, wuchs zusehends.

Wie so oft an Abenden vor einsamen Nächten, saß ich in Paju und grübelte darüber nach, was mich eigentlich bewogen hatte hierherzukommen, warum wir ausgerechnet zu zweit zum Hidden Peak wollten. Ich konnte keine Antwort finden und geriet in Verzweiflung. Hörte ich aber auf, mir diese Fragen zu stellen, war mir, als wäre es die selbstverständlichste Sache der Welt, was wir vorhatten, wozu wir so weit von zu Hause fort waren. Besonders, wenn ich aktiv sein konnte, waren alle Grübeleien wie weggeblasen. In den vergangenen Stunden, in denen ich allein marschiert war und mich tatkräftig und verantwortlich für das Vorwärtskommen unserer Expedition einsetzen mußte, hatte mir das Leben Spaß gemacht. Die wilde Landschaft, das Verhandeln mit den Trägern und das Schlichten ihrer kleinen Streitigkeiten, das Ausfindigmachen der Lagerstätten, das Verteilen der Lasten an jedem Morgen beim Aufbruch, das alles waren einfache, aber lebensnahe Tätigkeiten, die unmittelbar auf das Weiterkommen ausgerichtet waren.
Ich beschäftigte mich mit diesen Dingen nicht etwa wie ein Missionar, auch nicht mehr wie früher aus reinen sportlich-bergsteigerischen Erwägungen heraus, sondern weil ich den mir selbst gestellten Aufgaben gerecht werden wollte. Sicherlich, es war immer noch eine gute Portion Ehrgeiz dabei, daß ich hier war. Ich hatte seit drei Jahren schon davon geträumt, endlich meinen dritten Achttausender besteigen zu können. Aber jetzt beim Anmarsch waren es weniger die Gedanken an diesen dritten Höhenrekord oder den Achttausender zu zweit, die mir gefielen, als vielmehr dieses Leben schlechthin, die Aufgaben, die Probleme, die sich alle Tage stellten, die es Minute für Minute zu lösen galt. Hatte ich in früheren Jahren meines Lebens – das fing schon in meiner Kindheit an und steigerte sich später bei den ersten großen Bergtouren und Expeditionen – zum Besten der Bergsteigerei, zum Besten der ganzen Menschheit wirken wollen, so wollte ich jetzt nur leben, leben, ohne anderen Menschen weh zu tun.
Besonders durch meine vielen Reisen zu den ärmsten Bergvölkern der Erde hatte ich die Überzeugung gewonnen, daß es gar nicht möglich ist, diesen zu helfen, ohne ihnen gleichzeitig zu schaden. Daß es eine Illusion ist, die Welt verbessern zu können. Die Menschheit ist in ihrer Gesamtheit so komplex und vielfältig, daß ein Versuch des Wirkens für das Allgemeinwohl in der Ausführung selbst immer wieder auf Widersprüche stoßen muß. Es ist interessant, über solche Möglichkeiten nachzudenken, aber es ist unmöglich, sie ohne Widersinn zu finden. Ich bin imer weniger dazu geneigt, eine Expedition oder mein Leben schlechthin in den Dienst der Allgemeinheit zu stellen. ich bin vielmehr zu der Überzeugung gekommen, daß ein in sich ruhendes, ausgeglichenes Leben das einzig Wichtige ist. Ich mache heute meine Expeditionen für mich selbst, fühle – obgleich mich kaum jemand dabei versteht –, daß

Balti-Träger beim Rasten am Baltoro-Gletscher.

diese Expeditionen notwendig sind, für mich notwendig, um ruhig und ausgeglichen zu bleiben, um mich selbst zu finden.
Ich genoß die Landschaft, nahm aber auch die Pflicht, mich um das Wohl der Träger und des Begleitoffiziers zu kümmern sowie auf mich selbst aufzupassen, ernst.
Der Gedanke, der mich immer wieder quälte und dem ich auf meinen langen Tagesmärschen am meisten nachhing, war der an Uschi. Was sie wohl dachte, tat? Wie ich es jetzt sah, hätte ich sie mitnehmen können. Sie hätte auf Grund ihrer Expeditionserfahrung den Marsch bis ins Basislager durchgehalten. Aber irgendwo wäre sie doch eine Belastung geworden, und vielleicht hätte sie später das Alleinsein im Basislager nicht aushalten können. Aber war sie so nicht noch mehr alleingelassen, alleingelassen ob meiner egoistischen Ziele, vorläufig völlig im Ungewissen über den Ausgang des Unternehmens?
Pflichteifrig, wie sich Khaled den ganzen Tag über gezeigt hatte, machte er am Abend noch einen Rundgang bei den Trägern. Diese saßen in kleinen Gruppen an den Feuern, trieben immer noch Tschapatis aus und brieten sie in Butterschmalz. Khaled sprach mit den Leuten, wobei er mit seinen schlanken, schmalen Händen gestenreich seine Rede unterstützte. Den Gesprächen entnahm ich, daß er die Kulis aufmunterte, daß er sie auf die nächste schwierige Etappe vorbereitete.
Einer unserer älteren Träger hatte sich bereits zur Ruhe begeben. Er lag, in eine alte Decke gewickelt, zusammengekauert am Feuer, sein Atem ging laut und heftig. Ob

er die 70 Kilometer bis ins Basislager schaffte? 70 Kilometer Gletscher mit 30 Kilogramm Gepäck auf dem Rücken, die Nächte ohne Schutz im Freien und kaum etwas zu essen. Ich steckte ihm ein Stück Schokolade zu. Er nahm es dankend.
Khaled kramte, an seinen Lagerplatz zurückgekehrt, die Taschenlampe aus seinem Rucksack, befestigte sie an einem Ast über seiner Schlafmatte, trank noch einen Schluck aus der Flasche, die neben seinem Pullover, der ihm als Kopfkissen diente, lag und versuchte alles zu vergessen, nur noch zu schlafen. Aber anfangs wollte es damit nicht recht klappen. Nicht nur die bleierne Müdigkeit hinderte ihn daran, auch störten ihn die Unruhe der Träger und das ständige Aufflackern der Feuer. Später, als die Kulis sich alle verkrochen hatten, fand er immer noch keinen Schlaf, lauschte dem Tosen des Braldo und beobachtete den Mond, der hinter einem zerschlissenen Vorhang von Federwölkchen aufgegangen war.
Als auch ich mich hinlegen wollte, fühlte ich instinktiv, daß da noch jemand war, daß jemand kam. Ich schaute gegen Osten hin, Richtung Baltoro-Gletscher, und sah im noch schwachen Mondlicht eine Gestalt auftauchen, die sich unserem Lagerplatz näherte. Unwillkürlich lief ich dem späten Besucher entgegen und merkte, daß es eine Frau war. Offensichtlich eine Bergsteigerin, die allein heimwärts zog.
Als sie vor mir stand, glaubte ich sie zu erkennen, fragte aber trotzdem nach ihrem Namen: Simone Badier. Sie, eine der besten europäischen Bergsteigerinnen, war mit dem Franzosen Frehel am Paju Peak gewesen. Sie waren gescheitert, und Simone hatte sich, müde und des Lastenschleppens überdrüssig, von den anderen abgesetzt. Sie hatte allein einen Ausflug bis nach Urdukas unternommen und wäre auf dem Rückweg in einem der Gletscherbäche beinahe ertrunken. Jetzt befand sie sich auf dem Heimweg. An diesem Nachmittag war sie nochmals in einen Fluß gefallen und nun froh, als ich ihr ein Nachtlager und etwas zu essen anbot.
Wir saßen eine Zeitlang nebeneinander da, und ich kochte Tee für sie. Die Blätter in den Bäumen raschelten, und der Mond schimmerte durch das Astwerk. Dann schlug sie ihr Lager neben dem meinen auf, und wir unterhielten uns bis spät in die Nacht hinein über all die Expeditionen, die noch im Baltoro-Gebiet unterwegs waren.
Auch ich versuchte in dieser Nacht lange vergeblich einzuschlafen. In meinem Schlafsack liegend, starrte ich unverwandt hinauf in die Wipfel der Sträucher, beobachtete die Bahn des Mondes. Als ich um 5 Uhr erwachte, fühlte ich mich trotz der beinahe schlaflosen Nacht belebt und erfrischt. Ich stand auf, kramte Bleistift und Papier aus meinem Rucksack und fing an, einen Brief an Uschi zu schreiben.
»Ich werde ihn ihr mitgeben«, sagte ich halblaut vor mich hin, immer noch der Gewohnheit des Einsamen in mir nachgehend. Unwillkürlich mußte ich daran denken, wie lange es wohl dauern würde, bis Uschi in Villnöss diesen Brief lesen konnte. Zum ersten Mal kam mir dabei klar zum Bewußtsein, wie weit ich tatsächlich von ihr entfernt war. Es konnte Monate dauern, bis ich wieder bei ihr war, die ungewisse Flugverbindung von Skardu nach Rawalpindi nicht mit einkalkuliert. Simone Badier steckte den Brief in ihren Rucksack, wir verabschiedeten uns voneinander, und als sie talwärts fortging, schaute ich ihr lange nach.

Der Himmel über dem Baltoro-Gletscher sah regnerisch aus. Wenige helle Flecken unterbrachen die düsteren Wolkenhaufen, und nur im Augenblick des Sonnenaufgangs huschten für kurze Momente zinnoberrote Lichtkegel über das schmutzige Stahlgrau der Wolken. Düster die Berge ringsum, grau der Gletscher, nicht ein Schimmer des jungen Tageslichtes schien bis zu ihm durchzudringen.
Nach einer knappen Wegstunde standen wir unter der Stirnmoräne des Baltoro-Gletschers. Ein mächtiger Strom brach aus dem Gletschertor hervor und ergoß sich in das kilometerbreite Flußbett des Baltoro. Für die Träger war der Aufstieg über die steilen, mit Schotter bedeckten Eishänge nicht nur anstrengend, sondern auch sehr schwierig. Immer wieder rollten Steine unter ihren bloßen Füßen weg, immer wieder fiel einer hin. Die Steigspuren von früheren Expeditionen waren verwischt, man hatte den Eindruck, daß sich hier seit Jahrtausenden nichts verändert hatte. Überall das gleiche eintönige Bild: Schutt, Steine, Wasser, Schnee. Der Baltoro-Gletscher war ein aufgewühltes Meer aus Eis und Karen, durch das wir uns 70 Kilometer lang bis ins Basislager durchzukämpfen hatten.
Ich suchte einen einigermaßen gangbaren Weg für die Träger, mußte immer wieder stehenbleiben, wenn sie rasteten. Nur auf einem langgezogenen Moränenrücken, auf dem sie mich von weither sehen konnten, marschierte ich eine Weile allein voraus. Dort, wo es wieder abwärts ging, blieb ich stehen. Blick über neue Rücken und Mulden. Es war, als liefe immer wieder der gleiche Filmstreifen ab, immer wieder dieselbe Landschaftsszenerie. Kam ich hier wirklich zum ersten Mal vorbei, oder war ich schon einmal da gewesen? Diesen Zweifel wurde ich während der ganzen Zeit auf dem Gletscher nicht los.
Ich sah kurz den Trägern zu, wie sie sich den Moränenrücken heraufmühten. Dann befiel mich wieder die alte Unruhe, und ich lief weiter. Dieses ständige Warten war nicht meine Sache, aber es ging oft nicht anders.
Immer, wenn die Träger nur mehr als kleine bunte Punkte in der Ferne zu erkennen waren, blieb ich stehen: ein Einsamer in der Wüste, nichts als Schutt, links und rechts des Gletschers Felswände, darüber der Himmel.
Jeden Tag, oft sogar jede Stunde wechselte der Himmel seine Farbe. Am frühen Morgen ging das nächtliche Dunkel in Violett, manchmal Weinrot über. Jetzt, am Tag, war der Himmel von einem hellen, seidenen Blau, und viele kleine, zerschlissene Wölkchen segelten über die Berggipfel hinweg. Wie der Himmel, so wechselte auch der Gletscher sein Farbenkleid. Der im ersten Morgenlicht naßschwarze Schuttstrom wurde bei gutem Wetter am Vormittag lebendig, voller Löcher und feiner Zeichnungen. In der Mittagshitze flimmerte es über den braunen Steinen, die am Nachmittag stumpf wirkten, um am Abend wieder einzeln hervorzutreten: schwarze und weiße Steine, metallen glänzende, große und kleine.
Von unseren Nahrungsmitteln hatten wir bisher nur wenig verbraucht, und auch den Brennstoff sparten wir für das Basislager auf. Seit Paju hatte ich nichts Warmes mehr gegessen. Am Morgen einen Becher heißen Tee aus der Trägerschüssel und ein Stück Brot. Jetzt, am Abend, gönnte ich mir ein Stück Brot und eine Konserve.

Wir lagerten in Liligo. Es roch dort wie auf einer öffentlichen Toilette, und ich war ärgerlich darüber, daß ich die Träger nicht hatte weitertreiben können. Aber bis nach Urdukas war es eine volle Tagesetappe, und dazwischen gab es scheinbar keinen brauchbaren Lagerplatz.
Am nächsten Nachmittag traf ich in Urdukas mit den Schweizern vom Sia Kangri zusammen. Es gab eine Quelle, trockenen Boden und vor allem wieder Höhlen für die Träger. Hier ließ es sich gut aushalten. Der Lagerplatz, auf Rasenterrassen zwischen hausgroßen Felsen an der linken Talseite gelegen, bot einen einmaligen Blick auf die Granitfluchten gegenüber: Biaho-Turm, Kleine Kathedrale, die Trango-Türme, Große Kathedrale, Lobsang. Die Wände teilweise senkrecht, geschlossen, alle über 2000 Meter hoch, höher als die höchsten Steilabbrüche der Alpen.
Am anderen Morgen dauerte es länger als üblich, bis die Träger in Marsch gesetzt werden konnten; offenbar fiel es ihnen schwer, sich von dem trockenen Boden zu trennen und den steinigen, kalten Gletscher zu betreten.
Manchmal war jetzt eine Art von Pfad im Geröll zu erkennen, nicht immer deutlich, aber die Steine schienen strichweise flacher zu liegen als einen halben Meter daneben. Zuerst ging ich als der Sahib voraus, obwohl ich mich hier noch weniger auskannte als die Träger. Khaled bildete die Nachhut. Er hatte am Morgen beim Aufbruch in Urdukas versprochen, immer der letzte zu bleiben.
Bis zur Gletschermitte konnte es nicht mehr weit sein. Auf der anderen Talseite ein seichtes, helles Grün, wie hingehaucht. Im Gehen schaute ich kurz in den Sucher der Rolleiflex, ohne zu wissen, was ich eigentlich fotografieren wollte. Stellenweise kam mir die Gegend bekannt vor. Wahrscheinlich von Bildern her – die Berge, die ich sah, waren mir jedenfalls nicht alle fremd.
Ich hatte den Trägern erklärt, sie könnten sich auf mich verlassen, ich würde immer den leichtesten Weg finden. Sie schienen mir zu vertrauen. Um mich zu orientieren, mußte ich oft kurz stehenbleiben. Es war nun windig, feiner Staub lag in der Luft, und nirgends auf den dunklen Steinen war mehr ein hellerer Streifen zu erkennen. Hatte der Wind die Fährte verwischt?
Nein, da war sie wieder. Für Augenblicke kam es mir wie ein Erinnern vor, und ich wußte, wo wir gehen mußten, sah jetzt den Steig. Vielleicht war es auch nur Einbildung: die geschwungene Linie auf diesem endlosen schwarzgrauen Meer von Steinen, wirklich um eine Nuance heller. Eigentlich waren da mehrere solcher Steige oder Streifen, die wie Steige aussahen, aber ich ging, wie es mir meine Eingebung vorzeigte, und die Träger folgten mir willig.
Die Landkarte, eine Kammverlaufsskizze mit den wichtigsten Seitentälern und den markantesten Gipfeln, steckte immer in der Deckeltasche meines Rucksacks. Ich zog sie nur selten zu Rate, sie hätte in diesem Gelände nicht viel geholfen. Ich verließ mich mehr auf meinen Instinkt als auf Wegzeichen. Wenn ich zufällig eine aufgestellte Steinplatte sah und wenig weiter eine zweite oder gar eine leere Konservendose, wußte ich, daß mein Instinkt mich nicht getäuscht hatte.

Blick von Urdukas über den Baltoro-Gletscher auf die Granitmauern auf der orographisch rechten Seite des Eisstroms. In der Mitte die Trango-Gruppe.

Von einer Anhöhe aus sah man den Gletscher bis weit zurück und noch weiter voraus. Hier war es nicht wie in Nepal, keine Vegetation. Auch nicht wie im Hohen Hindukusch oder am Aconcagua, ganz andere Farben. Trotzdem dachte ich zeitweise an den Manaslu im Zentralen Himalaja, dann wieder an den Aconcagua. Ich war mir bewußt, daß mir solche Erinnerungen weiterhalfen, aber auch, daß sie mir im Weg stehen konnten.

Es konnte sein, daß ich jetzt dasselbe dachte, dasselbe tat wie auf dem Weg zwischen Liligo und Urdukas, von wo aus ich zuletzt bis hierher gesehen hatte. Die gleichen Moränenkegel, die gleichen Linien, nur die Berge rechts und links vom Gletscher waren andere. Sonst alles wie am Tage vorher. War das wirklich noch ich, der hier über den Gletscher stapfte? Ein wenig müde vom langen Marsch, aber nicht erschöpft, mit schlenkernden Armen, ging ich oft mehrere Stunden lang, ohne überhaupt etwas zu denken. Manchmal knickte ich ein wenig vornüber, wenn ein Stein unter meinen Sohlen wegrutschte. Zwar waren meine Augen ständig auf den Boden oder auf irgend etwas anderes gerichtet, aber ich nahm von alldem nichts richtig zur Kenntnis.

Besonders auf langen, gleichmäßig flachen Strecken, im Wohlgefühl der aufkommenden Müdigkeit, konnte ich alles vergessen und nur mehr gehen, gehen, gehen. Dann war mir auch nicht mehr bewußt, wohin ich eigentlich unterwegs war.

»Nirwana«, dachte ich eine Zeitlang, nichts als »Nirwana«. Ich sagte das Wort vor mich hin: »Nirwana – Nirwana – Nirwana.« Ein Wort in Sanskrit. Es bedeutet Verwehen, seelische Ruhe, Leersein, wunschlosen Endzustand.

In Concordia (links) teilt sich der Baltoro-Gletscher.
Der rechte Strom (Abruzzi-Gletscher) zieht Richtung Gasherbrum-Gruppe,
der linke (Godwin-Austen-Gletscher) Richtung K 2.

21. Juli. Noch immer Baltoro. Während ich im Schneetreiben auf meine Kulis wartete, wurde es zu kalt, um auf den Steinen sitzenzubleiben. Also ging ich im Kreis herum. Da kamen Träger vorbei, vermutlich von oben, zurück von anderen Expeditionen. Sie suchten an einem früheren Lagerplatz nach leeren Dosen. Die drei jungen Balti-Männer hatten über ihre Säcke aus Ziegenfell Decken über Kopf und Rücken gelegt. Ihre Füße waren mit Fellfetzen umwickelt. Sie gingen an mir vorbei, ohne sich weiter nach mir umzusehen. Das ironische Lachen verriet ihre Ansicht über mich: ein Sahib wie alle anderen, die sie im Laufe ihres Lebens kennengelernt hatten.

Ich schaute ihnen lange nach. Wen sie wohl ins Basislager begleitet hatten? Wie lange sie noch bis in ihr Dorf brauchten? Fünf, sechs oder zehn Tage? Bald verschwanden sie hinter einem der vielen Moränenrücken, und ich blickte geistesabwesend ins Leere.

Plötzlich stand Khaled neben mir, gefolgt von unserer kleinen Trägerkolonne. Ich hatte ihr Näherkommen gar nicht bemerkt. Ein zäher Mann, dieser Khaled, dabei schlank, fast zierlich. Er trug jetzt Bundhosen und einen Kletteranorak, hohe Militärstiefel und dicke Wollstrümpfe. Wenn er auch nicht der Meinung war, daß ihn diese Bekleidung zum Bergsteiger machte, so hatte er unsere Sachen doch angezogen, weil sie praktisch waren. Sein schwarzes Haar wirkte immer wie gekämmt, auch wenn es der Wind zauste. Er war wirklich kein Bergsteiger, sein Schritt unruhig und unregelmäßig, aber er war sicherlich ein guter Soldat.

Ich hatte an diesem Tag eigentlich viel weiter kommen wollen. Dazu war es zu spät, denn die Träger hatten ihre Lasten schon abgelegt und waren nicht mehr zu überreden, sie wieder aufzunehmen. Da half kein Drängen und Schreien. Es schneite, und Concordia lag noch weit.

Der Gletscher war an dieser Stelle steinig, es gab kein Wasser, nur Eis zum Schmelzen. Der Schneefall hatte nachgelassen, und die Sonne durchbrach die Wolkendecke.

Aber sie wärmte nicht, färbte nur die Westflanken der Berge für kurze Zeit leicht rotgelb, legte ein Glitzern über die Steine.
Wir lagerten diesmal auf einem freien Rücken, dem eisigen Wind ausgesetzt, der über den Gletscher fuhr. Die Träger bereiteten Tee. Ich fotografierte, unterhielt mich mit ihnen. Die typische Verhaltensweise eines Sahibs: Zuerst werden die Träger angetrieben, dann drängt man sich zu ihnen, um das Bedürfnis nach Kommunikation zu befriedigen.
Der Träger, dem ich eine Stunde hinter Urdukas meinen Sonnenhut gegeben hatte, winkte mir. Er wollte den gelben Hut haben, für immer. Ich verneinte.
Er lächelte über das ganze pockennarbige Gesicht, wobei er den Kopf schief hielt.
»Nein!« Und dabei blieb es dann.
Ich hatte mir den Hut von Uschi geliehen, als ich die Expeditionskisten packte. »Wegen der stechenden Sonne«, hatte ich gebeten, mit dem Versprechen, ihn zurückzubringen. Uschi kannte meine Vorliebe für Tauschgeschäfte mit den Einheimischen.
Der Träger war nicht unglücklich deswegen, aber traurig, wie nur Kinder traurig sein können. Also gut, bis ins Basislager sollte er ihn behalten dürfen.
Diese Balti-Männer waren mindestens so ausdauernd wie gute Langstreckenläufer. Dabei hatten sie ganz dünne Arme und Beine. Ich glaube, nur deswegen können sie diese Strapazen ertragen, weil sie kein Fett haben, nur Muskeln, Sehnen, Haut und Knochen. Bei unserer Expedition war nie ein Träger krank geworden, und sie wirkten immer fröhlich. Auch der mit dem gelben Hut war jetzt wieder guten Mutes.
Die halbe Nacht lang lag ich wach im Zelt.
In einem Farbspektrum von Rot bis Violett-Schwarz kündigte sich hinter dem Gasherbrum IV die Morgensonne an. Die einzelnen Farben wirkten ein wenig verwaschen. Als die Sonnenstrahlen den Talboden trafen, blitzten einzelne Steine auf, und erst als sich die hauchdünne Reifschicht löste, floß der Schuttstrom wieder zu einer

Aufstieg unserer kleinen Trägerkolonne am Abruzzi-Gletscher.

schwach glänzenden dunklen Masse auseinander. Die Träger, die schon vor mir den Lagerplatz verlassen hatten und nun über einen Moränenkamm aufstiegen, nahmen sich in der ersten Morgensonne wie Scherenschnitte aus. Jetzt gingen sie viel schneller als untertags, so als wollten sie der nächtlichen Kälte entfliehen.
Wenig später begann der Gletscher wieder lebendig zu werden. All die Geräusche, die nachts mehr und mehr verstummten, übertönten jetzt mit ihrem Gurgeln und Krachen, Poltern und Brausen jenes leicht auf- und abschwellende leise Summen, das in der Stille der Nacht zu vernehmen gewesen war.
Die Luft roch nicht mehr schal, sondern nach Rauch und Erde, in der Nähe der Träger nach Schweiß, Fisch und ranziger Butter. Wie klar der Himmel über den Bergen war, Dunst nur weit draußen am Horizont. Mitre Peak und Gasherbrum IV waren die beherrschenden Gipfel.
Die Faszination dieser Berge lag nicht nur in der Herausforderung, die Höhe und Schwierigkeit darstellten, sie lag auch in ihren Formen. Um die Kräfte zu ahnen, die diese Gebirgswälle aufgetürmt haben, braucht man kein Wissenschaftler zu sein. Man muß durch das Dona Kola oder das Modi Kola im Himalaja gegangen sein, um den Begriff Faltengebirge verstehen zu können. Es genügen auch einige Wochen Fußmarsch durch die Westalpen.
Während des Nachmittags hatte sich der Himmel wieder verdunkelt. Die Nebelfetzen, die über die Steine leuchteten, waren bald kaum noch von der grauen Brühe

über uns zu unterscheiden. Nur aus einiger Entfernung zeichnete sich eine Trennungslinie zwischen den Nebeln und dem Baltoro-Gletscher ab. Dort war das Grau um eine Spur heller.

Auch die Farbunterschiede im Geröll waren verschwunden. Sogar die Eiszungen, die sonst wie helle Adern durch die dunkle Steinwüste zogen, waren nur noch schwer zu unterscheiden; angeschmutzter Schnee, einige Steine auf blaugrauer Fläche. Das Gejohle des Windes verstärkte sich, wenn wir an größeren Felsklötzen vorbeikamen, nahm wieder ab und klang wie fernes Wehklagen, elend und entmutigend.

Wir kämpften gegen den Wind an. Der Regen war mit Schnee vermischt, und der Boden schwankte unter den Füßen. Zu der Anstrengung des Gehens kam jetzt die Anstrengung des Schauens. Ich mußte mich zusammennehmen, um nicht kopflos dahinzustapfen, auf und ab, immer geradeaus weiter. Wenn ich ein Stück voraus war, wartete ich so lange, bis ich etwas von den Trägern hörte: Gesprächsfetzen oder das Knirschen der Steine unter ihren Füßen. Oft kamen sie eine halbe Stunde lang nicht, und wenn sie dann wie graue Gespenster aus der milchigen Waschküche auftauchten, war es, als kämen sie aus dem Nichts. Es war schwer, nicht in Mutlosigkeit zu versinken.

Es hatte zu schneien begonnen, aber die Flocken schmolzen in dem Augenblick, als sie die Steinfläche berührten. Nur am Eis blieben sie hängen. Der Dunst, der von den nassen Steinen aufstieg, machte die Lage noch trübseliger. Nirgends war der Fuß eines Berges zu erspähen, nirgends ein geschützter Biwakplatz.

Bis zum späten Nachmittag waren wir marschiert. Dann machte ich an einem zimmergroßen Felsblock halt. Im Nu zogen die Träger die Plastikplane auseinander und suchte unter ihr Schutz. Verlassen lagen die Lasten im stärker werdenden Schneeregen. Mühevoll las ich sie zusammen und stapelte sie so, daß sie geschützter lagerten.

Auf welch kleinem Raum sich zwölf Träger drängen können! Eng nebeneinander, fast übereinander, hockten sie auf den Steinplatten, unmittelbar darunter das blanke Eis. Ich hörte, während ich schon im feuchten Zelt lag, ihr Zähneklappern und Stöhnen. Nochmals kroch ich ins Freie, um ihnen von meinen Kleidungsstücken zu geben, was ich entbehren konnte: Daunenjacke, Sturmanzug, Pullover, Anorak, Biwaksack. So konnten sich wenigstens diejenigen, die ganz außen saßen, etwas gegen die Kälte schützen.

Die Nächte da oben waren lang, und es schneite jetzt stark. Was sollte ich tun, wenn der Schnee auch am nächsten Tag anhielt? Die Träger laufenlassen und allein weitergehen oder abwarten? Hier konnte man es nicht länger als eine Nacht aushalten.

Das Wetter am nächsten Morgen war nicht gut, aber es hatte aufgehört zu schneien. Jetzt erst konnte ich mich orientieren. Wir lagen ein gutes Stück oberhalb von Concordia, dem Zusammenfluß von einem halben Dutzend dunkler und hellerer Gletscherarme, die sich dort zum großen Gletscherstrom des Baltoro vereinigen.

Neun Stunden waren es vom Biwak bis ins Basislager: neun Stunden Schutt, Eis, grünlichblaue, bauchtiefe Bäche, die es zu durchwaten galt.

»Long live the craw!«
Mit diesem Gruß, den er von der amerikanischen Everest-Expedition 1963 übernommen hatte, empfing mich Peter. Er hatte unweit der polnischen Frauen-Expedition zum Gasherbrum III, von der wir angenommen hatten, daß sie längst zurück sein mußte, einen günstigen Platz für unser Basislager gefunden und berichtete, daß die Schell-Gruppe von ihrem Plan, den Hidden Peak über den Normalweg zu versuchen, nicht abzubringen gewesen war. Schell hatte nun einmal die Absicht und den Ehrgeiz, einen Achttausender zu besteigen, um so einerseits seine Liste der Erfolge in den Weltbergen abzurunden, andererseits dieser Liste noch ein besonderes Glanzlicht aufzusetzen. Jetzt war er bereits auf dem halben Weg zu seinem Ziel und nicht gewillt, zu verzichten.
Am gleichen Tag noch zahlten Peter und ich die Träger aus, und eine Stunde später verließen sie unser Basislager in Richtung Skardu. Wir waren jetzt allein, auf uns selbst gestellt, aber auch von niemandem mehr abhängig. Dort, in 5100 Meter Meereshöhe, am Ende der Welt, sollte unser kühnstes gemeinsames Abenteuer beginnen.
Am selben Abend luden uns die Polen zum Essen ein. Lauter freundliche, gebildete Leute. Im Zelt klassische Musik, allerlei Spiele, lustige Diskussionen. Übermütige Atmosphäre, obwohl man schon seit mehr als zwei Monaten am Berg war und die Dauer der Expeditionsgenehmigung bereits überschritten hatte. Wenn meine Theorie von der nationalen Expedition, die die Charakteristiken des jeweiligen Staates widerspiegelt, stimmt, muß es schön sein, in Polen zu leben.
Am nächsten Morgen besuchte ich Hans Schell in seinem Basislager, das ein gutes Stück bergwärts lag.
»Guten Morgen!«
Die Stimmung war gedrückt. Wir plauderten eine Zeitlang über dies und das.
»Ich hoffe, ihr versteht, daß wir euch an unserem Berg nicht dulden können«, brachte ich nach einer Weile das Gespräch auf das Thema.
»Nein. Wir haben kein schlechtes Gewissen.«
»Und keine Genehmigung.«
»Leider.«
»Das ist typisch. Erst habt ihr uns um die Genehmigung gebeten, um die Folgen für uns macht ihr euch keine Gedanken«, sagte ich.
»Was macht dir das aus?« Hans schien verlegen.
»Wir sind hierhergekommen, um den Hidden Peak in Seilschaft zu besteigen. Mit dieser Idee haben wir unsere Expedition teilweise finanziert. Auch wenn ihr den Berg auf der Gegenseite durch einen Tunnel von innen besteigt, wird es Leute geben, die unsere Leistung abwerten und sagen werden, daß wir nicht allein waren.«
»Das ist doch lächerlich.«
»Ich staune, wie naiv du bist.«
»Ich kann nicht glauben, daß euch jemand einen Strick daraus drehen wird, wenn wir den Berg gleichzeitig von entgegengesetzten Seiten angehen. Ihr von Norden, wir von Süden. Da wäre keine Unterstützung möglich, das versteht jedes Kind.«

G II und G III (links), das Ziel der »Ladies Expedition Himalaya 1975«, die Wanda Rutkiewicz führte.

»Kinder schon. Nicht aber die Leute, die nur Stunk suchen und in alpinen Blättern hetzen.«
»Und wenn wir niemanden ein Wort sagen würden?«
Ich mußte lachen.
Hans versuchte sich zu rechtfertigen:
»Wir machen diese Expedition nur für uns, wir sind niemandem Rechenschaft schuldig. Wir haben keine Zeitungsverträge, wir sind keine Profis und wollen auch keine

Der Hidden Peak: Erst nach zwölf Tagen Fußmarsch sah ich unser Ziel zum ersten Mal. In der Mitte das Westbollwerk, rechts der IHE-Sporn, über den der Berg 1958 von einer amerikanischen Gruppe (Kauffmann/Schoening) erstmals bestiegen wurde. Die Schell-Expedition folgte 1975 dieser Route.

Publicity. Wir sind hierhergekommen, um zu klettern, und uns geht es nicht um den Ruhm, einen Achttausender geschafft zu haben.«
»Edel«, sagte ich, »aber ich glaube dir deine guten Vorsätze nur bis zu dem Augenblick, in dem du auf dem Gipfel warst.«
»Niemand wird nachher etwas von unserer Expedition erfahren, wenn du willst, nicht einmal unsere Angehörigen.«
»Mir sind solche Versprechungen seit Jahren bis zum Überdruß bekannt. Zuerst spielt man den Bescheidenen, und dann steht es fett in allen Zeitungen. Es regnet Medaillen und Festreden. Je zurückhaltender man zuvor war, um so lauter ist man hinterher.«
»In uns täuscht du dich in dieser Hinsicht.«
»Was soll das alles? Ich finde es ganz normal, wenn man einem Journalisten von einer gelungen Sache erzählt, wenn man einer alpinen Zeitschrift einige Zeilen darüber schickt und sogar, wenn man vom Landeshauptmann oder dem Vereinsvorstand eine Auszeichnung entgegennimmt. Das ist doch überall im Leben so. Was mir schizophren vorkommt, ist das Getue um das alles. Wenn wir euch zum Hidden Peak lassen, könnt ihr nachher schreiben, was ihr wollt, erzählen, soviel ihr wollt.«
»Darum geht es uns nicht. Uns geht es allein ums Bergsteigen.«

»Dann macht doch euren Baltoro Kangri I, für den ihr die Genehmigung habt. Dann ist es doch ganz egal, wie hoch der Zapfen ist, auf den ihr euch hinaufmüht.«
»Uns geht es um den Achttausender. Du mußt verstehen, das kann meine letzte Möglichkeit sein, wer weiß, ob ich nicht zu alt bin, falls ich einmal eine Bewilligung erhalte.«
»Ich glaube nicht, daß eine Achttausender-Expedition ihre Genehmigung jemals mit einer zweiten geteilt hat. Ich tue es dennoch, nur deinetwegen, Hans. Ich verlasse mich auf dich. Deine Kameraden kenne ich zuwenig. Sie mögen nett sein, aber ein Achttausender hat schon vielen den Kopf verdreht. Paß auf!«
Hans strahlte. Wir waren uns trotz harter Worte nähergekommen, und meine Achtung, die ich schon seit Jahren für diesen aktiven Steirer, einen der erfolgreichsten Expeditionsbergsteiger Österreichs, empfand, hatte nicht im mindesten gelitten. Übrigens gehörten wir beide – wie auch Peter – zur HG Bergland der Sektion Wien des ÖAV und hatten, was das Bergsteigen angeht, ähnliche Ansichten.
Auch nachdem wir uns die Hand gegeben und die Bedingungen ausgehandelt hatten – Schell wollte die Genehmigungsgebühr übernehmen und beim Rücktransport unseres Expeditionsgutes behilflich sein –, schien er bedrückt.
»Ich kann dir alles schriftlich geben«, sagte er.
»Nein«, anwortete ich, »ich verlasse mich auf dein Wort.«
Ich hatte meinen Bedenken der Schell-Expedition gegenüber Luft gemacht und den Kameraden in meiner Gutmütigkeit dennoch unsere Genehmigung erteilt. »Du wirst eben nie gescheiter«, sagte ich zu mir selbst.
In unserem winzigen Basislager richteten Peter und ich uns häuslich ein. Khaled hatte bei den Begleitoffizieren der beiden anderen Expeditionen Anschluß gefunden. Damit waren auch seine trüben Gedanken verscheucht, allein im Lager bleiben zu müssen, wenn Peter und ich in die Wand gingen.
Einerseits um uns zu akklimatisieren, andererseits um die Nordwestwand des Hidden Peak zu beobachten, stiegen wir am 26. Juli über die beiden unteren Gasherbrum-Eisbrüche auf. Der wildzerrissene Hängegletscher, der eingezwängt zwischen Hidden Peak und Gasherbrum VI hervorquoll, führte in zwei Stufen von unserem Basislager hinauf ins Gasherbrum-Tal, über dem – vom Abruzzi-Gletscher aus nicht einsehbar – versteckt unsere Wand stand.
Wir waren nicht die ersten, die einen Weg zwischen den Spalten und Eistürmen erkundeten. 1958 waren die Italiener auf dem Weg zum Gasherbrum IV hier durchgekommen, ein Jahr vorher die Österreicher unter Fritz Moravec zum Gasherbrum II, 1975 die Franzosen zum gleichen Gipfel und nach ihnen die Polen zum Gasherbrum III. Jede Gruppe hatte sich ihren eigenen Weg gesucht, und auch wir waren gezwungen, unsere Aufstiegsroute den derzeitigen Bedingungen anzupassen.
Im unteren Teil lagen die Spalten offen da, die meterlangen Eiszapfen an den Séracs waren noch festgefroren. Jetzt, in aller Frühe, war der Gletscher noch relativ ungefährlich; untertags, bei Sonneneinstrahlung, wäre es Selbstmord gewesen, hier zu klettern, dann brachen ganze Eistürme in sich zusammen, neue Spalten taten sich

auf, und von den Wänden links und rechts drohten Lawinen. Rascher als erwartet, erreichten wir das flache Gasherbrum-Tal, 5900 Meter hoch. Hier wollten wir eine Nacht biwakieren, am nächsten Morgen die Wand beobachten und dann ins Basislager zurückkehren.

Alles sechs Gasherbrum-Gipfel, die in einem dichten Kreis um das Tal stehen, haben die Form von Pyramiden. Am eindrucksvollsten wirkt von hier aus der Gasherbrum I oder Hidden Peak. Seine Gipfelwand, mehr als 2000 Meter hoch, felsdurchsetzt, das Eis von dunklen Streifen durchzogen, war unser Ziel. Dieser Wand gegenüber liegt die Westflanke des Gasherbrum II, der zusammen mit dem Gasherbrum III eine mächtige Pyramide bildet. Nur die beiden Gipfel sind durch einen etwa 7600 Meter hohen Sattel voneinander getrennt und haben wieder die Form von Pyramiden, kleinen, feingezeichneten Pyramiden. Im Westen schließt sich die Felsenpyramide des Gasherbrum IV an, schmal und beängstigend steil, dann folgen Gasherbrum V und VI, bedeutend niedriger, Eis, abermals Pyramidenform; schließlich fast wie ein Horn der Gasherbrum V, breiter und massig der Gasherbrum VI.

Während ich dort oben vor unserem Zelt auf den Sonnenuntergang wartete, erinnerte ich mich jener Stunden, die ich Jahre vorher, etwa zur gleichen Jahreszeit, mit Uschi auf einer Wiese unter Pramstrahl verbracht hatte. Wir waren von St. Jakob aus hinaufspaziert zu diesem Einödhof am Sonnenhang und genossen von der hohen Wieseninsel mitten im Nadelwald aus den Blick über das Villnößtal.

»Du wirst ein alter Mann sein, bist du endlich einsiehst, was du hier verlierst. Wie viele Sommer, wie viele Frühlinge, wieviel Farbenpracht im Herbst.«

Wie recht Uschi hatte.

Die Nordwestwand des Hidden Peak (G I).

Die untergehende Sonne hatte die Nordwestwand des Hidden Peak in ein warmes, leuchtendes Licht getaucht. Alle Rippen sprangen jetzt vor, alle Mulden waren deutlich zu erkennen. Beide Routen, die Peter und ich ins Auge gefaßt hatten, schienen jetzt noch steiler zu sein als untertags. Waren sie unmöglich? Bald würden wir es wissen.

Eine Viertelstunde später war der Sonnenuntergang vorüber, und es blieb nichts als die Dunkelheit einer jeden anderen Nacht.

Bevor wir es endgültig wagten, wollten wir noch einmal bis hier heraufsteigen, weiter zum Gasherbrum-Sattel klettern und von der Seite in unsere Wand einsehen, um die Lawinenrinnen zu beobachten, den Steinschlag, um von beiden Möglichkeiten die endgültige Route zu bestimmen. Nach dieser zweiten Erkundung erst wollten wir die Wand durchsteigen, in einem Zug von unten bis oben.

Das Prasseln und Krachen der Steine, die vom Moränenrand in die Spalten rutschten, das Gurgeln und Pfeifen des Wassers unter den Zelten, der Anblick der hin und her ziehenden, bald sich zusammenballenden, bald sich verflüchtigenden hellen Nebel waren für Peter und mich im Basislager so vertraut, daß wir auf all das nicht achteten. Seit einer Woche hausten wir schon am Abruzzi-Gletscher. Jetzt stand die zweite Erkundung bevor.

Als mich Peter in der ersten Morgendämmerung weckte, war es frostig und feucht im Zelt. Träge und unwillig zog ich mich an, trat dann ins Freie und reckte meine Glieder. Der Himmel war klar, ein leichter Windhauch kam vom Conway-Sattel. Wir tranken Tee, nahmen die schweren Tragkraxen auf, die wir am Vorabend gepackt hatten, und begannen unseren Aufstieg über den Gletscherbruch. Auch diesmal lagerten wir an unserer ersten Biwakstelle.

Der Blick vom Gasherbrum-Sattel am nächsten Vormittag ergab, daß die rechte Route – in 7200 Meter Höhe von einem riesigen Sérac bedroht – nicht in Frage kam. So blieb nur die linke übrig, und wir stiegen wieder ab ins Basislager.

Gipfelangriff

5. August, Uschis Geburtstag. Ich saß im Basislager am Fuße des Hidden Peak und war traurig, nicht bei ihr zu sein. Seit dem Abflug in München vor vier Wochen hatte ich nichts mehr von ihr gehört. Wenn ich bei schlechtem Wetter oft stundenlang im Zelt lag und darüber nachgrübelte, was wir hier wollten und warum wir zum Hidden Peak aufgebrochen waren, fand ich keine Antwort. Hörte ich aber auf, mir diese Fragen zu stellen, las ich oder marschierte ein Stück über die von Schotter begrenzte Moräne bergwärts, erschien mir plötzlich alles klar und selbstverständlich. Ich wußte es einfach, weil ich etwas tat, es zielbewußt tat und mit Spannung auf den ersten Gipfelangriff wartete.

Das Wetter schien hier in einem regelmäßigen Rhythmus zu verlaufen: drei bis vier Tage schlecht, drei bis vier Tage gut. Es war uns klar, daß wir die nächste Schönwetterperiode nutzen mußten, um den entscheidenden Gipfelangriff zu wagen. Unsere Rucksäcke waren fertig. Immer wieder hatten wir sie aus- und eingepackt. Ein Pfund zuviel hätte den Erfolg kosten können, eine Kleinigkeit zu wenig ebenfalls. Peter und ich mußten alles selbst schleppen, in der Wand hingen keine Fixseile, und es warteten keine vorbereiteten Hochlager auf uns. Wir hatten zwar bei den beiden Erkundungsvorstößen die endgültige Anstiegsroute festgelegt, in die Wand selbst aber waren wir noch nicht eingestiegen.
Wenn der Wind, wie jetzt, die Nebel etwas auseinandertrieb, konnten wir vom Basislager aus die Chogolisa sehen. Dieses weiße, aus Eis und Schnee geformte Dach schien den Himmel zu berühren. An diesem hohen Siebentausender hatte Hermann Buhl 1957 – nach der Besteigung des Broad Peak – dasselbe gemacht, was Peter und ich jetzt erstmals an einem Achttausender praktizieren wollten: Zusammen mit Kurt Diemberger, dem erfolgreichsten lebenden österreichischen Expeditionsbergsteiger, stieg er, das Zelt von Biwakstelle zu Biwakstelle nach oben schiebend, ohne fremde Hilfe bis knapp unter den Gipfel auf. Die Zweierseilschaft operierte wie bei einer Westalpentour. Beim Versuch allerdings, den höchsten Punkt zu erreichen, schlug das Wetter um, die beiden stiegen sofort ab, Hermann Buhl trat dabei wohl zu weit über den Wächtenrand, der Firn gab nach, Buhl stürzte ab und blieb verschollen.
Von unserer Waschstelle – einer in das Eis gegrabenen Rinne – konnte ich den feingezeichneten Grat an der Chogolisa sehen.
»Da oben muß es passiert sein«, dachte ich, und im nächsten Augenblick tauchten Buhls Frau und seine drei Töchter in meiner Erinnerung auf. Die liebe, tüchtige Frau Buhl hat das Leben auch allein gemeistert, die Töchter sind inzwischen erwachsen.
»Hast du nicht einmal für die Südwand des Dhaulagiri angesucht?« Peter riß mich aus meinen Überlegungen.
»Die Dhaulagiri-Südwand, das wäre ein Ziel für uns, nicht zu zweit, aber zu viert.«
»Sie dürfte die höchste Wand des nepalischen Himalaja sein. 4000 Meter, wenn nicht mehr. Dazu steil und konkav wie die Eiger-Wand, nur etwas breiter.«
»Glaubst du, die geben dir eine Genehmigung?«
»Vielleicht, ich will es noch einmal probieren. Aber dann bleiben immer noch die Finanzierung und die Mannschaft.«[1])

Seit Stunden schon lag ich wach im Zelt. Ständig wanderten Menschen durch mein Bewußtsein. Angst?
Endlich rappelte ich mich auf und trat vor das Zelt. Während ich mich suchend umblickte, entdeckte ich, daß sich die Gipfel des Gasherbrum II und des Hidden Peak aus dem Nebel herausgeschält hatten. Wurde das Wetter doch besser? Konnten wir

[1]) Die Genehmigung wurde erteilt. 1977 ging Reinhold Messner die Dhaulagiri-Südwand an, scheiterte aber.

morgen schon aufbrechen? In den Schlafsack zurückgeschlüpft, sah ich auf die Uhr: Nein, heute aufbrechen, Mitternacht war schon vorüber.
Auf einmal fiel mir ein, daß ich nun schon alle Achttausender mit eigenen Augen gesehen hatte, alle 14. Ich zählte sie auf: zuerst von Westen nach Osten, dann beginnend beim Kangchendzönga bis zum Nanga Parbat in umgekehrter Richtung.
Der Gedanke an diese 14 Achttausender kam immer wieder. Ich konnte nichts tun als daliegen und mir ihre Formen vorstellen. Der K 2 von Concordia aus. Wie die Nebel vor dieser größten Pyramide der Erde hin und her zogen, ihn einhüllten, ihn wieder freigaben. Das war beim Anmarsch gewesen, vor zwei Wochen. Daneben der Broad Peak, die letzte Spitze von der Sonne beschienen. Der Name sagte eigentlich schon alles: breit und mächtig, schicksalsträchtig... Hermann Buhl.
Über der Nuptse-Lhotse-Mauer das Gipfeldreieck des Everest, nicht so eindrucksvoll, wie ich es mir vorgestellt hatte, aber immerhin der höchste Berg der Welt, irgendwie unwirklich und gerade deshalb so faszinierend.
Der Makalu. Das war in der Vormonsunzeit 1974 gewesen. Vom ersten Lager aus sah ich oft hinauf zu seiner formvollendeten Südwand. Wie der Wind da oben blies! Kilometerlange Schneefahnen am Grat. Auf einmal gerieten die Trägerkolonnen wieder in Bewegung: Anmarsch, Lager I, Lager II, Lager III, Schneesturm in der Gipfelwand. Das war zuviel. Ich mußte endlich schlafen.
Kaum schloß ich die Augen, begannen schon wieder neue Gipfel aufzutauchen: der Nanga Parbat! Wie oft war ich am Nanga gewesen? 1970, 1971, 1973, 1974. Ich kannte ihn von allen Seiten, besser als alle anderen Achttausender. In meinen Gedanken ließ ich den Berg sich drehen. Pfeiler für Pfeiler, Grat für Grat tastete ich ihn ab: Gipfel, Südschulter, Nordschulter, Rakiot Peak, Silbersattel. Dann ließ ich ihn im Nebel verschwinden, wieder auftauchen, nur seine oberste Spitze herausschauen. Nun stellte ich mir vor, wie ich da oben stand, aber das ging nicht, von unten konnte man das nicht sehen. Diese letzte Einsamkeit konnte ich mir nicht vorstellen, die mußte man immer wieder neu fühlen und ertragen.
Wenn ich mir ausmalen wollte, wie der Manaslu aussah, kam sofort der Sturm. Aber da gab es Fotos, an die ich mich erinnerte, Fotos, die ich selbst belichtet hatte, dieser unklare Aufbau von Süden.
Plötzlich überdeckte der Dhaulagiri das Bild, der Dhaulagiri von Gorapani aus, ebenfalls von Süden. Welch eine Wand! Die Annapurna von Norden, vom Tilicho Peak, all diese schrägen Schneeflächen.
Ich zählte zusammen: Gasherbrum II, Hidden Peak, K 2, Broad Peak, Lhotse, Everest, Makalu, Nanga, Manaslu, Dhaulagiri, Annapurna. Das waren erst elf. Also fing ich wieder von vorn an.
Ich erinnerte mich an den Flug von 1972 über Katmandu. Weit im Norden im glasklaren Morgenlicht die Umrisse des Shisha Pangma, des chinesischen Achttausenders. Ähnlich der Kangchendzönga 1974, vom Cogma La aus gesehen. Näher, dunkler, aber immer noch zu weit weg, um mit ihm spielen zu können. Fehlte nur noch einer. Ja, damals beim Anmarsch zum Lhotse: der Cho Oyu. Ein erstaunliches Mas-

siv. Man müßte um eine Genehmigung von Süden ansuchen. Dieser schräge Pfeiler schrie nach einer Route.
Ich hatte alle Gipfel gefunden, an Schlaf war nicht zu denken. Um mich von den Achttausendern abzulenken, versuchte ich meine Gedanken auf daheim zu konzentrieren. Aber da kam mir nur Gschmagenhart in den Sinn, diese ruhige, harmonische Alm am Fuße der Geislerspitzen. Von dort aus hatte ich mit den Eltern meine ersten Bergtouren unternommen.

Gasherbrum I von Westen gesehen; links Gasherbrum La und darüber die Nordwestwand.

Dann riß mich das erste Morgenlicht aus meinen Träumereien. Zeit zum Aufbruch! Der Gletscher war noch relativ ruhig. Die Bäche, die untertags bei Sonnenstrahlung durch alle Spalten gurgelten, über Eiswälle sprangen, waren jetzt gefroren, die Lawinenrinnen noch ungefährlich und die Séracwände fest wie betonierte Mauern. Keine Eiszapfen, die abbrachen, ohne daß wir sie berührten.

Die einzigen Geräusche, die wir machten, als wir in den unteren Eisbruch einstiegen, waren das leise Knirschen unserer Schuhsohlen auf dem hartgefrorenen Schnee

und das Zischen, wenn die mit Gamaschen geschützten Schuhe aneinanderrieben. Alle Spalten lagen offen. Wir kannten den Weg von den beiden Erkundungsvorstößen her so gut, daß wir es wagen konnten, ohne Seil zu klettern.
Peter bildete die Nachhut. Ich stieg zunächst voraus und achtete peinlich darauf, den richtigen Weg nicht zu verlieren.
Ich blickte zu den Sternen empor, die teils schon verblaßt waren, teils noch kalt funkelten. Sie verrieten einen klaren, schönen Tag. Bald wich die Morgendämmerung einem glasigen blauen Licht, und die beiden Gipfelgrate der Chogolisa zeigten bereits eine wärmere Färbung. Peter und ich marschierten noch unbeschwert, obwohl unsere Rucksäcke, gefüllt mit Haken, Seilen, Steigeisen, Nahrungsmitteln, Kocher und Schlafsäcken, schwer waren. Mehr als 20 Kilogramm pro Mann.
Wir sprachen nicht miteinander und empfanden das Schweigen der frühen Stunde beruhigend, die Stille des Morgens als einen Teil von uns selbst. Das Gefühl der Angst und Unabwendbarkeit, das mich in der letzten Nacht einige Male befallen hatte, war ganz von mir gewichen und hatte jener Selbstverständlichkeit und Ruhe Platz gemacht, die mich mit Beginn jeder großen Besteigung erfüllt. Ich fühlte jetzt die Kraft jedes einzelnen Muskels, und wenn ich mich von einer kleinen Stufe im Eisbruch zur nächsten emporschnellte oder über einen Eisgraben sprang, spürte ich das Selbstbewußtsein wachsen. Unsere Beine überwanden mühelos jeden Aufstieg und griffen in flachen Mulden weiter aus. Ich genoß es, wenn der eisigkalte Morgenwind mir den letzten Schlaf aus Bart und Haaren blies. Empfand es nicht einmal als störend, daß der Rucksack hoch über meinem Kopf aufgetürmt war.
Peter konzentrierte sich abwechselnd auf den Weg, dann wieder auf seine Beine, die wie Federn gespannt zu sein schienen. Ohne je weiter darüber nachgedacht zu haben, wurde mir bewußt, wie wichtig diese einfachen Erfahrungen zu Beginn einer Besteigung sind, und ich fühlte mit jedem Schritt, daß meine Zuversicht, meine Kraft und meine Selbstsicherheit wuchsen. Ich wußte auch, daß es nicht die Kraft und die Ausdauer sein würden, von denen der Erfolg zu guter Letzt abhing, sondern der Wille, der »letzte Wille«, sowie der Glaube an ein Ziel, das mir jetzt so überzeugend nahe und logisch erschien.
Peter hatte wieder aufgeschlossen und war neben mir stehengeblieben.
»Ich glaube, es geht, Reinhold.«
»Ja, wenn das Wetter hält.«
»Diesmal muß es halten!«
Ich brach das Gespräch ab, das mich aus meinen einfachen Empfindungen gerissen hatte, und setzte den Aufstieg fort, bemüht, den alten Rhythmus wiederzufinden.
Ohne nochmals zu rasten, überkletterten wir einige steile Eisstufen und erreichten bald die flache Mulde oberhalb des ersten Eisbruchs. Von dort zog der Gletscher gleichmäßig ansteigend, aber flach hinein ins Gasherbrum-Tal, links und rechts begrenzt von mächtigen Eis- und Felswänden.
Für einige Minuten legten wir die Rucksäcke ab, setzten uns darauf und rasteten. Während wir schweigend so dasaßen und auf die Gipfel der anderen Talseite blick-

ten, ging weit hinter dem Sia Kangri die Sonne auf. Wir konnten sie nicht sehen, aber ihre ersten Strahlen ließen alle Mulden und Grate am Baltoro Kangri – einem breiten Eisdom zwischen Sia Kangri und Chogolisa – erkennbar werden. In der noch matten Helligkeit des Widerscheins nahmen sich Felsen und Schneeflächen an der Westseite des Hidden Peak, unter der wir jetzt saßen, gleichermaßen grau und ungegliedert aus. Während der Fels schmutzig wirkte, schimmerte das Eis in verschiedenen Farbtönen, teils fleckenlos, teils grau. Die hellen Streifen verrieten uns eine Schneeauflage, die dunkleren blankes, hartes Eis.

Wenige Meter oberhalb unserer Raststelle durchzog eine lange, breite Spalte den Gletscherboden: ein erster ernstlicher Gefahrenmoment an diesem Morgen. Wir beschlossen, uns anzuseilen. Ich nahm das 20 Meter lange Seil vom Rucksack, kramte meinen Klettergürtel hervor und band mich an den wasserabstoßenden Perlonstrick. Peter hatte dasselbe getan, auch er knotete sich nun mit einer Reepschnur in einen Sitzgürtel, um nicht zu ersticken, sollte er in eine Spalte fallen.

Nach diesen routinemäßigen Arbeiten nahmen wir unsere Rucksäcke wieder auf. Jetzt erst merkten wir, wie schwer sie waren. Ich schüttelte das Gewicht etwas zurecht und begann dann, am gestrafften Seil den Spaltenrand entlangzugehen. Peter folgte in einem Abstand von 20 Metern. In der Hoffnung, bald eine Stelle zu finden, an der ich auf die gegenüberliegende Lippe springen konnte, querten wir ein gutes Stück nach rechts.

Peter und ich hatten die wenigen Haken und Eisschrauben, die wir mitführten, gleichmäßig untereinander aufgeteilt, so daß jeder sich selbst aus einer Spalte hätte befreien können und auch den anderen jederzeit sichern konnte. Es war für uns selbstverständlich, sozusagen ein längst getroffenes stillschweigendes Übereinkommen, daß wir abwechselnd führen wollten, daß einmal ich, dann wieder Peter vorausstieg, daß jeder von sich aus bereit war, sowohl die Arbeit des Führenden als auch die des Sichernden zu übernehmen.

Inzwischen war es 7 Uhr morgens geworden. Die Sonne fiel, was nur an glasklaren Tagen vorkam, wie ein riesiger heller Keil in das obere Gasherbrum-Tal. Dabei traf sie die Ostwand des Gasherbrum V, und es dauerte nicht lange, da begannen die ersten Lawinen zu donnern. Peter und ich bewegten uns noch im Schatten, und ich zögerte einen kurzen Augenblick, bevor ich den Sprung über die hier 2 Meter breite Spalte wagte. Vorsichtshalber hatte sich Peter vorher etwas vom Spaltenrand entfernt und seinen Pickel in den hartgefrorenen Schnee gerammt, um das Seil vorsichtig, aber nicht ruckweise nachzugeben. In dem Augenblick schon, in dem ich den gegenüberliegenden Spaltenrand berührte, ließ ich mich nach vorn fallen, so daß ich mit dem Pickel im Firn sofort Halt fand. So hätte ich mich auch dann festhalten können, wenn der Sprung nicht ganz gereicht hätte. Die Spalte schien endlos in die Tiefe zu gehen. Brüchiges Eis hing an ihren Wänden, und es fröstelte mich unwillkürlich, als ich mich vorbeugte, um in sie hinunterzuschauen. Dann entfernte ich mich einige Meter vom Spaltenrand, rammte den Pickelstiel in den Schnee, zog das Seil ein und sicherte Peters Sprung über die Spalte.

Nun marschierten wir, noch immer im Schatten, weiter aufwärts. Untertags, bei Sonneneinstrahlung, waren diese Gletschertäler ungemein gefährlich. Dann taten sich plötzlich neue Spalten auf, Eistürme brachen in sich zusammen, und auch die Spurarbeit war ungleich härter als in den frühen Morgenstunden. Solange die Sonne den Schnee nicht aufweichte, war das Steigen keine Schinderei. Nur da und dort sanken wir knöcheltief ein. Meistens aber war der Schnee so hart, daß nur die Sohlen ihn leicht ritzten und kaum eine Spur zurückblieb. Es war hier noch nicht notwendig, die Steigeisen anzuziehen. Ganz selten nur kamen die blanken Stellen bis an die Oberfläche durch, und wir versäumten es nie, sie rechtzeitig zu umgehen.
Wir waren etwa in der Mitte der leicht ansteigenden Schneefläche, als auch uns die ersten Sonnenstrahlen streiften. Das Licht war sehr grell und schmerzte in den Augen. Wir mußten jetzt die Brillen aufsetzen. Danach konnten wir wieder weitersteigen. Zuerst hielten wir noch die alte Richtung ein, bogen dann zwischen riesigen Séractürmen nach rechts und peilten den rechten Rand des Eisbruches an. Dort überquerten wir – wie wir es auch bei unseren Erkundungsgängen gemacht hatten – einen steilen, etwas lawinösen Hang und erreichten das Gasherbrum-Tal, wo wir biwakieren wollten.
Wir hätten noch genügend Zeit und auch Kraft gehabt, weiter durchs Gasherbrum-Tal aufzusteigen, um bis unmittelbar unter die Nordwestwand des Hidden Peak zu gelangen, zogen es aber vor, an der uns gewohnten Lagerstelle zu bleiben und zu nächtigen. Dort kannten wir den Wind, wußten zudem, daß die Mulde lawinensicher war und daß wir uns auch bei schlechtesten Bedingungen in kurzer Zeit ins Baislager zurückretten konnten.
Die Sonne stach jetzt vom Himmel. Sie brannte auf das Dach unseres Zeltes, so daß wir es mit unseren Schlafsäcken abdecken mußten. Die Rucksäcke hatten wir teilweise ausgepackt und im Freien vor den Zelten stehengelassen.
Peter wurde so sehr von Kopfschmerzen geplagt, daß er sich hinlegte, ein Schmerzmittel nahm und zu schlafen versuchte. Stunden noch füllte ein heftig pochender Schmerz seinen Kopf und erschwerte ihm nicht nur das Sprechen, sondern auch das Atmen. Er lag stumm da, starrte die Zeltdecke an und stöhnte.
In einem kleinen Aluminiumtopf versuchte ich inzwischen etwas Tee zu bereiten und hatte Mühe, den Gaskocher so aufzustellen, daß das Wasser nicht überlief. Ich gab Peter etwas von dem heißen Getränk, und er schlürfte es langsam. Dann versuchte er von neuem zu schlafen. Doch weder der Tee noch das ruhige Liegen verdrängten seine Schmerzen.
Eine starke innere Unruhe ließ sie ihn später für Augenblicke vergessen. Unter dem Eindruck der Hilflosigkeit und Einsamkeit stand ihm plötzlich Regina vor Augen. All das, was er von ihr noch in Erinnerung hatte, seit sie nach Südafrika gereist war, wo sie jetzt mit fremden Leuten zusammen war, ein anderes Leben führte. Peter versuchte sich daran zu erinnern, wo er sie zum ersten Mal angesprochen und warum sie sich getrennt hatten, warum sie nach Südafrika gegangen war. Er wollte sich die schönsten Erlebnisse mit ihr ins Gedächtnis zurückrufen – und schlief darüber ein.

Auch ich mußte eine Zeitlang geschlafen haben. Beide wachten wir erst wieder auf, als die Sonne hinter dem Gasherbrum V untergegangen war und es in unserem Zelt kalt wurde. Peters Kopfschmerzen waren vorbei, und er war wieder aktionsfähig, angriffslustig und überzeugt, daß unser Unternehmen gelingen müsse. Die Sonne blinzelte durch den Spalt zwischen Gasherbrum V und IV und fiel wie ein Bündel von dort auf den Gipfel des Hidden Peak.
Wieder tranken wir Tee. Obwohl ich mir Mühe gab, die Tasse ruhig zu halten, schwappte trotzdem etwas von dem heißen Getränk auf meine Finger, was einen spitzen, lang anhaltenden Schmerz verursachte. Die Finger waren eisig kalt gewesen, die verbrannten Stellen jetzt weiß.
Später, immer noch vor dem Zelt, leerten wir unsere Rucksäcke aus, prüften nochmals alle Sachen und stellten sie neu zusammen. Einiges, was wir nicht unbedingt zu brauchen glaubten, wie überzählige Gaskartuschen, auch ein paar Nahrungsmittel und mehrere Felshaken, ließen wir am Lagerplatz zurück. Wir machten zwei Rucksäcke zurecht, jeder etwa 13 Kilogramm schwer. Richtig zur Ruhe kamen wir aber auch dann nicht, als die Rucksäcke gepackt waren, die Pickel im Schnee steckten und das Seil aufgeschlagen über dem Zelteingang hing. Meine Gedanken gingen hin und her zwischen freudiger Erwartung und einem unbestimmten Unbehagen über die Anstrengungen und Gefahren der nächsten Tage.
Seite an Seite standen wir im kalten Abendwind unter dem nicht mehr strahlenden Himmel, der immer noch heller zu werden schien. Als wir zum Zelt zurückkehrten, war schon später Abend, und die Sonne war verschwunden. Wir machten es uns im Zelt, so eng es war, so bequem wie möglich und kochten noch einmal Tee. Trinken war jetzt wichtiger als alles andere. Wir mußten für morgen genügend Flüssigkeit auftanken, denn untertags gab es keine mehr. Es hätte zuviel Kraft und damit auch Zeit gekostet, Wasser oder Tee im Rucksack mitzuschleppen.
Eine Weile schaute ich Peter über seine Schultern hinweg zu, wie er kochte und mit den Pfannen und Löffeln hantierte. Die Suppe war heiß und sehr gesalzen. Das Brot, das wir dazu aßen, hart, so daß es beim Kauen krachte. Ein Villnösser Bauer hatte es mir vor der Abreise gebracht, als Wegzehrung für den Gipfel. Dieses selbstgebackene Bauernbrot war leicht, nahrhaft und sättigend, ideal für einen Achttausender.
Während des Essens plauderten wir miteinander. Wir ermunterten uns gegenseitig und bestärkten uns in der Erwartung, daß wir am nächsten Tag den schwierigsten Teil der Wand hinter uns bringen würden. Der Erfolg hing jetzt nur von unserer Kondition und davon ab, ob wir genügend akklimatisiert waren. Unsere klettertechnischen Fähigkeiten mußten ausreichen, um die Wand zu schaffen. Wir hatten in den Alpen, allerdings in viel geringerer Meereshöhe, schon weit schwierigere Wände bezwungen.
Mit dem Bergsteigen ist es wie mit dem Radfahren oder Schwimmen. Wenn man die Technik einmal beherrscht, kann man es immer, verlernt man es nie mehr. Was man verliert und was man jedes Jahr wieder neu erarbeiten muß, sind Gleichgewichtsgefühl und vor allem Kondition, Kraft in den Beinen und Waden, nicht zuletzt die

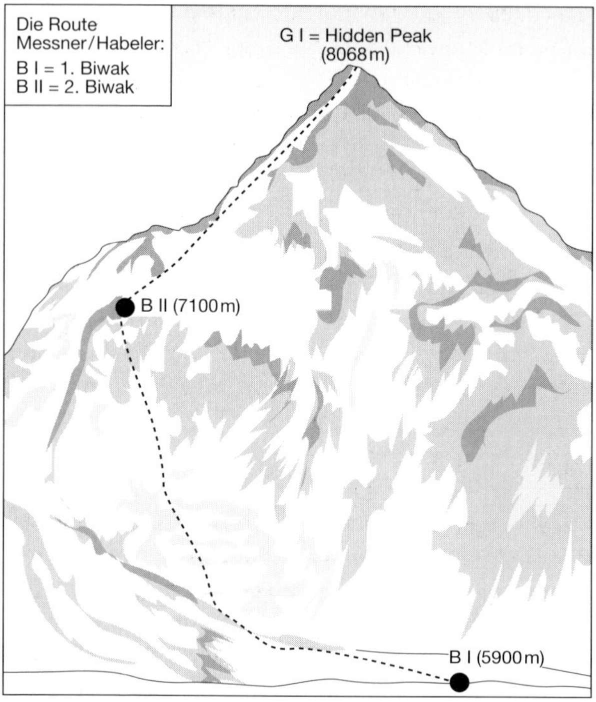

Der Hidden Peak von Nordwesten.

Zähigkeit in den Unterarmen, wo die Fingermuskeln liegen, auf die es besonders im steilen und überhängenden Gelände ankommt.

Freilich waren wir uns beide bewußt, daß wir mit dieser Besteigung eine neue Grenze anpeilten. Keiner von uns hatte bisher versucht, einen so hohen Berg ohne jede Unterstützung von unten anzugreifen, und wenn auch die klettertechnischen Schwierigkeiten nicht anders überwunden werden mußten als bei anderen Expeditionen oder Alpenbesteigungen, waren wir doch völlig auf uns allein gestellt, hatten nicht einmal die moralische Unterstützung einer Bodenmannschaft, geschweige denn die medizinische Betreuung eines Arztes oder auch nur die geringste Hoffnung, daß uns jemand holen würde, wenn etwas passieren sollte.

Der Mittelteil der Hidden-Peak-Nordwand ist erschreckend steil, so steil etwa wie die Matterhorn-Nordwand. Wenn Peter und ich daran dachten, daß wir da oben eventuell brüchiges Gestein vorfinden könnten, waren wir uns nicht ganz sicher, ob unser Mut ausreichen würde, darüber hinwegzuklettern. Ein erfahrener und gut trainierter Bergsteiger kommt auch eine Wand mit brüchigem Gestein hinauf, solange sie nicht überhängend ist und er die Griffe und Tritte nur auf Druck belasten kann. Die instinktmäßig ausgeführte Bewegungsfolge verhindert dabei, daß er die lockeren Griffe nach außen belastet oder aus dem Gleichgewicht gerät, mindestens solange er im Fluß der Bewegung bleibt und nicht ruckartig hin und her steigt.

Das wußten wir beide, und wir hatten es oft schon geübt, nur fragten wir uns jetzt, ob es uns gelingen würde, dieselben Techniken, die wir in den Alpen sogar im Schlaf beherrschten, auch da oben in 7000 oder 8000 Metern Meereshöhe einzusetzen. Dort oben zählte nicht allein die klettertechnische Geschicklichkeit, dort oben entschieden in erster Linie Ausdauer und Wille. Jene Zähigkeit, die, gepaart mit Selbstvertrauen, diese letzte, grenzenlose Einsamkeit ertragen hilft. So wichtig es jetzt auch war, die Schwierigkeiten und die Steilheit der Wand abzuschätzen, uns auf den Bewegungsablauf und all die möglichen Überraschungen einzustellen, so wichtig sollte es anderntags sein, uns von Standplatz zu Standplatz die Wand hinaufzuschwindeln, den richtigen Durchstieg zu finden. Wenn es in dieser Wand Durchschlupfmöglichkeiten gab, dann höchstens eine oder zwei. Es lag nun an uns, auch wenn wir die Aufstiegsroute in groben Zügen schon festgelegt hatten, sie am nächsten Tag Stück für Stück aus der Wand herauszulesen und immer genau dorthin zu finden, wohin wir kommen wollten, wo es den nächsten brauchbaren festen Halt gab.
Dieser Instinkt für den richtigen Weg war sowohl meine als auch Peters Stärke. Vielleicht sind wir keine besseren Bergsteiger als viele andere auch. Sicher hatten wir viel Erfahrung, mehr als ein Dutzend guter Bergsteiger zusammen. Aber das war nicht ausschlaggebend. Da wir beide schon seit 25 Jahren kletterten, hatten wir uns allmählich eine traumwandlerische Sicherheit angeeignet, eine Art Instinkt, der auch im Schock oder bei Erschöpfung nicht versagte. Was wir den anderen aber in hohem Maße voraushatten, war das Zusammenspiel von Erfahrung und Können, zudem ein gegenseitiges Vertrauen, das nahezu grenzenlos war.
Uns durfte in den nächsten Tagen kein Fehltritt und keine Fehleinschätzung unterlaufen, denn jeder Fehltritt hätte unweigerlich zum Tod, jede Fehleinschätzung zur Demoralisierung und damit zum Scheitern geführt. Bei einer Alpenkletterei schürft man sich im Falle eines Sturzes meistens die Knie oder den Ellenbogen auf. Man schlägt sich vielleicht irgendwo an oder bricht sich das Bein. Da oben in 7000 Metern Meereshöhe und darüber ist es damit nicht abgetan. Jeder Sturz würde nicht nur einen gefährlichen Schock, sondern gleichzeitig auch eine beträchtliche Schwächung auslösen, und selbst wenn er ohne jegliche Verletzung abginge, wäre der eine nicht mehr fähig, den anderen zu retten, geschweige denn, ihn hinunterzutragen. Wenn auch nur das Geringste passierte, saßen wir in der Falle.
An all das dachte ich, während ich im Zelt lag und einzuschlafen versuchte. Die Tatsache, daß ich diese Überlegungen zu Ende denken konnte, ohne es mit der Angst zu tun zu bekommen, war ein Zeichen dafür, daß mein Selbstbewußtsein sehr stark und daß Peter der bestmögliche Partner für dieses kühne Unternehmen war.
»Lali guras«, fiel mir plötzlich ein, heißt eigentlich Rhododendronblüte. Ich wußte nicht, wie ich jetzt darauf kam. »Lali guras Mam Sahib« hatten die Sherpas ein Mädchen auf einem meiner Trekkings genannt. Ich wollte endlich schlafen, wie die beiden tibetischen Hunde im Flugzeug nach Europa geschlafen hatten. Ob Tiere die Kunst des Yoga beherrschten? Ich hatte auch einmal Yoga geübt, aber acht Stunden total abschalten, das konnte ich nicht.

Meine Gedanken flüchteten wieder zu Uschi. Wie gerne wäre ich an ihrem Geburtstag auf dem Gipfel des Hidden Peak gestanden. Ein Achttausender ist zwar kein Geburtstagsgeschenk, aber ich hätte dann früher bei ihr sein können. Immer wieder sagte ich ihren Namen vor mir her, beschwor ihr Bild in mir herauf.
Dann fielen mit wieder die Hunde ein: Yeti, die hatten wir schon über ein Jahr. Salz-und-Pfeffer-farben, eifersüchtig, aber die intelligenteste von allen dreien. Taschi, die springlebendige Hündin, war in Katmandu sogar von den Tibetern bewundert worden. Ihre wachen Augen, ihre sanften Pfoten, wenn sie auf den Hinterbeinen stand und »Namaste« machte. Dann Jakbu, der Tölpelhafte, Herzige, ungestüm und zutraulich zugleich. Er mochte sogar Kinder, was bei diesen Hunden selten ist. Ob sie mich wiedererkennen würden, wenn ich zurückkam?

Die Wand

Die Route, für die Peter und ich uns entschieden hatten, liegt etwas östlich der Falllinie jenes Eiswulstes, der im untersten Teil aus der Nordwestwand des Hidden Peak herausquillt. Es war unserer Meinung nach der einzig verantwortbare, gleichzeitig der direkteste Anstieg.
Wir warfen die Rucksäcke in den Schnee, zogen die Steigeisen an und legten das Seil ab. Obwohl die Sonne die vorspringende Felsklippe in der Wandmitte streifte, blieben die Rinnen ruhig, so daß wir uns nicht vor Steinschlag zu fürchten brauchten. Nur während ich das Seil aufschoß und mittels einer Eisspirale an einen Séracwulst hängte, sprangen einige Fels- und Eisbrocken über die Gasherbrum-Wand. Zischend schlugen sie im Schnee am Einstieg ein. Die Schneefläche unter dem Bergschrund war flach und ohne Spalten, so daß wir ungehindert hin und her gehen konnten. Unsere Schuhsohlen ritzten den harten Firn nur wenige Millimeter tief, und das Gehen war vorerst nicht besonders anstrengend.
Im Gasherbrum-Tal waren wir rasch vorangekommen, und es war großartig gewesen, wie die Sonne langsam die Wände links von uns überflutet hatte. Der Ausblick, der sich uns jetzt bot, war atemberaubend: Wir standen unmittelbar zwischen zwei Achttausendern.
Peter und ich gingen ein paar Schritte, dann bot mir Peter ein Stück Schokolade an, und wir blieben nochmals stehen, um die Gurte, mit denen die Steigeisen befestigt waren, enger zu ziehen.
Da war ständig ein Geräusch, das überall mitschwang. Während der letzten Stunde, als wir durch das leicht gewellte Gasherbrum-Tal marschiert waren, hatte diese Art Summen immer mehr an Stärke zugenommen. Unsere gleichmäßigen Schritte störten es nicht, und nur wenn wir in den Rastpausen kurz miteinander sprachen, verstummte es. Dieses Geräusch kam nicht vom Wind, nicht aus sich plötzlich öffnen-

den Gletscherspalten, sondern aus dem Berg selbst. Aus allem, was um uns war, aus Schnee und Eis und Fels und aus der Luft, die jetzt noch wie festgefroren im engen Tal stand.
Ich war auch bei früheren Expeditionen immer wieder von Geräuschen dieser Art gefesselt gewesen. Doch niemals vorher hatte mich diese lautstarke Totenstille, dieser Begleitton der Einsamkeit so ruhig gestimmt.
Der Anstrengungen und Gefahren unseres Aufstiegs voll bewußt, war ich jetzt weder ängstlich noch aufgeregt, sondern zuversichtlich und ganz erfüllt von jenem Geräusch, das mich zu tragen schien.
Ich schaute zu Peter hin, um zu sehen, ob dieser ebenso empfand wie ich. Seine Bewegungen verrieten, daß er in seinem Element war und restlos zuversichtlich. Nur sein Gesicht war nachdenklich, und die Augen blickten etwas nervös. Man sah, daß sein ganzer Körper, sein ganzes Wesen, mit Spannung geladen war.
Bei manchen Bergsteigern löscht das Bergerlebnis alle anderen Empfindungen aus. Für sie gibt es keine Spannung und keine Angst, kein Gestern und kein Morgen, wenn sie irgendwo klettern. Während sie in einer Wand sind, existiert für sie nichts rundherum. Nicht das Tal und nicht ihr Leben unten im Tal, überhaupt nichts. Diese Zufriedenheit und Unbekümmertheit bemächtigt sich meiner, wenn ich klettere und wenn ich dabei gut vorankomme.
Solange wir am frühen Morgen durch das Gasherbrum-Tal marschiert waren, schien die Welt aus nichts anderem zu bestehen als aus dem Schnee, den meine Füße zertraten, den Wänden, die links und rechts steil emporragten. Da waren noch der Pickel, der Rucksack und der Rhythmus, den ich nicht verlieren durfte. Aber jetzt, wo wir am eigentlichen Wandfuß standen und uns für den Aufstieg zurechtmachten, stellten sich die normalen Ängste und Sorgen wieder ein. Vielleicht brachten die nächsten Tage schlechtes Wetter? Ja, die Witterung konnte hier plötzlich und unerwartet umschlagen, und es wäre unendlich anstrengend und schwierig gewesen, bei Nebel und Neuschnee einen Weg zurück zu finden. Wenigstens einen Tag lang würden wir brauchen, um durch die Wand über uns abzusteigen, und zwei bis drei Tage, um bei einem Wettersturz durch den Eisbruch ins Basislager zurückzukommen. Auch die Tatsache, daß das Wetter jetzt strahlend schön war und die Luft ruhig, schloß einen Wetterumschwung in fünf, sieben oder zehn Stunden nicht aus.
Im Moment allerdings waren wir unserem ersten Biwak noch viel zu nah, um konkret Angst zu bekommen. Hier und jetzt wäre es bei einem Schlechtwettereinbruch ein leichtes gewesen, den Entschluß zur Rückkehr ins Basislager zu fassen und zu verwirklichen. Weiter oben aber würde dies viel, viel schwieriger sein. Bei Lawinengefahr mußten wir natürlich abwarten. Wir könnten dann nicht mehr durch die steile Wand zurückklettern. Oben kamen zudem Wetterstürze viel schneller, die Stürme waren stärker. Vielleicht hielt das Wetter aber auch, bis wir oben waren. In großer Höhe, wo es oft Monate, vielleicht sogar Jahre dauern kann, bis ein warmer, windstiller Tag einen gefahrlosen Aufstieg garantiert, muß man überlegter und gleichzeitig entschlossener handeln als in den Alpen.

Im unteren Teil der Nordwestwand des G I.

Inzwischen hatten wir die Steigeisen zum dritten Mal kontrolliert und auch die Ausrüstung noch einmal geprüft. Es war alles in Ordnung. Wir nahmen die Rucksäcke auf, die Pickel in die Hände und näherten uns mit gleichmäßig ruhigen Schritten dem eigentlichen Wandfuß. Wenn wir Erfolg haben wollten, mußten wir jetzt zügig steigen, immer höher hinauf steigen. Vom nächsten Biwakplatz aus nur gab es eine Chance, einen Gipfelvorstoß zu unternehmen.
»Jeder geht seinen Rhythmus«, sagte Peter.
Ich nickte: »Einmal steigst du, dann steige wieder ich voraus.«
»Ich denke, wir schaffen es. Wenn das Wetter noch zwei Tage hält, sind wir oben.«
Wir wechselten uns jetzt regelmäßig in der Führung ab, und derjenige, der gerade vorauskletterte, bestimmte den Weg. Der andere folgte, die Tritte des Führenden ausnützend. So ruhte sich jeweils einer aus, um die nächste Wegstrecke spuren zu können. Es war nicht immer klar ersichtlich, wo die beste Routenführung verlief, trotzdem vertraute einer dem anderen grenzenlos. Alle Gespräche waren überflüssig, sie hätten uns nur beim Atmen behindert.
Peters Fersen ragten über mir aus der blanken Eisfläche. Die oberste Eisschicht war so weich, daß die Frontalzacken der Steigeisen bis zu den Schuhkappen in das Eis eindrangen, und so hart, daß wir einen sicheren Stand hatten. Gute Verhältnisse. Der Hebel beim Klettern – von der Schuhspitze bis zur Ferse – war bei unseren Dreifachschuhen allerdings größer als gewohnt, die Wadenarbeit enorm.
Nach jeweils 25 Schritten rasteten wir. Dabei schlug Peter eine winzige Stufe in das Eis, rammte dann, sobald er mit dem rechten Fuß auf dem Tritt Halt gefaßt hatte, die Haue des Pickels ein. Dann erst lehnte er den Oberkörper über das Eis, hielt sich am

Pickel fest und verschnaufte. Er wartete, bis auch ich mich zu seinem Sims hinaufgearbeitet hatte, und stieg dann die nächsten 25 Schritte voran.
»Wie ist das Eis bei dir?« schrie ich hinauf.
»Es wird besser, firnig.«
Peter dachte jetzt an das brüchige Band über ihm.
»Die Felsen allerdings sehen schlecht aus.«
Ich hatte ja von unten schon gesehen, daß da hellere Flecken in der Wand waren. Am Standplatz angekommen, schob ich einige Schneekörner in den Mund, lehnte mich mit dem Oberkörper gegen den eingerammten Pickel und ruhte mich aus.
Ich hatte es immer schon geahnt, daß Peter der ideale Mann für große Höhen war; jetzt lieferte er den Beweis. Er kletterte ausdauernd und schlafwandlerisch sicher, überlegt und gleichmäßig, auch dann, wenn seine Kräfte nachließen. Ich war überzeugt, daß ihm nichts passieren würde, und sofern es überhaupt einen Weg zum Gipfel gab, er würde ihn finden.
»Willst du rasten?« fragte Peter. »Hier könnten wir gut stehen.«
»Nein, ich gehe gleich weiter«, wehrte ich ab. »Solange die Eiswand nicht von der Sonne bestrahlt wird, sollten wir das ausnützen.«
Peter stimmte völlig mit mir überein. Auch wenn die Steinschlaggefahr nie ganz gebannt war, so war die Wand jetzt in den Vormittagsstunden, da die Steine hoch über unseren Köpfen noch angefroren waren, sicherer als am Nachmittag. Wir wollten die Gefahren, die uns stets gegenwärtig waren, nicht noch herausfordern.
In der Wärme der Mittagssonne gerieten dann nach und nach Eisstücke, Gestein und Geröll in Bewegung, und schon kamen die ersten Brocken in großen Sprüngen die leicht konkave Wand heruntergehüpft. Die Wege des Steinschlags waren unberechenbar. Wir waren auf Grund der Steilheit der Wand wie an sie gefesselt und konnten nicht mit schnellen Bewegungen ausweichen. Es blieb uns nichts anderes übrig, als so lange zu warten, bis die schwirrenden Geschosse unmittelbar über unseren Köpfen waren, dann erst konnten wir uns aus ihrer Schußlinie winden.
In den Alpen würde man eine solche Wand normalerweise nachts durchsteigen, um das Steinschlagrisiko zu verringern. Aber hier wäre es nachts wohl zu kalt gewesen, und wir hätten wahrscheinlich den idealen Weg nicht finden können.
Hätten wir jetzt die Lage bedacht, in der wir uns augenblicklich befanden, es wäre zum Verzweifeln gewesen. Wie winzig und einsam zwei Menschen doch an einem Achttausender sind! Wir aber stiegen in dieser 2000-Meter-Wand unermüdlich Schritt für Schritt aufwärts, konzentrierten uns nur auf die Kletterstrecke, die zwischen einer und der nächsten Rastpause, also mit 25 Schritten, zurückzulegen war, nicht aber auf die ganze Gipfelwand.
»200 Meter dürften wir jetzt haben«, schätzte ich ab.
»Ja, vielleicht sogar 250 Meter.«
Ich spürte aus Peters Worten, daß auch er zufrieden war mit unserem Tempo. Trotzdem würden wir aber noch mindestens acht bis zehn Stunden bis zum nächsten Biwakplatz brauchen. Die Wand wurde immer steiler, und weit über unseren Köpfen

wölbten sich Überhänge vor, die jeden Weg zum Gipfel abzusperren schienen. Aber – das wußten wir auf Grund unserer Beobachtungen aus dem Gasherbrum-Tal – nur über diesen Felsen gab es eine flachere Stelle, wo wir unser Zelt aufschlagen konnten. Extrem steil fiel die Wand unter uns ab, ohne größere Terrassen und Simse ragte sie über uns auf. Wenn die Schneeauflage nur nicht dicker wurde! Das Spuren war weit anstrengender als das Steigen im blanken Eis.
Ich versuchte, Peter zu fotografieren, der jetzt schräg rechts unter mir kletterte, aber es wollte nicht klappen. Nachdem ich unter Mühen den Fotoapparat wieder in die mit Astronautenfolie beschichtete Segeltuchtasche gesteckt hatte, schaute ich nochmals zu Peter hinunter. »Verrückt«, dachte ich, »einfach verrückt, wie er da heraufkommt. Das muß ich filmen, diese Szene muß rein!«
»Warte«, rief ich, obwohl Peter schlecht stand. »Sieht einfach irrsinnig aus!«
Es war nicht nur umständlich, sondern auch gefährlich, die Kamera aus dem Rucksack zu holen und zu kurbeln. Ich durfte dabei das Gleichgewicht nicht verlieren und lehnte mich deshalb mit dem Oberkörper etwas an die Wand. Das kleinste Nachgeben des rechten Fußes, der in einer handgroßen Kerbe stand, das geringste Schwanken mit dem Oberkörper, und ich lief Gefahr, unrettbar die Wand hinunterzustürzen, wie ein Rad immer schneller werdend.
Sehr langsam, aber gleichmäßig kamen wir voran. Der 25. Schritt, der letzte vor der Rastpause, schien manchmal die Hölle zu sein, aber schon nach einigen Verschnaufminuten kletterten wir jeweils weiter. Jetzt hatten wir schon mehr als die Hälfte des ersten Wandaufschwungs hinter uns. Wenn wir in der zweiten Hälfte ebenso schnell waren, mußten wir am Abend den Biwakplatz über dem brüchigen Band erreichen. Wir konnten also beruhigt weitermachen, und so schoben wir uns aufwärts. Immer wieder in der Führung abwechselnd, uns gegenseitig aufmunternd, brachten wir Stück für Stück der Wand hinter uns. Manchmal kletterte nur einer, oft kletterten wir gleichzeitig hintereinander.
Vielleicht war es nur das gegenseitige Vertrauen, das uns auf die üblichen Sicherungsmittel Seil und Haken verzichten ließ, diese gewissermaßen ersetzte. Vielleicht war es auch die Besessenheit von der Idee des Achttausenders zu zweit, die ein klein wenig für diesen extravaganten Kletterstil verantwortlich war. In erster Linie aber war es das instinktive Wissen, daß wir unter den gegebenen Umständen nicht fähig waren, die notwendigen Seile und Haken für eine schulmäßige Sicherung mitzutragen. Wahrscheinlich war die unsere die einzige Methode, um über diese Wand zu zweit den Gipfel zu erreichen. Mit Sicherheit war sie ungefährlicher, als sie für den Außenstehenden von unten ausgesehen haben mochte.
Plötzlich streiften einige Schneeschollen meine linke Hand, mit der ich mich am Eis abzustützen pflegte. Die Erfahrung sagte mir, daß irgend etwas geschehen sein mußte, und ich schaute zu Peter hinauf. Er fluchte, weil ihm ein Tritt ausgebrochen war, stieg aber schon wieder weiter. Ohne den geringsten Schock ob dieses kleinen Mißgeschicks hatte Peter seinen Rhythmus sofort wiedergefunden. Er kletterte so, daß das Gleichgewicht auch dann noch erhalten blieb, wenn einer der drei Halte-

punkte, die wir bei jeder Bewegung benützten, plötzlich versagte. Solange wir hier zwei feste Haltepunkte hatten, stürzten wir nicht, bemühten uns aber trotzdem, immer drei fixe Punkte bei jeder neuen Bewegung zu haben.
Inzwischen waren wir bis unmittelbar unter die Felsstufe gelangt, die in 6900 Meter Meereshöhe die Wand abriegelt. Wir überlegten, wo wir sie am besten anpacken könnten, und beobachteten einige Rinnen, die aus der konkaven Eisfläche spinnenarmartig hineinzogen ins brüchige Gestein. Nachdem wir uns auf breiteren Schneestufen, die wir mit dem Steigeisen aus dem Hang gescharrt hatten, ausgeruht hatten, versuchte ich den ersten Felsaufschwung zu überklettern. Das Gestein war fürchterlich brüchig, aber nicht ganz senkrecht, so daß ich die Tritte und Griffe größtenteils nur auf Druck belasten konnte. Nach wenigen Bewegungen schon war mir klar, daß ich die Handschuhe ausziehen mußte, und peilte nun mit den Augen einen etwas abschüssigen, aber großen Tritt an, auf dem es möglich war, freihändig zu stehen. Ich zog zuerst den linken Handschuh aus, steckte ihn in die Brusttasche des Anoraks, anschließend den rechten Handschuh.
Dann griff ich mit bloßen Händen in einen schmalen Spalt. Der Fels war kalt, aber nicht so eisig, daß man mit den Fingern daran klebenblieb, wie dies an Metall der Fall war, an der Haue des Pickels oder an den Karabinern. Unangenehmes Gefühl. Immer, wenn ich jetzt die Finger vom Pickel zog, glaubte ich, daß ein Stück Haut daran hängengeblieben sei. Peter, der sich mit ausgestreckten Armen an den Felsen festhielt, schaute mir aufmerksam zu. Ich hatte nach den ersten Schritten in diesem brüchigen Gestein alle Hemmungen abgeschüttelt und konzentrierte mich vollkommen darauf, zwei Stützgriffe ausnützend, eine kurze Querung nach rechts auszuführen. Die Handflächen platt auf einen schwach ausgeprägten Felsvorsprung gedrückt, die Steigeisenspitzen in den schottrigen Fels gebohrt, verschob ich mein Gewicht Zentimeter für Zentimeter, tastete mit den Händen erst dann wieder weiter, wenn ich eine Bewegung sicher zu Ende führen zu können glaubte. Obwohl ich völlig frei stieg und bei der unmenschlichen Anstrengung in dieser Höhe am ganzen Körper leicht bebte, war ich doch ruhig. Es war ein so inniger Kontakt zu Peter da, daß ich mich gesichert fühlte, als würde ich am Seil gehen. Immer wieder mußte ich meine Fäuste in schmale Risse stecken, die mit feinem Schnee gefüllt waren. Unvermeidlich blieb er an der warmen Haut hängen.
Allmählich raubten mir die Kälte und der Schnee das Gefühl in den Fingern. Eine längere Rast wäre jetzt nur Kraft- und Konzentrationsverschwendung gewesen. So stieg ich weiter, trotz der eisigen Klumpen, in die sich meine Hände verwandelt hatten. Rechts von mir erspähte ich eine Eisrinne, die endlich einen Rastplatz versprach. Dort hoffte ich, wieder meine Handschuhe anziehen zu können. Ich war ganz zuversichtlich, daß Peter die Stelle sicher überwinden würde, und schaute ihm ebenso konzentriert zu, wie er mich vorher beobachtet hatte. Es gab nicht die geringste Unsicherheit in seinen Bewegungen, und obwohl auch er wegen der eisigen Kälte die Zähne zusammenbeißen mußte, so lag doch nicht einmal der Hauch eines Schreckens auf seinem Gesicht. Instinktiv fanden seine Fingerspitzen die richtigen

Das »Brüchige Band« – ein steiler Felsgürtel zwischen 6900 und 7100 Meter Höhe – bildete die Schlüsselstelle in der Hidden-Peak-Nordwestwand: vereister, brüchiger Fels, dazu die sauerstoffarme Luft.

Spalten, umklammerten sie Felsvorsprünge. Sein Schwerpunkt, das Gewicht über den Frontalzacken der Steigeisen, lag immer so, daß diese nicht plötzlich abrutschen konnten.

Einige tiefe Atemzüge preßten die Luft aus mir heraus, und ich begann, über die Rinne oberhalb des Felsens weiterzusteigen. Wie es darüber weitergehen sollte, wußte ich noch nicht. Ein rascher Blick über die Schulter zurück bewies mir, daß Peter die Querung bereits hinter sich hatte und sich nun, schwer atmend, auf meinem vorigen Standplatz ausruhte. Die Stirn gegen seinen Unterarm gepreßt, lehnte er sich gegen die Felswand und verschnaufte.

Unwillkürlich mußte ich daran denken, woran wir uns hier, in diesem brüchigen Gestein, überhaupt hätten sichern sollen. Es waren zwar Ritzen vorhanden, aber jeder größere Haken hätte den Fels abgespalten, und kleinere hätten sowieso nicht gehalten.

Peter hatte inzwischen die Handschuhe aus seinen Taschen geholt und zog sie wieder an. Seine Hände schmerzten nicht mehr. Er hatte überhaupt kein Gefühl mehr darin. Er vermochte nicht zu sagen, wie er sich mit ihnen in dieser schwierigen Querung gehalten hatte.

Den Kopf im Nacken, schaute ich in die Höhe: der Himmel ein mattes Weiß auf blauem Grund. Dort, wo er mit den Bergkämmen den Horizont bildete, war das Blau noch mehr verschwommen. Ein greller Lichtschein ging von den nach Westen geneigten Firnhängen aus. Der Blick direkt in die Sonne war unerträglich. Unter uns die Täler in bläulichem Dunst, schon ein Stich ins Violette; ein fast magischer Schimmer. Da und dort schien die Dunstglocke zu brodeln, als würde die Erde darunter kochen.

Mir war, als hingen wir zwischen Himmel und Erde: unergründliche Tiefe oben und unten. 1200 Meter fehlten noch bis zum Gipfel, weit mehr als 2000 Meter waren es bis in den Grund der Täler. Verschwommen schon wie das bläuliche Leuchten unter mir meine Gedanken: Noch 200 Meter, dann sind wir vorerst gerettet.

Die Rinne verengte sich mehr und mehr zum Kamin. Die Beine weit gespreizt – ich hatte Vertrauen in die Felsen gewonnen –, stieg ich durch den Spalt aufwärts. Ich vermochte nicht abzuschätzen, ob ich mich irgendwo abfangen konnte, wenn ich abrutschen würde. Deshalb drückte ich vorsichtshalber fester mit meinen Händen gegen die parallel emporziehenden Felswände, zwischen denen ich kletterte. Wenn ich jetzt auch nur ein Stück rutschte, mußte ich Peter mitreißen. Einen Stürzenden hätte er niemals halten können. Doch der Kamin wurde nochmals enger. Ein Glück, denn wir konnten uns nun besser in ihm verkeilen.

Durch die anschließende Rinne stieg ich, bis ich sie zu einem Gratrücken nach links verlassen konnte, und über diesen erreichte ich eine Schulter zwischen Nord- und Nordwestwand. Hier rastete ich. Eine steile Schneewand baute sich über mir auf, teilweise felsig, alle Mulden mit Preßschnee gefüllt. Es sah nach Lawinen aus. Ich war unschlüssig, wo wir weitergehen sollten, und tröstete mich vorerst damit, über dem nächsten Steilaufschwung auf unseren Biwakplatz zu stoßen.

Peter hatte inzwischen meinen Standplatz erreicht und sich sofort über die Schulter zur Steilwand emporgearbeitet. Hier hielt er inne, um Kraft und gewissermaßen auch frischen Mut zu sammeln. Den brauchte er, um die ersten Schritte zu wagen. Zuerst stieß er den Pickel in den Schnee, umklammerte dann mit der rechten Hand die Haue, suchte mit der Linken nach einem festen Griff an den Felsen, die inselartig aus dem Schnee ragten, und zog sich nach oben. Seine Arme zitterten vor Anstrengung. Nach endlos scheinenden Sekunden fand er mit dem linken Steigeisen einen kleinen Tritt unter dem Schnee und verlagerte das ganze Gewicht seines Körpers auf diesen unsichtbaren Halt. Der Schnee war zwar locker, aber nicht allzu tief. So schnell es

die große Höhe erlaubte, kletterte Peter schräg links aufwärts. Er steckte dabei den Pickel so weit über sich in den Schnee, daß er, sich an ihm festhaltend, jeweils drei Schritte hintereinander machen konnte. Dies war nicht ganz ungefährlich.
Inzwischen hatte Peter eine Felsstufe erreicht und sich auf sie gesetzt, um mich nachkommen zu lassen. Er hatte gute Arbeit geleistet und hoffte, daß wir diese Spur auch beim Abstieg noch benützen konnten.
»Soll ich jetzt vorangehen?« fragte ich, als ich unter Peters Rastplatz angelangt war. Meine Frage kam etwas zu spät. Peter kletterte schon wieder über mir, und seine kräftigen Bewegungen waren immer noch so zügig, wie sie in den ersten Morgenstunden gewesen waren.
In diesem letzten Steilaufschwung lief oft ein Zittern durch meine Beine, besonders dann, wenn ich mit den Frontalzacken der Steigeisen nur winzige Rauhigkeiten an den Felsen ertastete und mich auf ihnen aufrichten mußte.
Von unserem Standort aus konnten weder Peter noch ich sehen, wie es über uns weiterging. Als Peter jedoch zum ersten Mal seinen Kopf über den Grat hinausreckte, rief er begeistert herunter, daß es oben eine flache Mulde gab, einen geradezu idealen Biwakplatz. Ich kletterte um den Felsvorsprung herum und erreichte die Trittstufe, von der aus Peter diesen letzten Hang in Angriff genommen hatte. Peters freudestrahlendes Gesicht auf der Gratschneide verriet mir, daß wir für heute genug geklettert waren und daß der Biwakplatz seine Vorstellungen sogar noch übertraf.
Die Anstrengung der 1200 Höhenmeter, die wir an diesem 9. August geschafft hatten, war enorm gewesen. Jetzt jedoch schien sie wie weggewischt aus Peters Gesicht, auch wenn sein Körper beim Gehen nicht mehr so ruhig war wie zu Beginn der Kletterei. Mit den geschulten Augen des erfahrenen Bergsteigers, der versucht, immer das Beste aus jeder Situation zu machen, begann er die Mulde nach der flachsten Stelle abzusuchen. Es dauerte nicht lange, und wir konnten uns beide auf einem schrägen Schotterplatz in 7100 Meter Meereshöhe hinlegen.
Als ich den Rucksack unter meinem Kopf etwas zurechtgerückt hatte, entspannte ich mich instinktiv, machte mich ganz schwer und holte zum ersten Mal seit fünf Minuten tief Luft. Nach einer Weile sah ich zu Peter hin, der neben mir lag, wollte ihm etwas sagen. Er hatte die Augen geschlossen und schien sich, seinem Gesichtsausdruck nach zu urteilen, keine Sorgen zu machen. Auch ich machte nun die Augen zu und lag regungslos da. Endlich, nach zehn Stunden höchster Anstrengung und Konzentration, konnten wir einfach nur daliegen, die Steilwand unter uns völlig vergessend. Wir brauchten jetzt nicht mehr aufzupassen, nicht mehr nach einem Weg zu suchen und nicht mehr weiterzusteigen, wenigstens vorläufig nicht.
Die geistige Müdigkeit war größer als die körperliche. Während des Aufstiegs hatten wir jeden Augenblick in größter Anspannung gelebt. Ständig auf unser Gleichgewicht bedacht, immerzu die Griffe und Tritte prüfend, an denen wir uns zentimeterweise an der Wand hochgeschoben hatten, wie zwei Miniatur-Zahnradbahnen.
»Das Schlimmste haben wir hinter uns«, sagte ich, nachdem ich mich umgedreht und einen Blick auf die Gipfelwand geworfen hatte.

Es fehlten zwar noch 1000 Höhenmeter bis zum höchsten Punkt, diese aber waren weniger steil als das Wandstück unter uns. Zudem lag eine Nacht vor uns, in der wir uns ausruhen konnten.
»Hier kann man's aushalten«, meinte Peter und versuchte mit den Schuhen die Steine unter sich wegzuschieben. Dabei störten ihn die Steigeisen, und er zog sie aus.
»Im Abstieg können wir die Felspassage nicht mehr machen«, erklärte Peter entschieden.
»Wenn wir eine Rinne finden, können wir direkt absteigen, sonst müssen wir...«
Peter unterbrach mich: »Wir hätten doch ein Seil mitnehmen sollen.«
»Wir kommen schon hinunter. Nach dem Gipfel kommen wir überall hinunter«, sagte ich nach einer Weile und in der vollen Überzeugung, daß wir auch die Felsstelle frei abklettern konnten, wenn es keine andere Möglichkeit gab.
Peter war nicht ganz wohl bei dem Gedanken an den Abstieg, verlor aber kein Wort mehr darüber. Er hatte inzwischen die Steigeisen ausgezogen und bemühte sich nun, immer noch hockend, eine Plattform zu bauen. Dabei legte er die größeren Steine an den vorderen Rand des Schotterflecks und schob dann die kleineren mit den Füßen nach, so daß die Rinne am Mäuerchen immer flacher und der Zeltplatz immer größer wurde. Ich half Peter, so gut ich konnte, und verwendete dieselbe Technik wie er. Zum Stehen reichten unsere Kräfte immer noch nicht.
»Du bist großartig in Form«, sagte ich zu Peter.
Er war sichtlich mit sich zufrieden und wußte, daß er jeden Schritt überlegt und sicher ausgeführt hatte. Auch fühlte er, daß seine Kräfte noch reichen würden, um zum Gipfel zu gelangen. Dies hier war seine höchste erreichte Höhe. Und obwohl ihn wieder Kopfschmerzen plagten, scharrte er weiter Schotter an den talseitigen Rand der Plattform. Sich zu mir wendend, sagte er so nebenbei:
»Morgen sind wir oben. Wir nehmen nur das Allernötigste mit, dann sind wir noch schneller als heute. Ich glaube, ich werde auch den Rucksack dalassen.«
»Ich auch, aber die Kamera nehme ich mit, soweit ich sie schleppen kann. Allerdings, auf den Gipfel verzichte ich ihretwegen nicht.«
»Wenn nur diese verdammten Kopfschmerzen nicht wären!«
»Sind sie schlimm?«
»Wie immer, wenn ich eine neue Höhe erreiche und einfach nur dasitze.«
»Wenn wir das Zelt aufgebaut haben, mache ich dir Tee. Bis morgen früh sind die Schmerzen bestimmt weg.«
Peter, der vorher noch in aller Gelassenheit auf der Plattform gesessen hatte, blickte jetzt schmerzverzerrt und angstvoll ins Gasherbrum-Tal hinunter, in dem bereits die ersten Schatten lagen. Seine Fröhlichkeit war spurlos verschwunden. Er sprach nicht mehr, schien völlig abwesend und fror. Der plötzliche und ungewöhnlich heftige Kopfschmerz machte ihm so zu schaffen, daß ihm fast übel wurde.
Ich band das Sturmzelt vom Rucksack, rollte es aus, legte es auf die Plattform, die wir in stundenlanger, mühseliger Arbeit hergerichtet hatten, und breitete es auseinander. Der Untergrund war ein bißchen schief. Das Eis, auf das wir bei unseren

Grabarbeiten bald gestoßen waren, hatte es uns nicht erlaubt, eine völlig waagrechte Stelle herzurichten. Zum Glück hatten wir die Zeltgestänge im Tal schon markiert, so daß wir jetzt keinerlei Schwierigkeiten hatten, sie richtig zusammenzusetzen. Die Alurohre vorn und hinten als Dreiecksaufhängung eingeschoben, und schon stand unsere winzige Behausung.
Ich hatte mir an der Rückseite des Zeltes zu schaffen gemacht. Peter saß auf der Seite des Eingangs und betastete vorsichtig die Schläfen seines Schädels, der ihm jeden Augenblick zu zerspringen schien.
»Sobald das Zelt ganz steht, kannst du dich hineinlegen und ein bißchen ausruhen. Du mußt versuchen, deine Kopfschmerzen wegzukriegen, dann geht's schon wieder. So, wie ich dich kenne, bist du morgen wieder in bester Verfassung.«
An einigen kopfgroßen Steinen verankerten wir die Hauptschnüre des Zeltes, das allerdings etwas kreuzhohl dastand. Auch die Wände hingen leicht nach innen. Der leiseste Windhauch ließ sie flattern. Während Peter seinen Rucksack auspackte, um den Schlafsack zu finden, bemühte ich mich im Windschatten des Zeltes, eine Kochstelle zu bauen.
Jede Faser meines Körpers war müde. Ausgelaugt von der ununterbrochenen Anstrengung und einer Spannung, die vom ganzen Körper Besitz ergriffen hatte. Auch das Kochen kostete mich Überwindung. Die Augen brannten vom ununterbrochenen Schauen und Suchen. Knapp darüber, hinter der Stirn, war mir, als hätte sich ein Knoten gebildet.

Biwak

Es dauerte Stunden, bis das Eis zu Wasser geschmolzen war, und fast noch mal so lang, bis es so warm war, daß man Tee damit bereiten konnte. Ich befand mich nun nicht mehr in einem Zustand zwischen Schlafen und Wachen, wie es unmittelbar nach dem Aufstieg und während des Zeltaufbauens der Fall gewesen war, sondern war geistig voll da. Mit Behagen schlürfte ich einige Schlucke Tee und stand immer wieder auf, um mich strecken zu können. Die Anstrengung wich langsam aus den Muskeln, und der Knoten über meinen Augen löste sich.
Der spitze Winkel, in dem die messingfarbenen Sonnenstrahlen das Zelt trafen, verriet mir, daß es bald Abend war. Nochmals reichte ich Peter Tee. Er spülte damit eine zweite Kopfschmerztablette hinunter, worauf er sich wieder hinlegte. Immer noch saß ich auf einem Haufen Geröll vor dem Zelt und kochte, schmolz Eis, braute Suppe und Tee. Während der Kocher noch surrte, suchte ich die Ausrüstungsgegenstände zusammen, die rund ums Zelt verstreut lagen. Ich ordnete sie so, daß wir sie am nächsten Morgen schnell anziehen oder einpacken konnten. Nach einer Weile holte ich tief Luft, um alle Kräfte in mir zu mobilisieren, stieß mich vom

Boden ab und ging die wenigen Schritte zum Rand der Schotterfläche. Hier lag kein Schnee, sondern nur Eis. Ich pickelte einige Stücke davon heraus und schaffte sie dann zum Zelteingang. Hier waren sie griffbereit, so daß wir am Abend und am Morgen im Zelt liegend kochen konnten.
Während all dieser Zeremonien war Peter bewegungslos dagelegen. Er hatte vergessen, daß wir hoch oben am Hidden Peak campierten, daß morgen der entscheidende Tag sein sollte. Erst als die Kopfschmerzen gewichen waren, spürte er eine Schwerelosigkeit ohnegleichen. Plötzlich war er mit einer solchen Vorfreude auf den nächsten Tag erfüllt, einer Spannung, wie er sie nur vor ganz großen Bergfahrten empfand. Sein ganzes Wesen konzentrierte sich in diesen Stunden auf den kommenden Tag, auf die Kleidung, die anzuziehen war, und auf die Bewegungen, deren Abfolge er jetzt schon überlegte. Überdies waren es die Fragen der Krafteinteilung und des taktischen Vorgehens, die ihn beschäftigten. Alle privaten Gedanken und Gefühle hatte er aus seinem Unterbewußtsein verdrängt. Er hatte nicht geschlafen, aber er hatte sich ausgeruht, und jetzt, wo sein Kopf wieder klar war, die Druckschmerzen nachgelassen hatten, fühlte er sich wunderbar. Gut in Form und völlig klar in seinen Überlegungen.
Er kroch aus dem Zelt, setzte sich neben mich auf den Schotter und begann in seinem Rucksack herumzukramen. Es fehlte nichts. Es war alles da, was für den Gipfelangriff notwendig war, und er überlegte immer wieder, wie und in welcher Reihenfolge er es anziehen bzw. in seine Taschen stecken sollte. Diese Überlegungen beanspruchten seine ganze Konzentration. Wie der Slalomläufer mußte er sich nicht nur den Weg merken, eine bestimmte Reihenfolge von Bewegungen, sondern eine ganze Kette von Bewegungsabläufen, und deshalb rekapitulierte er immer wieder von vorne.
Den Rücken gekrümmt, den Arm auf den Rucksack gelehnt, die Beine gerade vor sich ausgestreckt, saß Peter auf dem Schotter. Er griff nach der Aluminiumkanne, in der ich wieder Wasser heiß gemacht hatte, schüttete einige Schlucke in einen kleinen blauen Plastikbecher, vergaß dann aber zu trinken. Ohne auf irgend etwas Besonderes zu achten, schaute er in den Abend hinein.
»Wann müssen wir hier los?« fragte er nach einer Weile.
»Wenn die Sonne aufgeht.«
Nochmals legte sich Peter den Gipfelangriff in groben Zügen zurecht. Er hatte zwar keine Erfahrung in solchen Höhen, aber sein allgemeiner bergsteigerischer Instinkt und sein perfektes Können ließen ihn ahnen, worauf es ankam. Offensichtlich hatten alle seine bisherigen Überlegungen gestimmt – warum sollten nicht auch die für den letzten und entscheidenden Teil richtig sein?
Alles hing nun davon ab, daß keiner von uns beiden krank wurde, daß das Wetter weiterhin gut blieb und daß wir schnell genug waren, um den Gipfel in den frühen Nachmittagsstunden zu erreichen. Wir hatten uns beide darüber geeinigt, daß wir spätestens um 15 Uhr am höchsten Punkt sein mußten, andernfalls würden wir ohne Gipfelerfolg umkehren. Es wäre unvorsichtig und verantwortungslos gewesen, auch

dann noch zum Gipfel weiterzusteigen, wenn unser Rhythmus nicht den Erwartungen entsprochen hätte. Auch der Abstieg mußte einkalkuliert werden, und ich wußte aus Erfahrung, daß ein nächtlicher Abstieg von einem Achttausender-Gipfel mit der Müdigkeit und der Konzentrationsschwäche, die da oben unvermeidlich sind, immer große Gefahren mit sich bringt.
Peter war den ganzen Abend über froh gestimmt und doch wortkarg. Er aß wenig, trank aber, soviel er konnte, und starrte immer wieder ins Leere. Auch ich machte keinen Versuch, eine Unterhaltung in Gang zu bringen, und wenn meine Aufmerksamkeit von der bevorstehenden Besteigung abließ, schaute ich in Richtung Gasherbrum IV, an dem jetzt die Sonne unterging.
Wir spürten die Kälte nicht, obwohl mit den letzten Sonnenstrahlen auch der Hauch von Wärme verschwunden war. Der Himmel im Westen war jetzt rot wie Zinnober gefärbt, und die Berge, die in den Morgenstunden so klar und bis in ihre feinsten Kanten und Rinnen gegliedert gewesen waren, lagen verschwommen hinter einem Vorhang von vielen, vielen kleinen Teilchen.
Ein Lichtfleck hing am Gipfel des Hidden Peak, als ich mich vollkommen angezogen ins Zelt zwängte. Schwer atmend kroch ich in den Schlafsack, lockerte die Innenschuhe, legte ein zweites Paar Handschuhe unter mein Kopfkissen. Die Daunenjacke, eine Sturmmütze und den Rucksack schob ich unter Rücken und Gesäß zurecht und drängte mich dann auf die eine Seite des Zeltes, so daß Peter Platz hatte. Der kleine Schotterfleck, auf dem wir lagen, war im Grunde kaum für ein Biwak geeignet. Doch hatten wir beschlossen, noch bei Tageslicht eine Lagerstelle herzurichten, denn sonst wären wir unter Umständen Gefahr gelaufen, überhaupt keine mehr zu finden. Hier war zwar abschüssiges Gelände und der Platz dem Wind ausgesetzt, wir konnten aber vor dem Zelt unangeseilt und ohne Absturzgefahr herumspazieren, und das war wichtig.
Ausgestreckt lagen wir in unseren Schlafsäcken im Zelt, ich an der Bergseite, Peter talseitig. Beide hatten wir einige Kleidungsstücke unter die Matte geschoben, so daß die Liegeflächen weniger abschüssig waren. Nur so war zu verhindern, daß wir dauernd übereinanderrollten.
Mit Sorge dachte ich jetzt daran, daß ich beim Biwakbau nur einen einzigen Eishaken hatte setzen können. An diesem war das Zelt fixiert. Alle übrigen Schnüre hingen an losen Steinen. Eine bessere Sicherung war einfach nicht möglich gewesen. Die Vorstellung, bei einem starken Sturm mitsamt dem Zelt weggetragen zu werden, konnte ich nicht ganz aus meinem Hirn verbannen.
Schon lange bevor ich ein letztes Mal an diesem Abend mit der Kocharbeit begann, kamen am immer dunkler werdenden Himmel die ersten Sterne zum Vorschein. Hier oben war es noch nicht Nacht, wenn sich diese auch in den Tälern bereits ankündigte. Natürlich hatten wir keine Ahnung, was der Wetterbericht meldete, aber ich war überzeugt davon, daß es auch am nächsten Tag schön sein würde.
Auf dem kleinen Gaskocher, den ich auf einer Felsplatte am Zelteingang wackelig aufgebaut hatte, braute ich eine Portion Tee nach der anderen, und zwar aus Wasser,

das kochte, ohne wirklich heiß zu sein. Wir lagen so nahe nebeneinander, daß keiner von uns auch nur die kleinste Bewegung ausführen konnte, ohne den anderen zu stören. Peter lag halb auf dem Rücken, mit dem Gesicht zur Zeltwand, ich auf dem Bauch. Ab und zu griff ich nach dem Kocher, der unregelmäßig summte. Hier oben in der sauerstoffarmen Luft war nicht das übliche Surren der Flamme zu hören, sondern nur ein leises, zuckendes Summen, das ab und zu so ruhig wurde, daß ich nachschaute, ob die Flamme erloschen war.
Abwechselnd tranken wir Tee – schweigend und ohne jeden Genuß, aber wir tranken, mußten trinken. Zwar hatten wir beide im Laufe des späten Nachmittags einige Bissen gegessen – gedörrte Pflaumen und ein Stückchen Brot –, aber zu einem ausgedehnten Abendessen empfanden wir nicht die geringste Lust. Ein klebriger und fader Geschmack lag in unseren ausgetrockneten Mündern, den auch der Tee nur für einige Minuten verdrängen konnte. Das warme Getränk half gegen Durst, und jeder Schluck wärmte nicht nur den Magen, sondern den ganzen Körper. Dieses Teekochen dauerte mehr als eine Stunde. Zwischendurch ersetzten wir den Tee durch einen Becher Bouillon.
Die ersten Stunden im Biwak, ohne jede Beschäftigung. Ich versuchte den Tag zu rekapitulieren, um so alle anderen Gedanken auszulöschen. Es gelang mir nicht.
Mit offenem Mund lag Peter neben mir. Aus seinen Bewegungen schloß ich, daß auch er wach war. Wenn er schlief, ging sein Atem zeitweise in ein Röcheln über. Zu wenig Sauerstoff im Zelt. Fingerdicker Reif an den Stoffwänden.
Versfetzen liefen durch mein Gehirn: »Mit den Göttern soll sich nicht messen... Mit den Göttern soll sich nicht messen... Mit den Göttern...« Weiter kam ich nicht. Dann: »Durch diese hohle Gasse muß er kommen.« Wie Telegramme erreichten diese Fragmente meinen Kopf, wie damals beim Auswendiglernen für die Schule.
»Frei muß man sein, um so etwas in Ruhe zu Ende führen zu können; frei von Frauen, frei von materiellen Wünschen, frei von Angst.« Endlich wieder ein abgeschlossener Gedankengang.
Wie spät es jetzt wohl war? 3 Uhr, vielleicht auch 4 Uhr? Es blieb immer gleich dunkel im Zelt. Sternklare Nacht draußen.

In der Todeszone

Rastplatz über der »Sichel«. Die Mulde, die aus dem Gasherbrum-Tal wie eine liegende Sichel gewirkt hatte, war in Wirklichkeit eine riesige konkave Bucht, steil und eisig. Auf einer winzigen Plattform, die Peter in den Schnee getreten hatte, rasteten wir erstmals seit dem Aufbruch um 8 Uhr morgens. Vom Grat aus sahen wir weit unter uns das gelbe Zelt, in dem wir bis zum Morgengrauen biwakiert hatten. Der kleine Schotterfleck lag jetzt in der Sonne.

Ich dachte daran, daß es niemanden gab – weder im Basislager noch zu Hause –, der wissen konnte, wo wir uns in dieser Stunde befanden. Niemanden auch, der mit uns fühlen konnte. Das aber bedrückte mich nicht. Im Gegenteil, es freute mich sogar. Wir waren in jeder Beziehung unerreichbar. Und helfen hätte uns hier im Notfall sowieso niemand können.

Nächste Rast an einem Felsblock, den wir nach 28 Schritten erreichten. Dann stiegen wir durch die »Mulde«; klettertechnisch leichtes Gelände, aber anstrengend. Ich zählte wieder die Schritte: neun, zehn, elf … vierundzwanzig, fünfundzwanzig.

Steil wurde es erst wieder weiter oben. Das hatte ich schon auf den Fotos erkannt. Wir hielten jetzt auf den Grat zu, an dem Nordwand und Nordwestwand zusammenstießen. Nach jeweils 25 bis 28 Schritten waren wir so ausgepumpt, so erschöpft wie nach einem mit äußerstem Einsatz durchgestandenen Mittelstreckenlauf. Und etwa 200 solcher Stücke fehlten noch bis zum Gipfel.

Ein Glück, daß wir so zeitig zu klettern begonnen hatten. Wir waren zwar noch tief, aber das machte nichts; wir waren da, wo wir waren. Das Ziel noch imaginär, aber Ziel. Der Wille getragen vom Glauben an das Gelingen.

Wieder 25 Schritte. Man sah wenig dabei. Nur die Spitzen der eigenen Schuhe, wenn man sie in den Firn stieß, und die Hände. Jeder Schritt so, wie wenn man immer dasselbe Wort vor sich hersagt: einundzwanzig, zweiundzwanzig...

Wenn wir uns setzen konnten, schauten wir ins Tal: großartige Landschaft! Gipfel, so weit das Auge reichte. Dunst nur am Horizont. Wir befanden uns schon weit darüber.

200 Meter weiter oben mußte ich den rechten Schuh ausziehen. Ich spürte die Zehen nicht mehr. Umständliches Manöver: Gamaschen weg, Außenschuh, Strümpfe, Innenschuh, Fellschuh, nochmals Strümpfe. Vorsichtig massierte ich den amputierten Vorderfuß.

Wenn uns da oben jemand hätte sehen können, vermummt, schwerfällig in den Bewegungen, wer weiß, wofür er uns gehalten hätte. Nicht unbedingt für Menschen.

Als wir auf den Grat zwischen Nord- und Nordwestwand gelangt waren, blieben wir eine Weile stehen. Links vom Gratrücken war es steil, zudem felsig, offenbar zu schwierig. Also verließen wir den Grat wieder nach rechts.

Das Sonnenlicht füllte jetzt alle Schluchten und Täler. In der Ferne jener matte Schleier über den Bergen, wie eine durchschimmernde Mauer.

Ab und zu sagte Peter ein paar Worte: »Es geht schon« oder »Da hinten liegt Tibet«. »Ja«, bestätigte ich dann. Die Bedeutung dieser Sätze lag mehr in den Lauten als in den Worten. Wir wollten uns gegenseitig versichern, daß wir beide noch da waren und auch noch fähig zu denken.

Eine Weile lang stiegen wir durch eine S-förmige Rinne empor, aber diese Rinne war zu anstrengend und zudem lawinengefährlich. Zu viel lockerer Schnee lag auf den Platten. Wir verließen sie wieder und kletterten an den felsigen Rippen weiter. Offenbar waren wir doch höher gekommen; man sah jetzt den K 2. In der Ferne einzelne kleine Wolken am Horizont, wie Fische, weißgrau.

Wenn ich nach zwei Dutzend Schritten reglos am Hang lehnte – nur die Hände umklammerten die Haue des Pickels, dessen Stiel ich noch in den Firn gerammt hatte, bevor mein Wille erlahmte –, spürte ich, wie mein Herz schlug. Von den Waden bis hinauf zum Kopf. Langsam klang das Pochen ab, und ich hörte wieder ein ganz leises Singen, fast monoton. Ein gleichmäßiges helles Geräusch kam aus dem Schnee, aus dem Fels. Nicht vom Wind. Wahrscheinlich hörte es Peter gleich stark wie ich. Am Ende der Rastpausen war es am klarsten. Keine menschlichen Stimmen. Ein Singen, das nur so lange da war, wie wir beide uns nicht rührten.
Wir hatten Glück mit dem Wetter, es blieb schön wie am Tag vorher. Beim Spreizen in einer felsigen Rinne hatte sich Peters rechtes Steigeisen gelöst. Seine roten Gamaschen, die den ganzen Fuß von der Schuhsohle bis zum Knie einhüllten, störten ihn beim Steigen. Auch erschwerten sie das Befestigen der Steigeisen. Er zog deshalb die eine Gamasche aus, ließ sie einfach liegen, einen Steinmann darüber.
Wir standen mitten in der Einöde der Gipfelwand. Die steilen, harten Linien der Pyramide liefen über uns zusammen. Zu einem Strich, wo die Fels- und Eiswände zurückwichen. Da oben schien alles zu ruhen. Selbst die dünne Schneefahne hing unbeweglich am überwächteten Grat.
Nicht ein Hauch regte sich, obwohl die Luft leicht war und kalt. Die ganze weiße Fläche unberührt. Seit Jahrtausenden ohne Spur. Die Stimme des Berges hörte sich jetzt nicht mehr an wie ein schläfriges Beten, sondern wie ein träumerisches Summen, das zeitweise völlig abklang, um dann wieder neu zu erwachen.
Peter tat nur mehr das Allernotwendigste. Wohl um seine Kräfte zu sparen, stieg er schnurgerade empor. Jetzt hatte er eine schmale Felsrippe über mir erreicht, starrte in die Tiefe. Mechanisch rückte er seine Steigeisen zurecht, die sich im Laufe des Aufstiegs nochmals gelockert hatten.
Neben meiner Sicherheit und meiner Gesundheit war ich natürlich auch um die von Peter besorgt. Aber nicht in dem Maße, in dem man als Führer um seinen Gast Sorge trägt, sondern nur parallel zu meiner Person. All meine Aufmerksamkeit galt uns beiden als einer Einheit. Wenn wir zwei auch nicht durch das Seil miteinander verbunden waren, so fühlten wir doch wie eine Seilschaft, wie ein Gebilde, das in sich ruhte, das in sich eins war.
Es war etwas Synchrones in unserem Denken, in unserem Handeln, in unserem Planen. Ein kurzer Blick genügte, um über die Absicht und die Gemütsverfassung des anderen informiert zu sein, um das auszuführen, was der andere wollte. Es waren nicht allein die gemeinsamen Touren früherer Jahre, die uns dieses erweiterte gegenseitige Verständnis gaben. Es war auch die äußerste Spannung, die dieses Sich-eins-Fühlen mit dem anderen steigerte, die Konzentration, die in Gipfelnähe träger, aber differenzierter wurde.
Meist sahen wir gleichzeitig, wo der beste Weg verlief. Unsere Augen entsprachen einem verlängerten Tastsinn. Wenn sie die Wand über uns absuchten, den Schnee prüften oder nach dem Gipfelgrat Ausschau hielten, war es, als griffen unsere Hände danach.

Innerhalb von wenigen Stunden verändert sich in großer Meereshöhe – ohne Verwendung von Sauerstoffgeräten – der Gesichtsausdruck eines Bergsteigers, gleichzeitig auch der Bewegungsablauf, der Wille und das Denkvermögen. Peter Habeler in 7200, 7500 und 7800 Meter Höhe (von links nach rechts) – 3 Stunden später und 600 Meter höher scheint er um 10 Jahre gealtert.

Immer wieder sagte Peter etwas, was ich Sekunden vorher gedacht hatte. Aber es war nicht unbedingt notwendig, daß wir nebeneinander standen oder miteinander sprachen, um jene Leitung zu spüren, jene Kommunikationsströme, die von einem Gehirn ins andere übergingen. Auch wenn wir 20 oder 40 Schritte voneinander getrennt höherstiegen, spürte der eine, was der andere tat, sah oder dachte. Und immer derjenige, der an der Spitze kletterte, trug die Verantwortung für die richtige Route und für die beste Spur. Der jeweils zweite ordnete sich bedingungslos unter. Den ständigen Rollenwechsel Führer – Folgender nahmen wir zwar nicht bewußt wahr, vollzogen ihn aber nach jeweils 200 Höhenmetern.
Seit Stunden schon hatte ich die Energie und die mutige Entschlossenheit Peters gespürt, der unterschwellig wußte, daß wir zum Gipfel kommen und am gleichen Tag noch bis zum letzten Biwak absteigen würden. All die Hemmungen und Verunsicherungen, die uns am Tag vorher in der steilen Eisflanke befallen hatten, waren von uns abgebröckelt. Eine breite Ruhe begann sich in uns auszudehnen.
Als am späten Vormittag die Höhe mit jedem Schritt spürbarer wurde, rasteten wir öfter. Peter, der jetzt wieder vorauskletterte, bemühte sich nicht nur, gleichmäßige Stapfen in den harten Firn zu schlagen, sondern auch kleine Stufen zu nehmen. Plötzlich unterbrach er die Stille einer Rastpause, indem er mir zurief:
»Wie geht's denn, Reinhold?«
Ich erhob mich kurz von meinem Pickel, und als ich den Kopf zurücklegte, mußte mir wohl ein optimistisches Grinsen geglückt sein.
»Wir sind schnell genug«, sagte ich, »wir werden es schon schaffen.«
Dann atmete ich wieder hastig und auf den Pickel gestützt, wie immer in den Erholungspausen. Bevor ich weiterkletterte, tauschte ich mit Peter einen Blick. Ich war im Begriff, an ihm vorbeizusteigen, da wurde ich von ihm unterbrochen. »Da oben, das muß der Grat sein, der Gipfelgrat.«

Feine Schneekristalle schwebten zwischen uns und dem tiefblauen Himmel. Abwechselnd kam und verschwand ihr Gefunkel. Der Schneestaub hing in der Luft wie in einem eigentümlichen, schwerelosen Raum. Das Beruhigende dieses Vorgangs wurde noch verstärkt durch die Tatsache, daß in der Wand völlige Windstille herrschte, daß weit und breit keine Wolke zu sehen war. Zum ersten Mal bei einem Aufstieg zu einem Achttausender-Gipfel schien die Luft um mich herum stillzustehen, schienen alle atmosphärischen Kräfte aufgehoben. Sogar die Sonne war relativ warm, und nicht einmal der Atem gefror mir an den Fransen des Bartes, die von der Oberlippe in den Mund hingen. Keiner von uns sprach. Keiner brach das Schweigen. Die Tiefe des Himmels und die glasige Luft erinnerten mich an einen Flug von Djakarta nach Singapur.
Die Steilheit der Wand wurde jetzt weniger. Je höher wir stiegen, um so mehr neigte sich der Hang. Er zwang uns förmlich, in eine Scharte hinaufzuklettern, die zum Greifen nahe schien.
Leise erst, doch allmählich immer lauter werdend, erhob sich ein Brausen über unseren Köpfen, ein Brausen wie von einem riesigen Blasebalg.
Als Peter den Grat erreicht hatte, spielten die Sonne und der Wind in seinem Haar. Bei mir unten war die Luft noch ruhig. Ich stapfte jetzt in der Hoffnung aufwärts, Peters weiteren Aufstieg filmen zu können. Bis in die letzte Faser davon überzeugt, daß wir es bald geschafft hatten, sagte Peter nur diesen einen Satz:
»Das ist der Gipfelgrat.«
Dabei zerrte er wieder den Pickel aus dem Firn und stieg weiter. Der Wind war hier stark, aber nicht unangenehm. In ihm erstarben die Geräusche meines hechelnden Atems und der unregelmäßigen Schritte im Firn.
Am Grat zwischen Nordwestwand und Südwestflanke angelangt, tat sich über dem Ostgipfel des Hidden Peak das Bild Tibets vor uns auf, ein Bild, demgegenüber alles verblaßte, was ich bisher an Weite gesehen habe. Eine Gebirgslandschaft in Grau und Weiß, die sich von Felskamm zu Felskamm ins Unendliche fächerte. Die einzelnen Höhenrücken wirkten wie gigantische, plötzlich zu Stein gewordene Sturmwellen. Links davon die höchsten Gipfel des Karakorum, gleich drei Achttausender: Gasherbrum II, Broad Peak, K 2; Grenzberge zwischen Tibet und Pakistan. Wie irrational griffen sie in den schwarzblauen Himmel, sie lähmten den Mut, vergegenwärtigen mir unsere eigene Höhe und Einsamkeit.
Diese Einsamkeit war überwältigend. Wenn ich daran dachte, wie lange wir gebraucht hatten, um bis hierher zu gelangen, schien sie mir eine Ewigkeit. Sie war aber auch still, schweigsam wie der durchsichtige Raum über den Gipfeln, in dem nur noch die Sterne sich drehten. Ich hatte mir diese Einsamkeit immer gewünscht. In vielen Jahren hatte ich mir die Unabhängigkeit dafür erworben. Nun fand ich erstmals die Ruhe, sie zu erleben.
Hier, in nächster Nähe des Gipfels, stand die Welt zeitlos still. Das Brausen des Windes und das Summen aus dem Innern des Berges bildeten einen Teppich über den Tälern, so groß wie das Meer. Dieses anhaltende, wogende Geräusch. Die gleiten-

den Farben im gezackten Rund trafen am Gipfel zusammen in Schwarz und Weiß. Die Atmosphäre war von Ruhe geprägt, nicht von der lähmenden Ruhe des Todes, sondern von der befreienden Ruhe der Leere, die leicht und sorglos im Raume stand. Alle Geräusche waren wie tiefes Schweigen, jede Bewegung nicht Arbeit und nicht Hoffnung, nur Sein. Das Sein war Frieden, völlig ungestört vom fernen Gang der Jahrtausende.

Im Sucher der Kamera war Peter kaum auszumachen. Seine dunkle Gestalt verschwamm mit dem schwarzen Hintergrund des Himmels. Nur wenn er einige Schritte in die Westflanke abstieg, konnte ich seine Füße im Firn sehen. Jetzt stand er oben auf der höchsten Wächte, scheinbar aufgelöst im Nichts. Ich vermochte nicht zu sagen, wie weit es bis zu ihm war.

Bei dem Gedanken, den Gipfel nach diesem zähen Aufstieg als erster zu betreten, überkam ihn ein Triumphgefühl, eine starke innere Erregung. Ich bemerkte, wie seine Müdigkeit wich und wie er unversehens seinen Schritt beschleunigte.

Daß er oben war, merkte er in dem Augenblick, als er westseitig bis zum Abruzzi-Gletscher sehen konnte. Um sich nochmals zu vergewissern, stieg er an der Gegenseite bis zum ersten Felszacken ab und schlug dort den einzigen Haken ein, den wir bis zum Gipfel mitgenommen hatten. Als er auf die Firnkuppe zurückkehrte, trafen wir zusammen, umarmten uns. Peter konnte die Freudentränen nur schwer zurück-

Rast auf dem Gipfel des Hidden Peak: Blick über Täler und Höhen, ohne allerdings noch viel wahrzunehmen. Eins mit sich und der Welt – eine Art Nirwana.

halten. Lange saßen wir dann schweigend da und schauten in die Runde. Die spontane Erregung wurde schwächer, und mit der Rast kam der Friede zurück. Wieder erwachten die Stimmen der Stille, und eine einschläfernde Müdigkeit schlich sich in unser Denken, Schauen, Fühlen. Nur die Spuren der Steigeisen im harten Firn und der Pickel mit der winzigen Europafahne neben dem Rucksack erinnerten daran, daß wir auf dem höchsten Punkt des Hidden Peak saßen.
Die Luft über den Bergen war mit feinen Zeichnungen übersponnen. Zeichnungen, die sich um einen Mittelpunkt scharten, hie und dort mit purpurnen und goldenen Flecken durchsetzt. Die Gipfel selbst – Baltoro Kangri, Chogolisa, Masherbrum, Mustagh-Turm, die Gasherbrums, Broad Peak, K 2 – bildeten ein Chaos aneinandergelehnter Flanken und Wände. Da und dort versperrten sie die Aussicht. Hinter ihnen verschwammen dunklere Felskämme und Himmel zum Horizont. Darüber standen wie weiße Minarette Wolken, Nebel und zeitweise bunte Blumen.

Wir saßen am Gipfel, im Mittelpunkt eines unendlichen, leeren Raumes. Tief unten in den Tälern lag milchiger Dunst. Der Horizont um mich wuchs wie die Leerheit in mir. Und meine tiefen Atemzüge verdichteten sich zu spontanen Erscheinungen in einem reinen, visionären Kreis. Mit einem unbeschreiblichen Gefühl der heiteren Gleichgültigkeit erwachte ich aus diesem Zustand der Harmonie, aus einer Art Nirwana. Wir mußten absteigen, zurück ins Biwak.
Jeder suchte sich jetzt – Gesicht zur Wand – seinen eigenen Weg neben der Aufstiegsspur. Jetzt war all mein Planen und Denken nicht mehr auf den Gipfel bezogen, sondern auf das Basislager und darüber hinaus schon auf daheim. Sprunghaft tauchten im Unterbewußtsein Gedanken auf, die beim Aufstieg nicht dagewesen waren: »Wir waren oben.« – »Mein dritter Achttausender.« – »Der erste Mensch, der drei Achttausender bezwungen hat.«
Wir rasteten jetzt weniger oft, hatten Müdigkeit und Zeit vergessen.
Nach weniger als zwei Stunden waren wir 100 Meter über der »Sichel«, das Terrain begann flacher zu werden. Ich zwang mich aufzupassen, wie ich mich beim Aufstieg gezwungen hatte, einen Schritt vor den anderen zu setzen.
Im klaren Licht der späten Nachmittagssonne stolperten wir auf das Zelt zu, das wir lange vorher schon mit den Augen fixiert hatten. Das Abendessen bestand aus Suppe, Tee und Schokolade. Danach legten wir uns ins Zelt, lauschten auf die Laute des Abends und freuten uns über den klaren Sonnenuntergang. Schließlich zogen wir die schweren Außenschuhe von den Füßen und krochen in den Schlafsack.
Ich schlief gut, aber dann, im ersten Morgengrauen, hämmerten Zahlen durch mein Bewußtsein: fünfzehn, sechzehn, siebzehn... Mein Gehirn zählte, immer wieder von vorne beginnend, ohne Ergebnis und ohne Sinn, zählte immer noch Schritte.
Peter fuhr aus seinem leichten Schlaf auf. Er schnappte nach Luft, wie jemand, den man in einen Plastiksack gesteckt hat. Der starke Wind und das Geflatter der Zeltwände bildeten sofort eine akustische Brücke vom engen Zelt zur kalten Nacht in mehr als 7000 Meter Meereshöhe. Peter öffnete und schloß ein paarmal seine Augen,

blickte sich im Dämmerschein um, versuchte sich zurechtzufinden. Es war ungefähr 5 Uhr morgens.
Jetzt sahen wir, daß das Zelt am Fußende aufgerissen war. Der Wind trieb feinen Pulverschnee herein, der sich am Kopfende aufstaute. Im Schlaf hatte wohl einer von uns die Ausrüstungsgegenstände, die wir am Abend am Fußende des Zeltes abgelegt hatten, zu sehr an die Stirnwand des Zeltes gedrückt, so daß der Sturm sie zerreißen mußte. Peter hatte tief geschlafen. Die veränderte, dramatische Situation, so schrecklich sie war, vermochte ihn doch nicht aus der Ruhe zu bringen.
Langsam begann die Schwere der Beine einer Unruhe zu weichen, die ein leises Zucken in den Füßen nach sich zog. Um dem eisigen Schnee zu entgehen, der immer wieder über mein Gesicht wehte, schob ich mir die Daunenjacke, die ich nachts auf den Schlafsack gelegt hatte, über den Kopf. Meine Bewegungen waren ungeschickt, irgendwie automatisch, so, wie wenn jemand im Schlaf seine Decke zurechtrückt. Der Wind fuhr so eisig durch das Zelt, daß ich es nicht mehr länger aushalten konnte. Ich erhob mich halb, um die Lage zu kontrollieren. Haare und Pullover waren schneeverklebt, am Fußende des Zeltes wirbelte ständig neuer Schneestaub herein. Im Zeltinnern war es jetzt wie draußen: stürmisch und unangenehm. Nur unserer Müdigkeit war es zuzuschreiben, daß wir so spät aufgewacht waren.
An allen Graten pfiff der Wind. Ein Rauschen und Dröhnen, das unsere Gespräche und das Flattern der Zeltplanen übertönte. Der Wind zerrte mit solcher Kraft an allem, was herumlag, daß ich das Gefühl nicht loswerden konnte, daß er uns mitsamt dem Zelt einfach wegtragen würde.
Ich öffnete den Zelteingang und hatte augenblicklich das Gefühl, in einem Gebläse zu liegen. Instinktiv griffen Peter und ich nach den Habseligkeiten, die lose im Zelt herumlagen, suchten unsere Rucksäcke und verstauten alles in ihnen, was wir nicht anziehen wollten. Dann legten wir sie ins Freie und hatten im nächsten Augenblick auch schon selbst das Zelt verlassen. Wir zogen die Schlafsäcke heraus und bemühten uns, sie im Sturm zusammenzufalten. So schnell wie möglich wollten wir die Lagerstätte verlassen. Als wir die Schuhe anzogen, begannen die ersten Kleidungsstücke davonzufliegen, und mit einem hastigen Blick prüften wir, ob Steigeisen und Pickel noch dalagen.
Wir saßen auf unseren Rucksäcken und schauten zu, wie der Sturm das Zelt zerfetzte. Jetzt, wo es leer und leicht war, hing es wie ein gespannter Fallschirm an den Schnüren. Die Felsstücke, die wir am Abend vorher als Verankerungspunkte hingelegt hatten, waren an der Eisfläche angefroren, so daß sie hielten. Einige der Schnüre waren inzwischen gerissen, und eine lose Ecke des Zeltes flatterte so stark, daß es wie Peitschenhiebe knallte.
Wir mußten – obwohl noch müde vom Gipfelgang und der starren Nacht – den Abstieg ins Gasherbrum-Tal fortsetzen. Keiner von uns beiden kam auf den Gedanken, ihn hinauszuschieben. Wir wußten: Je länger wir hier oben blieben, um so beschwerlicher wurde der Abstieg, und je früher wir ins Tal zurückkamen, um so besser war es. Wieder einmal nahmen wir nur das Allernötigste mit und ließen alles –

Gaskocher, überflüssige Nahrungsmittel und auch Klettermaterial –, was wir in den nächsten Tagen nicht mehr brauchten, oben zurück. Diese Gegenstände würden in einigen Tagen vom Sturm weggeblasen oder im Eis eingefroren sein. Als wir nochmals die Rucksäcke kontrollierten und unsere Schlafmatten mit einer Reepschnur zusammenschnürten, stieß ein Windstoß das Zelt um.
»Wir können froh sein, daß wir rechtzeitig ausgezogen sind«, sagte Peter.
Obwohl jetzt jene Spannung, die uns beim Aufstieg Schritt für Schritt weitergetrieben hatte, verflogen war, waren wir nach wie vor voll konzentriert. Wir wußten, daß auch der Abstieg den ganzen Mann forderte. Bei den Bedingungen, wie wir sie jetzt vorfanden, war der Abstieg entschieden schwieriger als der Aufstieg.
Wenn wir die ersten 1000 Meter lebendig herunterkommen wollten, mußten wir uns voll einsetzen, mit aller Kraft und mit allem Können zusammenarbeiten. Wir konnten uns in dieser Wand ruhig etwas verausgaben, denn wichtig war, daß wir das flache Gasherbrum-Tal überhaupt erreichten. Tiefer unten würden wir schon weiterkommen, wenn nicht mehr gehend, dann wenigstens kriechend.
Die Genugtuung über den sensationellen Erfolg, die erste Zwei-Mann-Expedition auf einen Achttausender, war nun in den Hintergrund getreten. In der Tat war das angesichts des schwierigen Abstiegs völlig bedeutungslos. Immer noch saßen Peter und ich am Rand der kleinen Schotterterrasse, die das schräg einfallende Morgenlicht zaghaft erhellte. Die umliegenden Gipfel schimmerten rosa. In den Tälern lag noch die Nacht. Dort unten schien es vollkommen ruhig zu sein, kein Sturm.
Peter und ich hatten das gleiche angezogen wie zum Gipfelangriff, nahmen die Rucksäcke mit unseren Fotoapparaten, der Filmkamera, den belichteten Filmen und dem Notproviant auf und begannen mit dem Abstieg. Die wenigen Schritte zum Rand des Plateaus gingen wir etwas unsicher. Der Sturm fuhr uns an, versuchte uns umzuwerfen.

Unheimlich steil fiel die Wand unter uns ab. Es kostete einige Überwindung, den sicheren Boden zu verlassen und in den scheinbar unendlichen Schlund hineinzusteigen. Aber wir mußten hinunter. In der Wand war der Wind weniger stark als am Biwakplatz. Und selbst dort tobte er jetzt nicht mehr so laut wie zuvor. Sobald die Sonne stärker wurde, mußte er ganz abflauen.
Polternd brach ein kleiner Stein unter meinen Steigeisen aus. Es klang ungewohnt laut, das Geräusch übertönte sogar den über unsere Köpfe hinwegzischenden Sturm. Peter drehte den Kopf zur Seite und sah den Steinen nach, die, mit jedem Aufschlag eine kleine Lawine auslösend, in die Tiefe hüpften. An der Geschwindigkeit der fallenden Steine und an dem nicht enden wollenden Fall waren Steilheit und Länge der Wandflucht abzulesen.
Peters Sicherheit und Entschlossenheit litten nicht unter dieser beunruhigenden Gewißheit. Nach wenigen Schritten schon hatten wir beide unser Gleichgewicht und den inneren Rhythmus wieder gefunden, kletterten nun die gleiche Route, über die wir aufgestiegen waren, abwärts. Das Gesicht zum Berg gewandt, machten wir ei-

nige Schritte, wobei wir uns vorsichtig mit den Händen an zwei Felsgriffen festhielten, tasteten dann mit den Händen tiefer, während die Füße nun auf festen Tritten standen. Wieder kletterten wir ganz automatisch nach der Drei-Punkte-Regel. Dann verschwand Peter unmittelbar unter mir in einem Kamin. Zwischen meinen Beinen durchblickend, konnte ich seine Bewegungen verfolgen.

An diesem Morgen hatten wir keine Zeit gehabt, den Tagesablauf in aller Ruhe zu besprechen. Auch jetzt flogen ab und zu nur Wortfetzen von einem zum anderen.

»Es ist gar nicht so schwierig, wie ich gedacht habe«, sagte Peter.

»Ja«, brummte ich.

Peter fuhr fort, wie in Trance tiefer zu klettern. Immer wieder, wenn er einen sicheren Felsvorsprung erreichte, wartete er und ließ mir den Vortritt, so daß er sich beim Nachsteigen etwas ausruhen konnte. Wenn ich vorausging, bemühte ich mich, aus der Fallinie unserer Abstiegsroute leicht herauszuqueren, um so nicht etwaigem Steinschlag von oben ausgesetzt zu sein. Das war aber nicht immer möglich, und besonders dort, wo wir uns an schmale Rinnen halten mußten, kletterten wir manchmal unmittelbar übereinander. Jedes Steinchen, das der obere auslöste, hätte den unteren aus der Wand schlagen können, wenn die Fallgeschwindigkeit groß genug wurde. Wir bemühten uns deshalb, den Abstand möglichst klein zu halten, in unserer Müdigkeit nicht gleichgültig zu werden.

»Vorsicht, Stein!«

Ich blickte hinauf zu Peter, sah einen kleinen schwarzen Punkt, der sich direkt unter seinen Füßen gelöst hatte und jetzt auf mich zukam. Im nächsten Augenblick wich ich aus und schaute der rollenden Kugel nach, wie sie in der Tiefe verschwand.

»Ist etwas passiert?« rief Peter erschrocken.

Ich hielt unwillkürlich einen Herzschlag lang die Luft an, ehe ich antwortete.

»Nein.«

Peter musterte den Fels, an dem er jetzt stand, wich dann nach rechts aus, um dort über weniger gefährliches Gelände eine Rinne zu erreichen.

Unser Abstieg vollzog sich anfangs mit quälender Langsamkeit. Der Schnee war teilweise mehlig, so daß die Steigeisen an den Felsen kratzten, teilweise war er harschig und darunter so hart, daß die Steigeisen nicht bis zum festen Grund durchstoßen konnten. Es galt nun, jeden Fuß so zu setzen, daß er nicht plötzlich einbrach oder abglitt, immer so, daß er einen Gegendruck spürte. Der Schnee krallte sich hier in die 60 Grad geneigten Rinnen. Er war wohl nur deshalb liegengeblieben, weil diese Schlunde schmal waren. Immer wieder verengten sie sich wie Flaschenhälse.

Im Gegensatz zum Aufstieg konnten wir jetzt beim Abstieg weit mehr Schritte machen, ohne rasten zu müssen. Bei den Verschnaufpausen genügte es mir nicht mehr, einfach nur dazustehen; ich war bemüht, eine kleine Stufe in den Firn zu schlagen, um beide Füße waagrecht aufsetzen zu können.

Im Grunde war dieser Abstieg kein kompliziertes Vorgehen, aber auch nicht eintönig. Er forderte viel Energie, auch wenn wir jetzt mit jedem Schritt in die Tiefe in sauerstoffreichere Luft gelangten. Immer mehr kam ich zu der Überzeugung, daß

eine Sicherung, wie wir sie uns zwischendurch gewünscht hatten, nicht viel Sinn gehabt hätte. Wir hätten nicht immer einen sicheren Standplatz bauen können. Eine Sicherung erfüllt auch in derartigen Wänden nur dann ihren Zweck, wenn der Sichernde genügend Haken unterbringen kann, an denen er sich selbst befestigt.
Das letzte, unterste Drittel des Abstiegs war das anstrengendste und deshalb gefährlichste. Die Wand war hier steil und teilweise blank, so daß wir nur die vordersten Spitzen der Zwölfzacker einrammen konnten. Wir hielten das Gleichgewicht mit dem Pickel in der Rechten und einem Haken in der Linken, rasteten öfter als früher. Wir arbeiteten immer noch ohne Sicherung – bis auf den psychologischen Rückhalt, den die Anwesenheit des anderen jedem von uns gab. Jedes Abrutschen hätte unweigerlich zum Absturz geführt, und obwohl die Wand unten flach auslief, bestand keine Chance, den Sturz bis ins Gasherbrum-Tal zu überleben. Nicht, daß wir in diesen Stunden an unsere Verantwortung dachten, aber wir kletterten mit größter Umsicht. Und dies trotz der ständigen Anspannung. Obwohl wir jetzt recht flott tiefer kamen, empfanden wir unsere Geschwindigkeit als Schneckentempo. Bei jeder Rastpause berechnete ich im Geiste die Strecke, die noch bis zum Wandfuß fehlte.
»Jede einzelne Stufe aus dem Eis hauen, um dann richtig rasten zu können. Mit dem schweren Rucksack beim Klettern nicht das Gleichgewicht verlieren.« Das waren meine Gedanken, die meinen Willen immer wieder von neuem ankurbelten.
In vier Stunden hatten wir etwa 600 Höhenmeter geschafft. Ebenso viele fehlten noch bis zum Bergschrund, der unten als ganz schmaler schwarzer Streifen zu erkennen war. Peter keuchte vor Erschöpfung. Die eisige Luft der immer noch schattigen Wand fuhr ihm stechend in die Lungen. Seine Arme waren vom ständigen Druck auf Haken und Eispickel bleiern schwer, seine Füße drohten ab und zu nachzugeben. Wenn er stehenblieb, um einige Minuten zu rasten, wurde eine Qual gegen die andere ausgetauscht. In jeder Ruhepause sackte eine lähmende Schwere in seine Beine, das Stechen der Lungen war dann noch stärker spürbar, und seine Muskeln wurden von krampfähnlichen Spannungen zusammengezogen. Er stöhnte vor Übermüdung. Einzelne Rotztröpfchen waren ihm an Bart und Oberlippe zu Eis gefroren. Unser Ziel, das Gasherbrum-Tal, war immer noch in allzu entmutigender Ferne, als daß es sich gelohnt hätte, sich in Gedanken daran zu klammern. Also konzentrierten wir uns auf die Dinge, die unmittelbar vor uns lagen. Auf die schier endlose Eisflanke unter unseren Füßen. Wieder einige Schritte, und wieder einige Schläge in das harte Eis, um eine Kerbe zum Stehen zu haben. Fünf Stunden dauerte dieser Abstieg schon, und immer noch fehlten 300 Höhenmeter bis zum Wandfuß.
Immer häufiger legten wir Ruhepausen ein, die sich länger und länger hinzogen. Ich versuchte, meinen Körper zu betrügen, ihn dazu zu verleiten, die Abstände von Standplatz zu Standplatz größer werden zu lassen. Durch die Suggestion, daß unten alles aus sei, daß unten alles leichter würde, holte ich das Letzte aus ihm heraus.
»Noch einen Schritt, dann kannst du wieder ausruhen.« Dieses »noch einen Schritt« sagte ich immer wieder, und so konnte ich die Kletterstrecken zwischen den Rastpausen nach und nach verdoppeln.

Aus dem Augenwinkel konnte ich plötzlich sehen, daß Peter, der gerade rechts unter mir kletterte, seinen Rucksack abgeworfen hatte. In tollen Sprüngen und Sätzen wirbelte dieser die Wand hinunter, rollte im Gasherbrum-Tal aus. Im ersten Moment war mir bei diesem Schauspiel ein kalter Schauer über den Rücken gelaufen, aber dann merkte ich, daß Peter trotz des fallenden Gewichts die Balance halten konnte und seinem Rucksack gelassen nachsah. Sein rechtes Steigeisen hatte sich offensichtlich gelöst, und um es wieder befestigen zu können, hatte er den Rucksack abwerfen müssen. Mit der unförmigen Last auf dem Rücken hätte er nicht genügend Spielraum gehabt, die Gurte wieder enger zu schnallen.
In diesem Augenblick fiel mir auf, daß auch eines meiner Eisen locker war. Unsicher stand ich in der Wand. Ohne weiter darüber nachzudenken, nahm auch ich die eine Schlaufe des Rucksacks von der Schulter, wand mich etwas, und schon war mir die Last entglitten. Wie Peters Rucksack wenige Minuten vorher, so sauste auch meiner die Wand hinunter. Das erste Stück rollte das rote Bündel, dann machte es gewaltige Sätze. Ich sah noch, wie es über die Randspalte schwirrte und unten in mehrere Stücke zerschellte.
Es war mir alles gleichgültig, ob ich den Rucksack wiederfinden würde oder nicht, ob ich die Sachen zurückbrachte oder nicht. Wichtig war in diesem Augenblick nur, daß das Steigeisen hielt und ich nicht selbst die Wand hinunterstürzte.
In Gedanken war ich noch bei unseren beiden Rucksäcken, als ich meinen Abstieg fortsetzte. Plötzlich gab es ein knirschendes Geräusch unter meinem Fuß, und ich merkte, daß sich eine große Scholle, eine Eiskruste, gelöst hatte, sich bewegte. Gerade noch rechtzeitig konnte ich mein Gewicht mit den Armen abfangen. Ein paar kleine Schritte mit den Füßen, und ich hatte wieder Halt. Die Scholle rutschte immer schneller und war bald zu vielen kleinen Stücken zerstoben.
Instinktiv versuchte ich jetzt mein Gewicht gleichmäßig auf Arme und Beine zu verlagern, um so eine größere Haltefläche zu haben. Um die Gefahr des Ausgleitens in jedem Augenblick auszuschalten, kletterte ich immer noch mit Pickel und Stichel.
Während der Rastpausen dachte ich an überhaupt nichts. Peter hatte sich auf einer relativ angenehmen Stufe zusammengekauert und das Steigeisen wieder in Ordnung gebracht. Seine Augen waren starr, und der Schnee, der überall an seiner Kleidung klebte, ließ ihn wie ein Stück Fels mitten in dieser blanken Eisfläche erscheinen.

Eine Stunde später lasen wir im Gasherbrum-Tal unsere Rucksäcke auf.
Durst! Wie ein Stück Leder klebte die Zunge am Gaumen. Staub und Erde im Rachen. Seit dem Abend vorher hatten Peter und ich nichts mehr getrunken. Nun strebten wir lechzend dem Biwakplatz zu, wo wir nicht nur einen Kocher, sondern auch einige Gaskartuschen zurückgelassen hatten.
Der Himmel hatte jetzt die Farbe von Wasser auf moosgrünen Steinen. Weit draußen im Gasherbrum-Tal ein kleiner See. Nein, das war eine Spalte, der lange dunkle Fleck rechts vom ersten Lagerplatz war nichts als eine Spalte. War ich schon farbenblind? Verrückt? Geplagt von Halluzinationen?

Peter war ein Stück voraus. Er ging nicht mehr wie ein Mensch, sondern wie eine Maschine, der Wille war sein Motor. Er war zum Umfallen müde, aber er blieb nicht stehen. Er ging und ging und ging, den Oberkörper leicht vornübergebeugt, mit kleinen, gleichmäßigen Schritten. Er wäre nicht wieder hochgekommen, wenn er sich jetzt hingesetzt hätte.
Nach einer vierstündigen Rast auf dem Biwakplatz rappelten wir uns wieder auf, stopften in die Rucksäcke, was wir unbedingt zu brauchen glaubten, und begannen mit dem Abstieg über die Eisbrüche in Richtung Basislager.
Wir kamen nicht weit. Der Schnee war noch weich, die Sonnenglut unerträglich. Nach 200 Metern – Peter war gerade ein zweites Mal in eine Spalte getreten – beschlossen wir, an die alte Biwakstelle zurückzukehren und am anderen Morgen erst abzusteigen.
Der Abend und die Nacht vergingen wie im Flug. Langsam wich die Müdigkeit aus unseren ausgetrockneten Körpern. Gegen Morgen setzte der Wind fast ganz aus. Statt des Flatterns der Zeltwände war nur ein leises Singen zu hören. Die ungewohnte Stille machte mich schläfrig und benommen. Eine Zeitlang dösten wir noch vor uns hin, im Unterbewußtsein das Heulen des Sturmes aus der vergangenen Nacht noch immer im Ohr, das Zerren am Zelt in den Knochen. Mir war, als sei eine nächtliche Fahrt im offenen Wagen plötzlich zu Ende. Es trieb feinen Schneestaub durch die Entlüftungsöffnungen in die Biwakhülle.
Als Peter und ich aus dem Biwaksack krochen, bröckelte der Schnee, der sich nachts zwischen unseren Schlafsäcken angesammelt hatte, ab und lag nun auf den gelben Isoliermatten.
Peter richtete sich auf, versuchte sich zu strecken. Es blieb beim Versuch. Er blickte um sich: Felsen, Berge, darüber ein Stück Himmel, im Süden die Gipfelwand des Hidden Peak, die jetzt jede Sicht nach Tibet versperrte.
Der Himmel hatte immer noch jene weißblaue Farbe, die eine andauernde Schönwetterperiode vermuten ließ. Nur im Osten hing eine Goldtönung über dem Horizont. Das Blau in den Tälern war noch durchsichtig, der Schnee in der Morgendämmerung schmutziggrau.
Der Abstieg ins Basislager am Morgen des 12. August glich einem Spaziergang. Die Rucksäcke halbleer, der Schnee hart, alle Gletscherbrücken gefroren. Die beiden Eisbrüche hatten sich zwar verändert, wir fanden trotzdem einen Weg.
Die Bergsteiger der polnischen Gruppe, all jene, die nicht mit Wanda Rutkiewicz, der Leiterin, in den Hochlagern saßen, waren die ersten Gratulanten. Sie sprachen von einer neuen Epoche des Sport-Alpinismus, die wir eingeleitet, und einem neuen, logischen Weg, den wir einer jungen Generation von Abenteurern gezeigt hätten. Erstmals wäre es uns gelungen, den sportlichen Schwierigkeitsalpinismus in die größten Höhen, in die letzten von Erschließung und technischer Nutzung verschont gebliebenen Winkel zu tragen.
Wir selbst hatten uns bei unserer Planung weniger von diesen Gedanken leiten lassen als vielmehr von der Faszination dieses härtesten Ödlands der Erde, von der

Frage nach der Lebensfähigkeit zweier Menschen in der letzten Einsamkeit einer Grenzsituation. Diese Expedition hat mir nicht nur bewiesen, daß man einen Achttausender zu zweit genauso wie einen Alpenberg besteigen kann, sie gab mir auch eine Antwort auf die Frage nach der existentiellen Grundsituation des Menschen, und schon hatte ich begonnen, mich in einem neuen Verhältnis zur Welt zu sehen.
Manchmal dachte ich daran, was gewesen wäre, wenn wir am Gipfel des Hidden Peak eingeschlummert oder wenn wir gar nicht bis dorthin gekommen wären. Für die Welt blieb es einerlei. Nur Peter und mir hätte eine weitere Dimension unseres Seins gefehlt.
Am 13. Juli hatten wir Skardu Richtung Basislager verlassen. Am 13. August verließen wir zusammen mit Khaled das Basislager zum Rückmarsch nach Skardu. Genau vier Wochen lang hatten wir uns für den Gipfel akklimatisieren können, genau fünf Tage hatten wir für die eigentliche Besteigung gebraucht. Wir waren dabei den Grazern um einen Tag zuvorgekommen, und dies, obwohl sie zwei Wochen vor uns aufgebrochen waren, für den Gipfelangriff Sauerstoffgeräte und Hochlager eingesetzt hatten. War unser System deswegen das bessere?
Nein, da gab es kein besser oder schlechter, unser System war nur anders gewesen. Schell hatte vorbildlich operiert. Er darf sich rühmen, eine der kleinsten Expeditionen geführt zu haben, die je einen Achttausender-Gipfel erreicht hat.
Am zweiten Tag des Rückmarsches, auf dem Weg von Concordia nach Urdukas, entlud sich ohne jede Vorankündigung ein Eisregen über uns. Es war unmöglich, abzuschätzen, wie lange er wohl dauern würde. Naß, trüb die Sicht. Eine Brühe, die sich zusammensetzte aus Nebeln, peitschendem Regen, Hagel und Schnee, den uns der Wind direkt ins Gesicht trieb. Wie viele kleine Nadeln stachen die Graupelkörner auf der Haut. Schmerzen im Gesicht, Wasser, das vom Haar über den Rücken bis in die Schuhe lief, Gefühllosigkeit in den Zehenspitzen. Dazu reißende Bäche, nasse Steine und dieses gleichmäßige, ohrenbetäubende Rauschen, wenn wir an Flüssen vorbeikamen, das ununterbrochene Pfeifen des Windes. In der Ferne ab und zu das Getöse von Lawinen, die links oder rechts vom Gletscher niedergingen. Nicht selten verliefen wir uns und mußten, wenn wir zwischen den Spalten nicht zurechtkamen, ein Stück des Weges wieder zurückgehen, eine andere Route suchen.
In Urdukas, wo wir unser zweites Rückmarschlager aufschlugen, dauerte es keine halbe Stunde, dann herrschte völlige Stille, der Wettersturz war vorüber.
Auch unsere Aufregung, die uns in den Stunden während des Gewitters erfaßt hatte, klang ab wie der Regen, und so sauber jetzt die Steine und das Gras hier waren, so klar waren auch meine Gedanken.
Mit der Wasserflasche in der Hand machte ich mich auf die Suche nach einer Quelle. Da hörte ich ein schwappendes Geräusch in den Schuhen. Die Füße eisig kalt und dazu Wasser bis zu den Knöcheln. Ich mußte erst die Kleidung wechseln.
Die Quelle, aus der wir beim Anmarsch getrunken hatten, war inzwischen versiegt. Ich suchte weiter, bis mir ein leises Geräusch, ein gleichmäßiges Tropfen zwischen den Steinen, den richtigen Weg wies. Mit Mühe fand ich die unterirdische Quelle,

Der Gipfelaufbau des G III, von polnischen Bergsteigerinnen unter der Führung von Wanda Rutkiewicz 1975 erstbegangen.

die zwar wenig, aber immerhin Wassser hergab. In zwanzig Minuten war meine Flasche gefüllt.

Am nächsten Vormittag standen wir oberhalb von Liligo vor einem milchig-grauen Gletscherbach. Jetzt aber stellte ich mir nicht mehr wie beim Anmarsch die Frage: »Wie werden wir ihn überqueren?« Nun wußte ich, daß es ging. Die Ungewißheit, die zu Beginn unseres Unternehmens nur zögernd gewichen war, kam jetzt gar nicht erst auf. Wir wurden entschlossener mit jedem Tag und jedem Schritt, den wir hinter uns brachten. Jetzt waren die Hindernisse keine Hindernisse mehr, sie wurden einfach genommen. Das bedurfte keiner Selbstüberwindung, wir fürchteten keine Mühen und Gefahren mehr. Nicht die mindesten Bedenken, den Fluß zu überqueren. Beim Anmarsch hätten wir hier nicht nur gezögert, wir hätten vielleicht eine ganze Nacht lang gewartet, bis die Wassermenge zurückging.

Woher kam plötzlich diese Entschlossenheit, diese Härte gegen uns selbst? Vielleicht aus dem Wissen, daß wir uns nicht mehr zu schonen brauchten, vielleicht hatten wir gelernt, Hitze und Hunger, das harte Leben hier zu ertragen. Wir brauchten nicht mehr zu sparen mit unseren Kräften, unserem Mut, unserer Haut. Wir waren rücksichtslos mit uns selbst, am Anfang jeder neuen Schwierigkeit gelassen, dann ohne alle Bedenken.

Ich tastete in der eisigen Brühe mitten im Fluß, die Beine gefühllos. Ich zögerte nicht, jedenfalls so lange nicht, bis mir das Wasser am Bauch stand, erst dann blieb ich stehen. Die Steine, die an meine Schienbeine schlugen und die mich mit jedem Stoß ein Stückchen flußabwärts schoben, taten nicht weh, auch wenn da nachher blaue Flecken waren.

Peter folgte, wir stützten uns gegenseitig mit den Händen, balancierten. Als wir noch in der Strommitte gegen die Fluten kämpften, hatten wir das andere Ufer im Geiste schon berührt. Mit den Augen saugten wir uns an ihm fest und tasteten, den Atem anhaltend, in den tiefsten Strudel. Das Wasser bedrängte uns, trieb jedoch keinen ab – so fest hing jeder mit seinen Augen am jenseitigen Ufer.

Unsere Rückkehr in die Niederungen war ein einziger Gewaltmarsch. Tag für Tag wurden die Etappen über den unbarmherzigen Baltoro-Gletscher länger.

»Einmal und nie wieder!«

Wir gingen wie in Trance, die Lippen aufgerissen, Hautfetzen an Nase und Wangen. 50 Kilometer in zehn Stunden.

Zwei Tage blieben wir in Askole, dem ersten Dorf: Wiesen, Bäume, Menschen! Wie Musik die Geräusche am frühen Morgen: Das Zirpen der Grillen und Zikaden, das Singen und Schlagen der Vögel, irgendwo krähte ein Hahn, dazwischen bellte ab und zu ein Hund, Bauern, die ihre Ochsen auf den Feldern antrieben, Kindergeplärr, Mädchenstimmen.

Trotzdem, wir wollten weiter. Wieder endloses Ödland.

»Da waren wir noch nie.«

Peter konnte sich an viele Passagen nicht mehr erinnern. Der Gedächtnisschwund, der bei jeder ähnlichen Achttausender-Besteigung unvermeidlich ist, machte sich bemerkbar.

Ich erinnerte mich an einen Ausspruch von Uschi. Einem neugierigen Journalisten gegenüber, der dem Schwanken der Manneskraft in extremen Höhen auf der Spur war, hatte sie geäußert:

»Der Reinhold geht so lange, bis er seine eigene Frau nicht wiedererkennt.«

Wie es ihr jetzt wohl ging?

Während ich am Lhotse gewesen war, hatte sie sich immer gut gefühlt. Sie hatte sich wenig Sorgen gemacht, kaum je Angst gehabt. Sie wußte, die Mannschaft war erfahren, und in wenigen Wochen, vielleicht schon zum Gipfelsturm, würde sie bei uns sein.

Nun, bei der Hidden-Peak-Expedition war alles ganz anders. Uschi war angespannt, müde. Sie grübelte viel über alles nach. Ich glaube, es ist eine Frage der inneren Har-

monie. Fühlt man sich als ein Teil der Umwelt, eines Freundeskreises, so ist es leicht, heiter und gleichmütig zu sein. Sie aber hatte sich ziemlich ausschließlich auf mich konzentriert, und obwohl sie im Grunde ein Mensch ist, der gut allein sein kann, kam sie sich jetzt verlassen vor, nicht nur einsam. Durch ein ganzes Mosaik von widrigen Umständen vollständig aus der Bahn geworfen, konnte sie diese Isolation nicht ertragen.
Während des Rückmarsches konzentrierte ich mich auf Uschi wie auf eine greifbare Vision. Ihr Bild begleitete mich tagsüber beim Gehen, nachts erschien es mir im Halbschlaf. Zwischendurch Angstträume, wie immer, wenn ich nach großen Expeditionen auf dem Weg zurück in die Zivilisation war.
Nur für eine halbe Stunde in den Ästen des ersten Aprikosenbaumes in Tschongo konnte ich alles vergessen.

Immer wieder floß der Genuß des Gehens durch meine Glieder. Als ob der ganze Körper leichter geworden wäre, gleichzeitig auch stärker.
»So könnte ich jahrelang dahinmarschieren, immerzu gehen, gehen.«
Die Terrassenkulturen in der Talsohle erschienen an diesem Vormittag sumpfig. Überall Wassergräben und Pfützen, die in der Sonne glitzerten. Ein krasser Gegensatz zu den braunen ausgedörrten Berghängen darüber, die unmittelbar aus dem Tal aufsteigen. Trotz der frühen Stunde stand die Sonne schon hoch, die Luft über den Feldern aber war noch angenehm, fast kühl. Sie erweckte in meiner Haut die Erinnerung an Frühling, an den Frühling in Südtirol. An einen Tag im April vor mehr als 20 Jahren, mit Blumen auf den Wiesen und Bächlein, feuchter Erde und frischem Laub. Eine Zeit, die zu den wenigen wahrhaft frohen Wochen meines Lebens gehörte.
Seit wie vielen Jahren war ich im Frühling nicht mehr daheim gewesen? Seit sechs, seit sieben? Das Frühjahr war überall anders, und überall auf der Welt kam es zu einer anderen Zeit. Daheim aber war es weicher, die Wiesen wie Spannteppiche, die Luft so klar wie frisches Wasser. Auch hier war die Erde feucht und warm – ich zog sogar die Schuhe aus –, aber weniger jung.
»Im nächsten Frühjahr will ich daheim bleiben.« Dieses Versprechen entlockten mir meine nackten Fußsohlen.
Es war noch früher Morgen, als wir Tschongo verließen. Das Geräusch stürzender Wasser mischte sich hoch in der Luft mit dem Wind zu einer auf- und abschwellenden Symphonie, die uns ständig begleitete. Wir hatten die Hemden abgestreift und marschierten mit nackten Oberkörpern durch die Felder, an strauchbestandenen Wassergräben entlang. Das taufrische Laub strich mir um Brust und Arme. Die Wassertropfen blieben an der Haut hängen wie an Blütenblättern.
Wie schmal meine Arme geworden waren. Die Arme, mit denen ich mich an bleistiftbreiten Leisten hatte hinaufziehen können, sahen jetzt aus wie die Arme irgendeines untrainierten Büroangestellten.
Ich wog noch 59 Kilogramm, hatte 16 Pfund verloren.
»Die Schottertraverse dürfte jetzt kein Problem mehr sein.«

Der Anblick des Hanges rief noch einmal die schaurigen Bilder des Anmarsches in mir herauf: lastgebeugte Träger, Blut, ein rollender Körper, Khaled wie ein lebender Stein im tosenden Wasser, angstgetriebene Menschen, die die Gischt schluckte und wieder freiließ, weit vorne im Fluß eine abtreibende Last. Damals, vor fünf Wochen, waren die Steine von überall gekommen, auf einer Breite von zehn, 20, 30 Metern nichts als Steine. Steine wie Geschosse, und dazwischen Dreck.
Auch diesmal pfiffen Steinhagel über unsere Köpfe. Wieder hieß es sich ducken, sich unter Vorsprünge pressen. Die Steinlawine war noch keine Sekunde vorbei, als ich aufschaute. Peter lief, während die letzten Trümmer ins Wasser klatschten, schon weiter. Nichts wie raus aus dem schlüpfrigen Schlund, weg, bevor die nächste Ladung kam, bevor es vielleicht zu spät war. Wir standen mittendrin in der Querung, ein Zögern gab es nicht. Fest nahm ich den einen Träger, den wir in Askole angeheuert hatten, am Handgelenk, riß ihn mit, als mir Peter den Wink zum Weitergehen gab. Einige kräftige Sätze, ausbalancieren, damit man das Gleichgewicht wiederfand, und weiter. Die Füße berührten den Steilhang nur kurz. Wenn ein Tritt ausbrach, war ich meist schon darüber, dem nächsten Unterstand näher. Wieder eine abgescheuerte Rinne. Mit der bergseitigen Schuhkante hinein in das weiche Konglomerat, daß die Steine spritzten! Der Träger hinter mir zögerte. Verdenken konnte ich's ihm nicht, trotzdem brüllte ich ihn an.
»Go!«
Keine Sekunde durften wir verlieren. Die Steinschlagpausen waren kurz und gezählt. Er konnte nicht aus, also hetzte auch er vorwärts, dem Ende der gefährlichen Querung zu. Noch 500, noch 400 Meter.
Wir kletterten weiter, immer am Braldo entlang, oft zwei, oft 50 Meter über dem Ufer. Die heimtückische Schotterwand darüber, die uns in keiner Sekunde zur Ruhe kommen ließ. Jeden Augenblick konnte sie wieder lebendig werden, und man wußte nie, wo die Steine dann auftauchten. Auf einer Höhe von 500 Metern kam eine ganze Menge zusammen. Ein Stein riß einen zweiten mit, bei uns in der Querung waren es dann schon Hunderte: faustgroße Steine, topfgroße Trümmer. Sie sprangen über senkrechte Stufen, schwirrten durch die Luft, schlugen auf und zersplitterten in tausend Stücke.
Unter Überhängen oder Vorsprüngen rasteten wir jeweils einige Minuten. Sicher sein konnten wir auch dort nicht. Der ganze Berg über uns konnte zusammenstürzen, ins Gleiten kommen. Da lehnte er nun, der Träger, keuchend, bis in die Haarwurzeln zitternd vor Angst. Ehe wir nicht drüben waren, wenigstens hundert Meter über die Steinschlagzone hinaus, würde sich der Schrecken bei ihm nicht legen.
Der Hang gab plötzlich unter meinen Sohlen nach,- er federte nicht mehr. Also hatte der Fluß, ohne daß es mir aufgefallen war, den Hang untergraben. Blitzschnell hatte ich die Situation erfaßt. Den Blick auf das Blockwerk am Ufer gerichtet, sprang ich hinab. Das Wasser umspülte meine Füße und schlug, als der zimmergroße Erdkeil hinter mir niederging, über meinem Kopf zusammen. Mein Blick flatterte vom Träger zu Peter. Der tat, als sei alles in Ordnung.

»Alles okay?«
»Sahib patschnaß – hoffentlich kommt jetzt nichts von oben – hoffentlich jetzt nicht«, murmelte der Kuli verschüchtert.
»Saugefährlich dieser Hang«, kommentierte Peter nur und gab ihm mit der Hand die Anweisung zum Weitergehen.
»Weiter, wir müssen da heraus!«
Und als Aufmunterung für mich: »Long live the craw!«
Der Kuli stand immer noch unschlüssig unter dem Felsvorsprung, zusammengekauert, geduckt wie in einem Bunker. Die Steilwand war nach jeder Handbreit anders: einmal lehmig, dann schottrig, teilweise senkrechtes, buckliges Gestein. Mit der Schaufel des Pickels scharrte ich ab und zu Stufen aus dem lehmigen Schotter. Sie waren für den Träger eine Art Verpflichtung, uns zu folgen.
Nach diesen lebensgefährlichen Passagen hatte sich meine Müdigkeit schlagartig um ein Vielfaches gesteigert. Wie weit war es noch bis nach Dassu? Stunden oder Tage? Ich hatte kein Verhältnis zur Zeit mehr, hatte aufgehört, sie zu messen, einzuteilen.

Träge trieb ich im Braldo

Wir sahen jetzt wohl aus wie Wüstenfüchse und nicht mehr wie »Romeo und Julia«. So hatte uns ein guter Freund beim Abflug in München getauft. Romeo und Julia auf Expedition! Auch Peter mußte lachen. Und doch war der Vergleich nicht so abwegig: dieses eigenartig Synchrone unseres Handelns, auch jetzt beim Rückmarsch. Wir liebten uns nicht, sprachen sogar wenig miteinander, und doch wäre der eine mit dem anderen in den Tod gegangen, wenn die Naturgewalten nicht für beide einen Ausweg offengelassen hätten.
Jeder Mensch verfügt über eine bestimmte Menge an Energie. Wenn er diese verbraucht hat, fehlt ihm sogar der Wille, gegen den Tod anzukämpfen. Sicher, man kann seine Kräfte regenerieren, aber man braucht Zeit dazu. Von den sechs Expeditionsmonaten war ich jetzt ausgelaugt und müde wie nach schwerer Krankheit. Nicht, daß mich die Beine nicht mehr getragen hätten, es fehlte ihnen aber die Sprungkraft. Diese Hitze und diese Müdigkeit! Dazu die Moskitos in der Nacht. Es klang mir wie Sirenengeheul in den Ohren, wenn sie über meinem Gesicht kreisten.
In Dassu regnete es, wir warteten einen Nachmittag und einen Morgen lang auf den Jeep nach Skardu. Viele Stunden lang fuhren wir durch die von der Sonne gegeißelten Täler, Staubwolken hinter uns herziehend.
Dann war der Hetzmarsch zu Ende, wir saßen wieder in Skardu.
Nach fünf Wochen sah ich mich erstmals wieder in einem Spiegel. Ich hätte graue Haare haben müssen, so alt kam ich mir vor. In 38 Tagen die Erfahrungen eines Lebens; das war zuviel.

Ich ging gleich zur Post. Zögernd, mit dem Gefühl, es gäbe Zärtlichkeiten abzuholen, trat ich ein. Irgend etwas mußte dort für mich sein: ein Brief vielleicht, oder auch nur eine Zeile auf einer Karte. Wenigstens ihren Namen hätte ich gern wieder gelesen. Ihre Schriftzüge schon wären an diesem Tag eine Liebkosung für meine Augen gewesen.
Ich wollte nicht glauben, daß nichts da war, und blätterte lange in gestapelten Stößen von Briefen, so lange, bis ich einen für mich fand: vom Ministerium für Tourismus aus Islamabad. Es war die Verlängerung der Expeditionsgenehmigung bis zum 15. September. Das war allerdings so ziemlich das einzige, was jetzt nicht interessierte.
Zu meiner Müdigkeit kam noch das Gefühl des Verlassenseins, als ich dastand, ohne zu wissen, wie es Uschi ging.
Warten auf Morgen.
»Übrigens, wo ist hier das Telegrafenamt?«
»Rückwärts im gleichen Gebäude«, antwortete der Postmeister freundlich.
Ein Stuhl nur und zwei kleine Tische. Der Beamte stand draußen, er hatte wohl nicht viel zu tun. Dabei war es früher Vormittag. Als ich den Text schrieb, dachte ich: In zwei bis drei Tagen weiß es auch sie.
»Hidden Peak climbed. In love Reinhold.«
Dann schlenderten Peter und ich durch die engen Straßen von Skardu. Ohne Jacke, in den zerrissenen Schuhen. Es war heiß, der Staub hing wie Rauch über den Dächern der Stadt. Immer noch Sommer, wie sechs Wochen vorher. Ein klarer, heller Himmel und kein Wind. Im Gehen sah ich all die Läden wieder, wo ich damals eingekauft hatte.
Warum bei diesem schönen Wetter kein Flugzeug starten sollte, verstand ich nicht, mußte mich aber mit der Tatsache abfinden. Ich kannte ja dieses Lotteriespiel bereits. Und so spazierten wir auch die nächsten Tage durch die Stadt, tranken Tee oder kauften Obst.
In meinen nächtlichen Träumen trieb ich im Braldo liegend flußabwärts. Auch im Halbschlaf und wenn ich gedankenverloren über die staubigen Wege schritt, erfaßte mich sein Sog, nahm mich mit in unbekannte, bekannte Welten.
Zwei Nächte später – immer noch in Skardu, in einem kahlen, zementgrauen Zimmer – tat sich mir nochmals der Blick ins Nirwana auf: Ich durchmaß die Freiheit über den Wolken, war allen Wünschen enthoben. Es gab nichts mehr, gegen das ich mich auflehnte, nichts in der Welt, das ich fürchtete, nichts, wonach ich mich in Liebe verzehrte. Ich war einfach nur da und trieb träge im Braldo.
In diesen Stunden wiederholten sich die Stimmungen der vergangenen Wochen in meinem Bewußtsein: übereinander, nebeneinander, gemischt und einzeln in die Länge gezogen. Oft erwachte ich mitten in der Wand, einmal am Gipfel. So gern ich dort geblieben wäre, die Realität trat an die Stelle der Empfindungen.
In einer Woche hatten wir den Rückmarsch vom Basislager nach Skardu geschafft, in einer Woche 70 Kilometer Gletscher, 70 Kilometer am Rande des Braldo entlang,

60 Kilometer Fahrt durch die Wüste. Mit dem Ergebnis allerdings, daß wir vier Tage in dieser Stadt aus Staub und Wind eingesperrt blieben. Seit Wochen schon keine Flugverbindung nach Rawalpindi. In mich verkrochen, erstickt von den Eindrücken der vergangenen sechs Monate, die sich in Fieberträumen wiederholten, lag ich im trostlosen Zimmer. Im bläulichen Schimmer des frühen Morgens gesehen, erschien mir der Talkessel von Skardu öde und hoffnungslos. Vor dem Rasthaus Haufen von Dreck. Ein ängstlicher Hund durchwühlte sie mit hungriger Gier. In den östlichen Wolken brach sich das schwache Licht, das über die braunen Bergrücken quoll. Unten der Indus, matt und träge.
Wieder kein Flugwetter.
Wahrscheinlich war ich wie in Trance, denn ich erinnerte mich später nicht, wie ich ins Bett zurückgekommen war. Wieder lag ich ausgestreckt im Wasser, mit weichen, schweren Gliedern auf den Wellen, und die Bilder zogen vorbei: Tengpoche, Lager III am Lhotse, Urdukas, Concordia, die Stirnmoräne des Baltoro-Gletschers, ein Dorf, einer winzigen Oase gleich. Dieser stetige Fluß auf das Meer zu. Ich war allein, ein Bündel von Eindrücken, das treibt, eine Beute der Wirbel und Strömungen. Oft hielt ich die Augen geschlossen, und es kam mir vor, als ob ich schon immer so getrieben wäre, als ob ich den Rest meines Lebens nur geträumt hätte.
Ich drehte den Kopf nach links: Neben dem Paju Peak stand jetzt die zierliche Kette der Geislerspitzen und etwas weiter weg der Ruefen, an dessen Fuß unser Haus lag. Daneben Uschi. Da ich sie nicht erreichen konnte, erschien sie mir sehr weit entfernt, aber ich konnte sie ganz deutlich erkennen.
Diese harmonische, in sich ruhende Erscheinung wurde im nächsten Augenblick schon wieder weggefegt von gleitenden Ufern. Ich sah wieder auf. Links und rechts, im stumpfen Mittagslicht, schaukelte die Landschaft vorbei – diese Berge ohne Erlösung.

Der Gasherbrum II, aus dem Gasherbrum-Kessel gesehen.

Verlorene Spuren

Ein leeres Zelt am Gasherbrum II

Die Idee, drei Achttausender hintereinander über neue und schwierige Wege zu begehen, war verspielt, als mein Partner Friedl Mutschlechner nach dem ersten mit Erfrierungen an Händen und Füßen nach Europa in die Klinik mußte. Das war Ende Mai 1982.

Uschi, von der ich seit 1977 geschieden war, nachdem sie sich von mir getrennt hatte, lebte seit ein paar Jahren wieder mit mir und brachte bei ihrem Besuch in Asien einen Brief von Generalmajor Qamar Ali Mirza mit, der wenig aufmunternd klang: »In diesem Jahr sind so viele Expeditionen im Karakorum unterwegs, daß wir Sie bitten müssen, vier Wochen später als geplant zu kommen, um Kollisionen zu vermeiden.« Uschi und ich reisten nach Srinagar und weiter nach Ladakh, wo ich mein Höhentraining wiederaufnahm. Gesundheitlich ging es mir nicht gut.

Trotzdem, ich wollte die Idee von den drei Achttausendern nicht aufgeben. Obwohl ohne den starken Kletterpartner Mutschlechner weder der geplante Aufstieg vom Gasherbrum La zum G II noch die Überschreitung des Broad Peak denkbar war, allein in einer Saison auf drei Gipfel über 8000 Meter zu steigen war Herausforderung genug. Nein, vernünftig war der Plan nicht, aber nach drei gemeinsamen Wochen in Indien und Kleintibet hatte auch Uschi nichts mehr dagegen: »Was ist ein vernünftiges Leben?« fragte auch sie sich. »Ich glaube nicht, daß Herzinfarkt und Intensivstation einen schöneren Tod bereithalten als die Berge. Und mit Sicherheit ist der Tod am Berg menschlicher als der Tod durch die Neutronenbombe.«

Trotzdem war sie schockiert, als sie in Islamabad beim Packen für G II und Broad Peak dabei war. Ihre Ängste behielt sie aber für sich, als wir uns verabschiedeten: »Mir vergeht der Appetit, wenn diese Männer beim Abschied ihre Pläne für die nächsten Monate besprechen. Ganz sachlich wird da ständig über gefährliche Eistürme geredet, die zu umgehen sind, über Séraczonen, unter denen man in Windeseile vorbeiklettern muß, weil sie ›tödliche Munition‹ bereithalten, über den Sturm, der einen nicht gesicherten Mann aus der Wand reißen kann.«

Nach einer dramatischen Durchsteigung der Kangchendzönga-Nordwand im Mai 1982 reiste ich Ende Juni Richtung Karakorum. Den Ratschlag, endlich nach Hause zu gehen, hörte ich auch dort häufiger als die Frage, was ich an G II und Broad Peak wolle. Ich wollte etwas wagen und vor allem selbst für mein Leben verantwortlich sein.

In dieser Stimmung begann ich Anfang Juli in einer Kleinexpedition mit Sher Khan und Nazir Sabir, den beiden stärksten pakistanischen Bergsteigern, den Fußmarsch zu den beiden Achttausendern Gasherbrum II und Broad Peak. Nur 25 Balti-Träger

Mit Nazir Sabir und Sher Khan vor dem Aufbruch zum G II.

sowie zwei Köche für das Basislager sollten uns auf dem Weg zum Baltoro-Gletscher begleiten.

In Dassu, nach einer Jeep-Fahrt mit viel Lärm und Staub, wählten wir unter 100 Trägern 25 starke Männer aus. Es waren viel mehr gekommen, als wir beschäftigen konnten. Nachdem wir Socken, Schuhe und Jacken unter den Glücklicheren verteilt und die Lasten zugeordnet hatten, schlichen sich die anderen davon wie geschlagene Hunde. Im Schatten des frühen Morgens stiegen die Auserwählten anderntags hinter uns in die Braldo-Schlucht ein.

Es war Hochsommer, und ich hatte endlich wieder Zeit zum Tagträumen. Langen Fußmärschen folgten lange Träume. Das Aufwachen am frühen Morgen war kein Aus-dem-Wahnsinn-Fallen mehr wie beim Rückweg vom Kangchendzönga, wo ich an einem Amöbenabszeß an der Leber gelitten hatte. Meist weckte das Windgeräusch auf der Zeltplane meine Seele, bevor mein Körper wach war.

Drei Tage Fußmarsch waren es bis Askole. Die Berge waren bis tief unter die Gipfel nebelverhangen; es war frisch.

In diesem letzten Dorf vor der Gletscherwelt beherrschte Hadschi Mahdi das Expeditionsgeschehen. Er wachte darüber, welche Träger wir austauschten, wo wir Eier und Mehl kauften. Er stand zwar immer nur am Rande, drängte sich niemals vor. Aus dem Hintergrund aber zog er die Fäden. Er wachte über sein Dorf, über das Schicksal jeder einzelnen Familie!

Hadschi Mahdi lud uns zum Mittagessen in Askole ein. Nicht etwa aus Gastfreundschaft, sondern um uns Geschäfte mit Ausrüstung, Proviant und Trägern vorzuschlagen. Er brachte zwei weiße Ziegen und wollte 200 Rupien dafür. Ein stolzer Preis! Aber Hadschi Mahdi war in Mekka gewesen und konnte sich im Dorf und mit vorbeikommenden Expeditionen jede Unverschämtheit leisten. Angesichts dieses Privilegs mischte er Sand ins Mehl oder trieb von den Trägern eine Art selbsterfundener Steuer ein. Als wären es heilige Handlungen, folgten alle seinen Anweisungen. »Hadschi« heißt heilig, und wer »hadschi« ist, handelt im Geiste Mohammeds. Sogar hier, in den entlegensten Bergtälern, war jener Fanatismus der Mullahs zu spüren, der die Welt der Moslems seit einigen Jahren stärkte. In düsteren Lehmhütten standen Bilder von Khomeini, und ich erlebte erbitterte Streitgespräche über diesen Tyrannen, den niemand persönlich kannte, aber über den alles redete.
Um 6 Uhr marschierte ich am anderen Morgen mit den letzten Trägern los. Die Wassergräben waren noch leer, Rauch quoll aus Ritzen und Dachluken der Lehmhäuser. Mit dem Rhythmus des Gehens vertiefte sich untertags mein Selbstverständnis. Zwischen Aufstehen und Schlafengehen fühlte ich mich stark und lebenslustig. Nur nachts kamen die Zweifel. Phasen des Tiefschlafs folgten Stunden des Wachseins. Dazwischen schlich sich, im Halbschlaf, irgendwann die Frage nach dem Zweck des Hierseins ein. Die Antwort, die so sinnlos gewesen wäre wie ein Morgen ohne diese

Mit Rosi Ali, meinem Freund und Trägerführer, und Balti-Trägern in Askole.

Lawinenhänge im ersten Drittel des G-II-Sporns.

Frage, erschien mir überflüssig, wenn ich das Zelt zusammengefaltet, den Rucksack gepackt und losgegangen war.
Auch meine beiden Begleiter, Sher Khan und Nazir Sabir, machten untertags einen selbstsicheren Eindruck. »Sherá«, wie wir den ersteren nannten, Major der Kavallerie, war Bergsteiger und Begleitoffizier in einer Person. Aus dem Geschlecht der Könige von Hunza stammend, war er ganz Aristokrat. So sah er auch aus: schlank, schmalgliedrig, elegant. Er ging immer erhobenen Hauptes und war gebildet. Seine Ausdauer und Willensstärke haben ihm zu Recht den Ruf eingebracht, der erfolgreichste Bergsteiger Pakistans zu sein. »Meine Familie hat in Hunza 1400 Jahre lang regiert, bis das Land 1964 von Pakistan annektiert wurde«, erzählte er.

Der andere, Nazir, ein kleiner, rothaariger Bergführer, war der bessere Kletterer. Bei der Erstbesteigung des K-2-Westgrates mit Japanern war er die alles entscheidenden Kletterstrecken vorausgestiegen. Seine ruhige, herzliche Art sowie sein soziales Einfühlungsvermögen hatten ihn landauf, landab beliebt gemacht. Überall, wo wir hinkamen, wurden wir freudig begrüßt. Mein langjähriger Wunsch, Einheimische als gleichwertige Kletterpartner in meine Expedition einzugliedern und gegenseitig voneinander zu lernen – hier war er bis zur Idealvorstellung in Erfüllung gegangen.
Auf dem Weg ins Basislager begegneten wir immer wieder kleinen Trägergruppen, die uns überholten oder von oben entgegenkamen. Es war ein Kommen und Gehen wie beim Aufstieg zu einer Schutzhütte in den Alpen. Dabei flossen auch Nachrichten, Gerüchte.
In Urdukas trafen wir mit einer amerikanischen Expedition zusammen, die ihre Besteigung des Gasherbrum II abgebrochen hatte. Einer aus der Mannschaft war von einer Lawine mitgerissen und getötet worden. Zwei hatten sich nur wie durch ein Wunder retten können. »Zu gefährlich«, warnten auch ihre Träger. »Zuviel Schnee!« Niemand war mehr am G II. Sollten wir deshalb umkehren? Nein, wir wollten weiter, unser Glück versuchen und vorsichtig sein.
In Urdukas hatten wir noch vier Träger mit Broad-Peak-Proviant, 16 Träger für das Gasherbrum-Basislager. Wir hatten inzwischen alle Rationen an die Anmarschträger ausgegeben, und sie kochten fleißig im voraus. In Grüppchen hockten sie unter Felsüberhängen und sangen. Den ganzen Nachmittag über brieten sie Roti, bereiteten sie Fleisch zu, um höher oben genug Kalorien zu haben, wenn es unterwegs anstrengender und nachts kälter wurde.
Seit Tagen war die Welt um uns grau. Grau und ohne Umriß waren auch die Träume. So wäre es oben am Berg seit Wochen gewesen, hatten die Amerikaner erzählt. Dazu herrschte Lawinengefahr. Bei solchen Verhältnissen war am Berg wirklich nichts zu machen! Umkehren? Nein, das Wetter konnte wieder besser werden.
Tage später zogen hohe Federwolken über den Streifen am Himmel, den die Granitfluchten von Baltoro einrahmten. Ganz hinten im Talkessel stand der Broad Peak wie eine überdimensional große Burg.
Jetzt verteilten wir unseren Brennstoff und die Nahrungsmittel konkret. Vier Trägerlasten mit Essen und Gas gingen ins Broad-Peak-Basislager. Nazir und ich führten die Helfer über Moränen an den Fuß dieses Berges. Sher Khan geleitete den Haupttrupp der Träger inzwischen über den Abruzzi-Gletscher weiter in Richtung Gasherbrum II. Zwei Wegstunden oberhalb von Concordia holten wir ihn ein. Es schneite, und die Balti in ihren grauen Umhängen hockten vor ihren Lasten, unbeweglich, unschlüssig. Wie Steine erschienen sie mir im Grau zwischen Schuttstrom und Felshintergrund.
Wir lagerten und erreichten anderntags den Fuß des G II. Ein paar europäische Bergsteiger, die ich im Gasherbrum-Basislager traf, bemühten sich, ihr Erstaunen über mein Auftauchen zu verbergen. Der eine und andere, der nach den Berichten im Mai nicht mit meinem Überleben gerechnet hatte, schien sogar Hemmungen vor einem

Wiedersehen zu haben. Kein Wunder, man hatte Mutschlechner und mich in Zeitungen für tot erklärt.
Gleich nachdem wir anderntags am oberen Abruzzi-Gletscher unser Basislager ausgebaut hatten, besuchten uns zwei Wissenschaftler, ein Österreicher und ein Deutscher. Es waren nette Leute, aber keine geschulten Bergsteiger und als Bergretter völlig überfordert. Sie baten uns, am Gasherbrum II nach ihren Freunden zu suchen, die seit mehr als 20 Tagen am Berg unterwegs waren. Eine Woche vorher waren sie im Nebelreißen zuletzt gesehen worden. Wo? Warum? Was war passiert? Sie wußten es nicht. Wir versprachen, unser Bestes zu tun.
Noch waren wir nicht genug akklimatisiert, und der Schnee war schlecht. Einige Tage lang narrte uns zudem das Wetter. Allen Hoffnungen zum Trotz – kühlen Abenden folgten verregnete Morgen – mußten wir den Aufstieg von Mal zu Mal aufschieben. So ging das eine Woche lang. Wie sollten wir uns, ans Basislager gefesselt, an die Höhe gewöhnen?
Am Abend des 20. Juli kam wieder Hoffnung auf. Wieder Nordwind und Kälte. Einige Tage vorher waren wir zwar ins Gasherbrum-Tal aufgestiegen und hatten am Bergfuß ein Depot errichtet, aber wir hatten nicht oben bleiben können. Zeit verging, Zeit, die zwei verzweifelte Alpinisten vielleicht irgendwo in der Hoffnung verbrachten, gerettet zu werden. Nun galt es, dort oben ein Lager aufzubauen und mit zwei Biwaks bis an den Fuß der feingezeichneten Gipfelpyramide heranzukommen. Dort oben waren die beiden vermißten Österreicher zuletzt gesehen worden.
Wir packten. So als ob es endlich richtig losginge. Auch wenn wir nicht mehr wollten, wir mußten hinauf zu den Vermißten. Um drei Uhr früh aber war es so warm, daß wir es vorzogen abzuwarten. Wir hätten den Weg nicht finden können. Dicke schwarze Wolken hingen in den Gletscherbecken. Schade um diese Nacht im Halbschlaf, das ständige Auf-die-Uhr-Schauen, immer bereit, loszumarschieren.
Meinen ursprünglichen Plan, vom Gasherbrum La über eine neue Route zum Gipfel zu steigen, hatten wir schon mehr oder weniger aufgegeben, bevor wir von den Vermißten wußten. Jetzt kam jedenfalls nur noch der Aufstieg über den Normalweg in Frage. Vielleicht konnte den beiden geholfen werden, wenn wir bald zu ihrem Zelt kamen. Wir konnten jedenfalls nur auf dem Südwestgrat nach ihnen suchen.
Eine Nacht später endlich der Wind. Die Wolken verschwanden, der Himmel wurde tief, ungezählte Sterne funkelten. Über den Eisbruch stiegen wir bis an den Fuß des Gasherbrum II auf. Das strahlende Wetter trieb uns zur Eile an.
Es war der 21. Juli. Wir waren bei klarem Wetter aufgebrochen, nach zwei Klettertagen aber überzogen dünne Wolken den Himmel. Trotzdem sollten wir ein grünes Biwakzelt auf halbem Weg zwischen dem Gasherbrum-Tal und der Felspyramide des Gipfels erreichen.
Es war ein zügiger Aufstieg. Ein Aufschwung nach dem anderen wurde Abgrund, ein Grat nach dem anderen verschwand unter uns. Manchmal drückt sich die Freude über den Verlauf solcher Schneegrate so aus, daß ich einfach immer weiter nach oben steige. Das starke Gefühl dabei, den Raum zwischen mir und dem Himmel zu

Am Westsporn des G II, wo wir ohne Vorarbeit unseren Weg zum Gipfel suchten.

überwinden, ist wie jeder einzelne Gratabschnitt eine gebogene Linie, ein Stück von einem Kreis gegen den blauen Himmel.
Als plötzlich Nebel einbrachen, waren mein Jubel und dieses Raumgefühl verschwunden. Keinerlei Himmelsnähe mehr. Nur noch diese Strahlungshitze, und ein Verlorensein zwischen all den Abbrüchen unter uns und dem Ungewissen über uns. Ich war weit voraus und spurte rechts der Gratkante aufwärts, als plötzlich dieses militärgrüne Zelt vor mir stand. Ich war etwa 6800 Meter hoch. Das Zelt war zweifelsfrei jenes der beiden verschollenen Österreicher, und ich erschrak. Weil es so

Das Zelt der verschollenen Österreicher in 6800 Meter Meereshöhe.

friedlich dastand. Aus Angst, aufzumachen und in ein unbekanntes Gesicht zu sehen, rief ich die vermeintlichen Insassen an. Keine Antwort. Ich wartete. Im Zögern durchfuhr mich ein weiterer Schrecken. Dann aber, als ich den Reißverschluß öffnete, war der Bann gebrochen. Es war niemand da. Essen und Gas für eine knappe Woche lagen auf dem Zeltboden. Daneben Kletterausrüstung, zwei Tagebücher. Die letzte Eintragung war vom 7. Juli. Die beiden Insassen waren Richtung Gipfel aufgebrochen und nicht mehr zurückgekommen. Und trotzdem stand das Zelt da, als wäre es nur für wenige Stunden verlassen worden.
Ein Stück weit verfolgten wir die Spur der Österreicher. Sie war jetzt wie die Spur von zwei guten Bekannten. Als würde da oben jeder Artgenosse zum Leidensgenossen und damit zum Freund, stiegen wir hinter ihnen her. Irgendwo mußten wir auf sie stoßen. Immer wenn ich mir die beiden vorstellte, lebten sie. Ich empfand Mitleid dabei, denn es war stürmisch, neblig, kalt. Trotzdem auch ein Gefühl der Wärme, der Gemeinsamkeit bei der Vorstellung des Auftauchens der beiden.
Später, es war schon Nachmittag und ziemlich stürmisch, kletterten wir zwischen steilen, lawinenschwangeren Schneehängen und einem abgerundeten Felsgrat gerade empor. Keine Spur mehr, kein Seil, nichts. Alle Zeichen der Vorgänger wie ausgelöscht. Oben, 7400 Meter hoch, am Fuß einer jäh ansteigenden Felswand, bauten wir unser Biwakzelt auf.

Das Wetter hatte endgültig wieder umgeschlagen: Schneefall, Nebel, Sturm. Wir brachen am Morgen trotzdem auf, gingen weiter – und fanden in einer Felsnische einen Toten. Der steife Körper lag da, als ob jemand vergessen hätte, aufzustehen, weiterzugehen, weiterzuleben.
Diese Begegnung mit dem Tod brachte für Augenblicke den Sturm zum Schweigen. Der Schneestaub in der Luft erstarrte. Nochmals sah ich hin. Die Leiche lag unter einem nach Westen ragenden Felsblock. Der Biwaksack war etwas über die Beine hochgerutscht, und die weißen Plastikstiefel ragten über die Plattform hinaus, auf der zwei Männer nebeneinander hocken hätten können. Es war aber nur einer da. Dieses Bild registrierte ich, verarbeitete es nicht. Wie ein Fotoapparat hatte ich die Situation aufgenommen – klick – und meine Empfindungstore wieder verschlossen. Wir wandten uns ab. Es blieb keine innere Erschütterung zurück. Einen Augenblick lang aber kam Traurigkeit auf. Ein Freund, der mich wochenlang begleitet hatte, ohne daß ich ihn kannte, war tot. Die Vorstellung von seinem Sterben hob alles um mich herum auf. Als ich höher stieg, mehr auf der Suche nach dem Körper des zweiten Toten als auf dem Weg zum Gipfel, versuchte ich an den aufgefundenen Toten als Lebenden zu denken. Es gelang mir nicht. Ich konnte ihn mir lebend nicht mehr vorstellen. So als wäre er nie lebendig gewesen. Höher oben, knapp unterm Gipfel, fanden wir wieder eine Spur. Sie verlor sich am Grat im Nichts. Ein letzter Fußtritt im Schnee, dahinter Abgrund, Nebel und Sturm. Keine Leiche war zu sehen.
Immer noch Sturm und Nebel. Keine zehn Meter Sicht. Unschlüssigkeit. Wo war der Gipfel? Plötzlich riß es wieder auf. Über Sinkiang hohe Wolken, Nebel. Zwei Stun-

Der Gipfel des G II, vom G III aus aufgenommen.

den lang spurte ich im tiefen Schnee den Gipfelhang hinauf. Endlich erreichten wir über einen messerrückenscharfen Grat das Ende des Weges – keinen Ort, nur Schnee und Nebel. Wir standen auf dem Gipfel des G II. Nur weil Sherá den Berg von einer früheren Besteigung her kannte, konnten wir den Gipfel identifizieren, und auch, weil es höher nicht ging.

Vorsichtig – mit dem Gesicht zur Wand – stiegen wir zurück. »Aufpassen« war Befehl, und trotzdem verloren wir unsere Aufstiegsspur, bald auch die Orientierung. Im dichten Schneetreiben hasteten wir abwärts. Panik, als ich merkte, daß wir schon zu weit waren. Wir riskierten, nach Osten hin abzugleiten. Stehengeblieben! Ich stieg am Grat auf und ab, bis ich im Sturm die Rinne vom Ostgrat zu den Hängen unter der felsigen Gipfelpyramide fand. Gerettet! Aber nur für Stunden. Im Zelt warteten wir die Nacht ab. Wiederholt weckte mich die Angst, für Tage in Nebel und Sturm gefangen zu sein.

»Weil ich ein linker Student war, ist meine Bergsteigerlaufbahn immer wieder durch Gefängnisaufenthalte unterbrochen worden«, hatte Nazir früher einmal erzählt. »Endlich frei, sperrt mich jetzt Nebel ein«, meinte er in dieser Nacht.

Zweimal noch verloren wir anderntags im Nebel den Weg. Dabei wurde mir bewußt, wie groß auch dieser Berg, ein sogenannter »kleiner« Achttausender, ist. Leicht war weder der Aufstieg gewesen, noch wurde es der Abstieg. Wie wir uns bei Lawinengefahr, fünf Meter Sicht und jagendem Sturm Meter für Meter hinuntertasten konnten, hatte ich im Gasherbrum-Tal allerdings schon wieder vergessen.

Zugabe Broad Peak

Im Basislager zurück war ich immer noch begeistert von der Idee des Achttausender-Hattricks, so daß ich das karge Leben genoß und unter den Broad Peak zog. Unser Lagerplatz, eigentlich nur ein windiger, trostloser Moränenrücken, gefiel mir. Nach einem einzigen Rasttag brachen wir auf. Ich war frischer als zwei Wochen zuvor beim Aufbruch zum Gasherbrum II.

Am 31. Juli, im Morgengrauen, schaute ich aus dem Zelt. Die Wolken über dem K 2 erinnerten mich an Gedanken, die mich beim Einschlafen am Abend vorher verfolgt hatten. Jetzt waren sie nicht mehr greifbar. Die Träume und die beiden Freunde standen dazwischen. Auch die Wolken zogen weiter. Sher Khan und Nazir Sabir waren mir vertraut geworden. Ich wünschte mir eine Art von Verschworenheit, die über diese Expedition hinausging.

Am ersten Tag stiegen wir, einen Lagerplatz überspringend, bis in die Mitte des Westsporns hinauf. Vojtek Kurtyka und sein polnischer Freund Jerzy Kukuczka stiegen gerade vom Gipfel ab. Im Vorbeigehen lud ich Vojtek zur Cho-Oyu-Expedition ein, die ich für den kommenden Winter geplant hatte. Am zweiten Tag blieben wir

auf 7100 Meter, um uns nicht zu überanstrengen. Am dritten Tag, es war kalt und windig, aber strahlend schön, wußten wir schon beim Anziehen, daß wir den Gipfel erreichen würden.
Kurz vor 5 Uhr früh brachen wir auf. Das erste Stück spurte ich, dann ging Sherá voraus. Den Steilhang zum Gipfelgrat übernahm wieder ich. Um 9 Uhr standen wir in der Westscharte, links der Mittelgipfel, den ein paar Unkundige immer wieder zum Achttausender machen möchten, rechts der Hauptgipfel, der Broad Peak. Der Grat dorthin schien endlos, das Wetter aber war so schön, daß es nur weitergehen konnte. Im gleichmäßigen Rhythmus stieg nun wieder Sher Khan hinter mir her. Nazir Sabir folgte. Dieses langsame Vorankommen – Gehen, Innehalten, Gehen – machte uns drei zu einer Gefühlseinheit. Es war wie gemeinsames Wollen, Hoffen – auch Vergessenwollen. Gefahren, Abstieg, das Morgen waren im Augenblick wie ausgeklammert.
Auf dem Vorgipfel über der Westscharte warteten wir wieder aufeinander. Wir waren jetzt schon höher als der Mittelgipfel. Der Gipfel selbst aber schien noch immer weit entfernt. Wie klar ich mich jetzt an den Bericht der Erstbesteiger erinnern konnte! Vor 25 Jahren hatten Schmuck und Wintersteller hier gestanden, Diemberger und Buhl waren gefolgt. Sie hatten den wenige Meter höheren Hauptgipfel gesehen und umkehren müssen. Sie waren bis ins Basislager abgestiegen, um neue Kräfte für den endgültigen Aufstieg zum allerhöchsten Punkt zu sammeln. Nur mit dem Vorgipfel hatten sich diese starken Österreicher nicht zufriedengegeben. Mit Wintersteller als stärkstem Mann in der Gruppe und dem legendären Buhl als letzten hatten alle vier zuletzt den höchsten Punkt erreicht.
Diese riesigen Schaumrollen aus Preßschnee links von uns! Diese Windwolken am nahen Himmel! In diesen Stunden glaubte ich meinen Augen, meinen Ohren, meinem Leben mehr als allen Philosophien und Religionen der Welt.
Es war Vormittag, der Grat war nahezu flach. Ich war zwar müde, hätte aber nicht einfach aufhören können, ohne am Gipfel gewesen zu sein. So ging ich weiter wie in Trance. Die Vorstellung, die sich oft auch in meine Träume schleicht: zu gehen und dabei zu verschwinden, mich nach so vielen Jahren des Immer-Weiterziehens in der Ferne und in der Zeit aufzulösen. Noch stärker aber diese wachsende Lust, immer weiterzugehen, rund um die Welt.

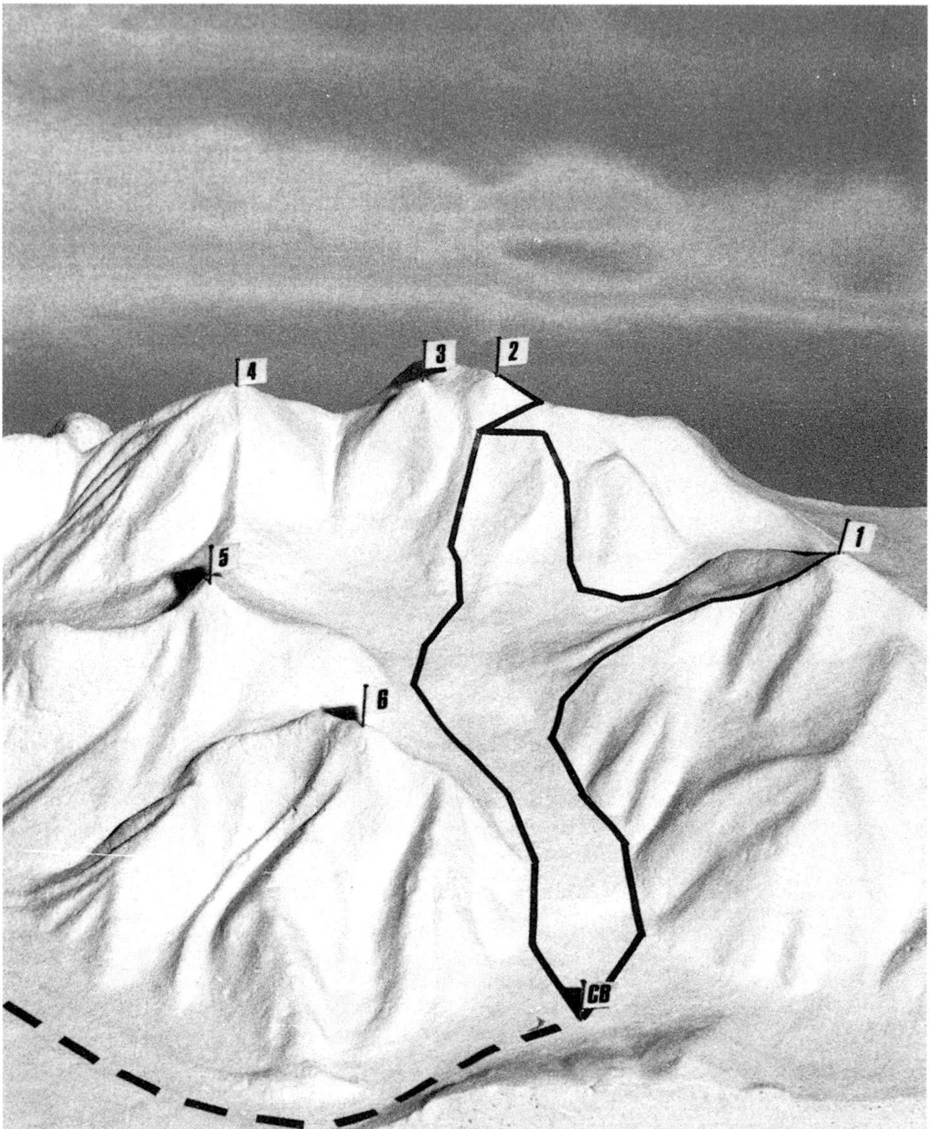

Modell der sechs Gasherbrum-Gipfel mit der Route der Überschreitung von G II (8035 m) und G I (8068 m).

Die Gasherbrum-Überschreitung

Ein kühner Plan

Ursprünglich war es meine Idee, die Gasherbrums als Achttausender-Paar zu überschreiten. Hans Kammerlander fragte sich zwar, warum ich ihn für dieses schwierige Unternehmen als Partner gewählt hatte. Seine Erfahrungen in großen Höhen basierten nur auf dem Cho Oyu. Aber er ging mit, vom G I zum G II. Nach einer Erkundung des Südwestgrates am Gasherbrum I, an dem Lawinengefahr drohte, hatte Hans die Idee, die Überschreitung umzudrehen: Aufstieg über den zentralen Gasherbrum-Eisbruch und die Moravec-Route zum Gipfel des G II, Abstieg über eine neue Route ins Gasherbrum-Tal, Aufstieg über die Nordwestflanke zum G I und Abstieg über den Südwestgrat (teilweise Jugoslawen-Route) und den linken Graben

Mit Hans Kammerlander (links), einem der erfolgreichsten Höhenbergsteiger der achtziger und neunziger Jahre, auf dem Weg ins Basislager.

zwischen G I und Eisbruch ins Basislager. Das waren knapp 20 Kilometer Kletterstrecke über Eisbrüche, Schneeflanken, Felswände, Séraczonen und schwierige Grate.
Muß man das scheinbar Nicht-Mögliche wagen, um Kräfte zu mobilisieren, von denen wir sonst nichts ahnen? Zu diesem Doppelaufstieg auf zwei Achttausender war ich gekommen, weil ich gespürt habe: Entweder machst du jetzt weiter, und zwar noch intensiver, noch frecher als bisher – oder du gibst auf. Wenn dein Bergsteigen zum Trott wird, geht nichts mehr. Das habe ich am Dhaulagiri gespürt.
Ich glaube, daß diese Haltung für jeden Mann mit vierzig gilt. Entweder er sagt sich: »Gut, mein Leben liegt hinter mir, ich fahre fort in den eingefahrenen Gleisen«, und er beginnt zu sterben; oder er erkennt in der Mitte seines Lebens die Steigerung als Spielmöglichkeit. Er steigert sich wieder in eine Idee hinein, riskiert es, wagt sein Leben alle Tage neu, und zwar bis zur letzten Konsequenz.
Nicht nur körperlich, vor allem seelisch hatte ich viel Kraft und Schwung gewonnen. Ich hatte ein Gefühl von altersfreiem Dasein. In dieser Stimmung hatte ich die Gasherbrum-Überschreitung geplant. Ich wollte etwas tun, was junge Spitzenbergsteiger nicht einmal zu denken wagen. Im 26jährigen Bergführer Hans Kammerlander hatte ich den idealen Partner gefunden. Bis dahin hatten wir das Unternehmen planmäßig durchgezogen. Mit 35 Trägern und einem Filmteam mit Werner Herzog waren wir zehn Tage lang bis ans Ende der Welt marschiert. Hans und ich hatten auf eine Schönwetterperiode gewartet und waren im Basislager auf 5200 Meter Meereshöhe losgestiegen: ohne mit dem Basislager Kontakt zu halten, ohne vorher Depots anzulegen. Ohne jede Fremdhilfe und ohne die Hoffnung auf Hilfe von unten wollten wir über vier verschiedene Routen zwei Achttausender überschreiten. Es war so, als ob ich in der Mitte meines Lebens mir und der Welt beweisen müßte, daß ich mehr kann. Mehr als bisher und mehr als alle anderen.
In einer Art Testament hatte ich vor unserem Aufbruch Werner Herzog die Verantwortung für die Expedition übertragen für den Fall, daß wir nicht wiederkämen. Die Verantwortung für uns trugen wir selbst. Jeder die seine. Dabei wußten wir genau, daß der eine ohne den anderen nicht weit kommen würde. Bis zur nächsten großen Gletscherspalte vielleicht oder bis zum ersten Überhang. Auch wenn wir nicht gut miteinander auskämen, wir waren aufeinander angewiesen.

Wettersturz

Am ersten Tag, nach den ersten 1500 Höhenmetern, hatte Hans das Gefühl, daß wir diesen Weg nicht zu Ende gehen könnten.
Trotzdem kletterten wir in drei Tagen bei strahlendem Wetter auf den Gipfel des Gasherbrum II. Beim Abstieg vom Gipfel zum Biwak beerdigten wir die Leiche des

Hans Kammerlander auf dem Gipfel des G II.

österreichischen Arztes, die schon seit zwei Jahren oben zwischen den Felsen lag. Dies kostete uns Zeit und viel Kraft. Dann der gefährliche Abstieg ins Gasherbrum-Tal. Solche Risiken sollte man nicht alle Tage eingehen. Das Glück ist jene Komponente, die einen so großen Wurf wie eine Achttausender-Überschreitung begleiten, nicht aber tragen kann. Hans und ich waren an beiden Gasherbrums allein. Keine andere Expedition operierte an unseren vier Routen.
Es war noch früher Nachmittag. Seit einer halben Stunde gingen Hans Kammerlander und ich über den flachen Gasherbrum-Gletscher. Die Furcht, daß sich hoch über uns eine Eislawine löst und uns von hinten überrollt wie hundert fahrende D-Züge, zwang uns weiter, eine unheimliche Angst im Rücken. Ich spürte sie stofflich.
Der Schnee war nicht aufgeweicht, aber die Harschschicht auf der blaugrauen Fläche so dünn, daß wir immer wieder bis zu den Knien einsackten. Das kostet nicht nur Energie, das untergräbt auf einer Meereshöhe von 6000 Metern den Willen. Jedesmal der Schreck, in eine Gletscherspalte zu fallen.

1982 bestieg ich im Rahmen einer Tour über drei Achttausender-Gipfel auch den G II. Damit tat sich für mich die konkrete Möglichkeit auf, alle 14 Berggipfel über der »magischen« 8000-Meter-Höhe im Laufe meines Lebens zu erreichen. Wenn ich zwei Jahre später zu diesem Berg zurückkam, dann nicht, um ihn ein zweites Mal zu besteigen. Ihn in Kombination mit dem G I zu überschreiten, das war die Herausforderung.

Der Gasherbrum II mit seiner charakteristischen Gipfelpyramide, von Westen aus gesehen.

Basislager am Abruzzi-Gletscher mit G II (kaum zu sehen) und G I.

Vorbereitung eines Lagerplatzes am Westsporn des G II.

Ein toter Bergsteiger (im Biwak erfroren?) unter der Gipfelpyramide des G II.

Gipfelbild im Sturm: in 8035 Meter Höhe am G II.

Auch der Abstieg vom G II erforderte 1982 unsere ganze Aufmerksamkeit – waren wir doch allein am Berg und völlig von der Außenwelt abgeschnitten.

Wie 1975 die erste Durchsteigung der G-I-Nordwestwand im Alpenstil (rechts) war 1984 die Doppelüberschreitung zweier Achttausender ohne Vorarbeit und fremde Hilfe eine Herausforderung.

Blick auf die Terrassenkulturen der Balti beim Anmarsch durch das Tal des Braldo.

Träger am Anfang des Baltoro-Gletschers, auf dem Weg ins Basislager.

Mit dem Südtiroler Hans Kammerlander, draufgängerisch, jung, kreativ, hatte ich vor der Überschreitung von G I und G II gute Erfahrungen gemacht.

Unten: Rast der Träger auf dem Baltoro-Gletscher. Sie wurden teilweise von uns ausgerüstet und versorgt.

Oben: Die Auswahl der Träger in Skardu war leichter, als alle Lasten bis ins Basislager zu bringen.

Dieses Fahrzeug brachte 1984 Mannschaft und Ausrüstung von Rawalpindi nach Skardu in Pakistan.

Aufstieg zum G II – im Hintergrund der Gipfel des G I, den wir fünf Tage später erreichen sollten.

Abstieg vom G II in der ersten Morgensonne: Blankeis, Lawinengefahr, Eile.

Hans Kammerlander über dem Gasherbrum La in der Nordwand des G I.

Aufstieg zum Gasherbrum La, dem Sattel zwischen den beiden Gasherbrum-Gipfeln.

Hans Kammerlander am Gipfel des G II. Im Hintergrund sind G III, G IV, Mustagh Tower und ganz rechts der Gipfel des Broad Peak zu sehen.

Links oben: Abstieg vom G I im Sturm: Orientierungsschwierigkeiten, Nässe, Kälte.

Oben: Hans Kammerlander im Gipfelbereich des G I.

Nur für wenige Minuten stiegen wir 1984 über die Gipfelwächte auf den höchsten Punkt des G I.

Oben: K 2, Broad Peak und G IV über dem Abruzzi-Gletscher, über den 1997 eine fast ununterbrochene Kolonne von Bergsteigern und Trägern marschierte.

Rechts: So schwierig es ist, einen Weg durch den Gasherbrum-Gletscher zu finden – wenn dieser einmal markiert, abgesichert und ausgetreten ist, wird er zum Trampelpfad.

Links: 1997, Ausschnitt des Gasherbrum-Basislagers: Strammgestanden, Fähnchen gehißt, losmarschiert heißt wieder die Devise beim Höhenbergsteigen im Gänsemarsch.

Wir stiegen in ruhigeren Zeiten: Im Karakorum waren meine Partner und ich an den Gipfelpyramiden immer auf uns selbst gestellt; niemand, der uns störte, niemand, der uns hätte helfen können. Mein Bergsteigen hat vor allem mit Ausgesetztsein zu tun.

Hans ging vor mir. Stur, gebeugt unter dem Rucksack, bog er in der Mitte des Gasherbrum-Tales nach links. Kein Zweifel, er ging aufwärts, Richtung Gasherbrum La.

Ein Jahr lang hatten Hans und ich über diesen Moment diskutiert, ihn herbeigesehnt, ihn gefürchtet. Hier, im tiefsten Punkt zwischen den beiden Achttausender-Gipfeln, würde die Entscheidung fallen. Nur wenn wir nach dem ersten Achttausender – erschöpft, ausgezehrt und ohne jede Rückendeckung – den Willen aufbrachten, gleich den zweiten zu wagen, könnte uns gelingen, was bisher noch niemand versucht hatte: die Überschreitung zweier der 14 höchsten Berge der Welt in einem Zug.

In sicherer Entfernung von den Steilwänden der beiden Gasherbrums blieb Hans stehen. Er zog unsere doppelt genommene Reepschnur ein, so daß ich zu ihm aufschließen konnte. Wir redeten nicht über Aufgeben oder Weitermachen, wir warfen die Rucksäcke ab und rasteten. Hans machte sich daran, in einem handgroßen Topf auf dem Gaskocher Schnee zu schmelzen. Das dauerte lange.

Wir hatten Zeit. Bis zum Gasherbrum La, dem Sattel zwischen unseren beiden Bergen, würden wir an diesem Tag schon noch kommen. Wenn ich zurückschaute zum Eisbruch in der Südostflanke des Gasherbrum II, über den wir erst im Morgengrauen abgestiegen waren, erfüllte mich Lausbubenstolz. Wir hatten auch Glück gehabt. Um 3 Uhr morgens an diesem 26. Juni hatten wir das Biwak unter der Gipfelpyramide verlassen. Wir querten nach rechts und stiegen direkt über den Hängegletscher ab, der zwischen der Franzosen- und Polen-Route eingebettet ist: Da oben hängen diese geborstenen Séracs, mehrere hundert Meter hohe, senkrecht übereinandergetürmte Eistrümmer. Dazwischen Lawinenrinnen, durch die Schnee und Eis fegen können wie tödliche Geschosse. Wir stiegen dort ab, um schnell zu sein und gleichzeitig eine neue Route zu eröffnen, auch um den ersten Achttausender, den Gasherbrum II, zu überschreiten.

Hans gab mir einen Plastikbecher voll Pfefferminztee. Dazu aßen wir Südtiroler Speck und hartes Bauernbrot. Unser zweites Frühstück. Um 3 Uhr früh schon hatten wir je einen halben Liter »prima colazione« geschlürft, ein Getränk, das italienische Ernährungswissenschaftler eigens für diese Überschreitung austüftelten: eine Mischung aus Kakao, Haferflocken, Mineralsalzen, Vitaminen. Wir mußten bei minimalem Gewicht die Gewähr haben, an keinerlei Mangelerscheinungen zu leiden.

Bisher ging alles schnell und glatt. Wir waren in blendender Form, psychisch und physisch. Wir hatten noch Proviant und Brennstoff für eine gute Woche. Nicht der geringste Zweifel, daß wir weitermachen könnten – fühlten wir uns doch selbstbewußter als vor dem Aufbruch im 5200 Meter hohen Basislager. Auch stärker.

Nach einer Stunde Rast gingen wir weiter. Die Rucksäcke wogen jetzt weniger als beim Aufbruch, je 15 Kilogramm etwa. Trotzdem war das tagelange Unterwegssein mit dem schweren Rucksack eine enorme Belastung. Wir konnten ihn nie zurücklassen. Mit dem Rucksack hätten wir unser Leben zurückgelassen. Die Sonne begann den Schnee aufzuweichen.
Knapp über der Randkluft – ein versteckter Spalt, der den Anfang der Steilwand zum Gasherbrum La markiert – banden wir uns wieder vom Seil. Jeder stieg für sich. Jeder rastete, wann er wollte. Hans ging dabei langsam und möglichst lange, ohne zu rasten. Ich stieg schnell und rastete häufig, nach je 20 oder 30 Schritten, so wie ich es von den Sherpas im Himalaja gelernt habe.
Das Eis unter der zwei Finger starken Schneekruste war hart. Die stumpfen Steigeisen griffen nicht gut. Auch die Haue des Pickels war vom tagelangen Klettern nicht mehr messerscharf. Feile hatten wir keine dabei. Äußerst vorsichtig kletterte ich in der Fallinie empor, beobachtete zwischendurch Hans, wie er in Serpentinen höherstieg. Dabei erhaschte mein Blick ein Stück des westlichen Himmels. Ein Schreck fuhr mir ins Hirn. Schlechtwetter! Dünne Zirren trieben wie Fische am Himmel. Dazwischen dunkles Blau. Auch Hans sah die Bedrohung. Aber er ging weiter. Er wollte nicht darüber reden. Jedes Wort kostet in dieser Höhe Luft und Willen. Erst oben, am Rand des Gasherbrum La, 6600 Meter hoch, vertrieben wir uns unsere Ängste mit Beschwichtigungen. »Zwei Tage hält das Wetter schon noch«, und: »Im Notfall können wir immer noch absteigen.«
Dann gruben wir eine Plattform für das Biwakzelt aus dem Hang, 2,10 Meter lang und 1,60 Meter breit. Jeder schob seine Schlafmatte hinein, dann den Rucksack. Dieses Zelt, nur eineinhalb Kilo schwer und im Windkanal bei Stürmen bis zu 180 Stundenkilometer getestet, bauten wir jeden Morgen wieder ab, verstauten es mit dem Rest unserer Habe im Rucksack und kletterten weiter. Kaputtgehen durfte uns nichts, auch durften wir nichts verlieren – Ersatz gab es nicht.
Die Nacht verging schnell. Im Gegensatz zu oben schliefen wir unten gut. So gut, daß wir am Morgen zu spät aufbrachen. Das Wetter schien besser geworden zu sein, nur die Windböen, die uns von Westen her anfielen, rissen unangenehm an den großen Rucksäcken. Wir stiegen stundenlang direkt über die Nordwand aufwärts. In der Mitte stießen wir auf einige ausgefranste Fixseile, Reste nur, die ein amerikanisches Team 1982 dort hatte hängenlassen.
Als wir am frühen Nachmittag einen kleinen Sattel in 7500 Meter Meereshöhe erreichten, wußten Hans und ich, daß wir in einer Falle saßen. Es war unheimlich düster. Der Sturm hatte sich zum Orkan gesteigert. Die Nebelfetzen flogen wie gigantische Fledermäuse über uns hinweg. Mit Mühe nur konnten wir auf einer kleinen Schneefläche, im Windschatten einiger Felsen, das Zelt aufbauen. Wir überlegten, ob und wie lange wir abwarten konnten. Als ob wir nach drei Tagen im Schneesturm noch die Kraft hätten, zum Gipfel zu gehen.
Am Abend riß es noch einmal auf. Wir kochten und tranken. Die ganze Nacht hindurch jagte ein Sturm über die Grate, daß ich Mühe hatte, eine angefangene Gedan-

Im brüchigen Fels der G-II-Nordwand.

kenkette zu Ende zu denken. Im engen Zelt plagten uns Erstickungsängste. Der Zelteingang stand deshalb zwei Finger breit offen, und es flog so viel Schneestaub hinein, daß ich den Kopf im Schlafsack einzog. Reden hatte keinen Sinn. Wir konnten uns zwischen den flatternden Zeltwänden nicht verstehen. »Wenn es das Zelt zerreißt, sind wir tot«, sagte ich einmal zu Hans. Das klang für ihn wie ein Schlag mit dem Hammer auf den Kopf. Am Morgen lag der Schnee eine Spanne hoch über den Schlafsäcken. Der Sturm heulte.
In meinem Bewußtsein war unser winziges Zelt auf Zimmergröße angewachsen. Hans faselte etwas von einem zweiten Zelt in der Nähe. Es sei noch eine Seilschaft da. Für mich war seine Feststellung lapidar. Das Gefühl, daß ein dritter Mann im Zelt lag, war seit Stunden zur »Realität« geworden. Unumstößlich. Also plagten uns Halluzinationen.
Wir tranken Tee, bauten alles ab und gingen trotz allem los. Nach oben. Nach unten zu steigen wäre ebenso gefährlich gewesen. Wir hielten uns immer an den Felsen, prägten uns einzelne Türme ein. Die Orientierung war äußerst schwierig. Dazu diese Hilflosigkeit im Schneetreiben.

Das Leben überschritten

Wenn man stundenlang in den Nebel starrt, wird der Blick stumpf. Wir wußten nur: Solange es aufwärts geht, sind wir nicht am Gipfel. Wenn ich mehr als zehn Schritte stieg, riß es mich in der Brust. Ich blieb stehen, keuchend, den ganzen Leib auf die Skistöcke gestützt, den Mund weit offen, die Augen geschlossen. Ich mußte alle Luft in mich hineinziehen. So stand ich eine Zeitlang still, und alles wich weit von mir, der Kopf wurde leer, die Brust weit. Es waren Augenblicke der Erleichterung, die lange nachwirkten. Dann richtete ich mich wieder auf, fest entschlossen, weiterzugehen, mich weiterzuquälen – ich mußte weiter.
Am Nachmittag, es konnte nicht mehr weit sein, stieß Hans einen Skistock umgekehrt in den Schnee. Eine Orientierungshilfe für den Abstieg. Wir stiegen noch eine Stunde lang über ein sehr steiles Schneefeld. Endlos. In der Mitte ließ Hans seinen zweiten Skistock zurück. Dann sahen wir plötzlich wieder Felsen über uns. Darüber einen Schneegrat! Darüber Luft!
Es war uns zumute wie vielleicht Kolumbus, als er Amerika entdeckte. Nach rechts hin stieg der Grat an. Also weiter. Die Brillen waren vereist, die Gesichter gefühllos. Wenn wir die Gletscherbrillen abnahmen, brannten die Augen, so spitz waren die Schneekristalle, die der Orkan vor sich hertrieb. Endlich, hinter einer Wächte, der Gipfel. Der zweite Achttausender-Gipfel innerhalb von vier Tagen. Keine Emotionen, kein Foto mit Fahne, kein Hurra. Nur die Frage, wie wir da je wieder hinunterkommen.

Abstieg vom G I über den Westgrat im Sturm.

Hans ging zuerst zurück. Knapp unter der großen Wächte am Gipfelgrat verlor ich den Halt: eine Unachtsamkeit, ein Windstoß, ich fiel rücklings. »Hans!«, schrie ich noch. Im letzten Augenblick konnte ich das Gleichgewicht wiederfinden. Wir stiegen zu den beiden Skistöcken ab und am Westgrat entlang talwärts. Die Gratkante diente uns zur Orientierung. In einer Höhe von 7400 Metern biwakierten wir wieder. Diese Nacht war schlimmer als die vorhergehende. Nur die totale Erschöpfung ließ uns minutenlang dösen.

Der Abstieg ins Gasherbrum-Tal am nächsten Tag vollzog sich in tranceartiger Gleichgültigkeit. Der Schneesturm hielt ungebremst an. Ab und zu seilten wir uns ab, das Seil an Felszacken verankert. Meist aber kletterten wir seilfrei, jeder für sich. Einmal wartete ich auf Hans, ein anderes Mal wartete er auf mich. Wir waren mit einer Eiskruste gepanzert, in den Bewegungen schneckenhaft langsam. Oft rasteten wir zu lange. Hätten wir uns jetzt hingesetzt, zwei oder drei Stunden lang gewartet, wir wären nicht wieder auf die Beine gekommen, für immer eingeschlafen wie jener Österreicher, den wir erst vor einigen Tagen da oben gefunden hatten.

Viele Stunden lang kletterten wir so abwärts. Nur einmal, an einem Lawinenhang, traute sich keiner von uns beiden weiter. Der angetriebene Schnee lag brusthoch. Die

Nach der Gasherbrum-Überschreitung: Bad in einem der Gletscherwassertümpel beim Basislager.

Flanke unter uns war steil wie ein Kirchturmdach, und unten brach die Welt ins Bodenlose ab. In einer langwierigen Umgehung kamen wir auch an dieser Gefahr vorbei.
Am Abend des siebten Klettertages waren wir unten im Gasherbrum-Tal. Müde, aber lebendig. Eine autobahnbreite Steinlawine, die wenige Minuten nach uns über die Abstiegsroute fegte, gab uns das Gefühl der Unverwundbarkeit. Also wollten wir am gleichen Tag bis ins Basislager absteigen. Endlich in Sicherheit sein, das Glück nicht mehr strapazieren müssen.
Der Gletscherbruch war weich, im diffusen Licht konnten wir den festen Boden von den Spalten nicht unterscheiden. Ein halbes dutzendmal wollten wir aufgeben, biwakieren. Doch jedesmal trieb uns eine Unrast weiter; wir wollten endlich wieder ohne Angst sein, auf festem Boden schlafen können, rasten.
Mitten im Eisbruch – ich versuchte, Hans von hinten einzuweisen, mein Blick suchte die richtungsweisenden Felsen am Rande des Spaltenlabyrinths – sah ich ihn am Rand meines Blickfeldes verschwinden. Ich griff in das Seil, wurde einige Schritte nach vorne gerissen, konnte Halt fassen, warf mich zu Boden.
Ich sah mich um: Das Seil war straff gespannt. Auf meine Rufe keine Antwort. Totenstille. Ich versuchte, eine Titanschraube vom Rucksack zu fingern, drehte sie ins Eis. Als ich das Seil daran fixiert hatte, tauchte der Kopf von Hans aus der Spalte auf. Der Sturz in die Spalte war zuerst eine Erleichterung für Hans. Plötzlich waren seine Füße leicht. Erst nach und nach erkannte er das Risiko, in eine 6 Millimeter dicke Schnur zu fallen. Er sagte kein Wort, fischte Rucksack und Brille aus dem bodenlosen schwarzen Eisloch und ging noch ein Stück weiter. An der ersten flachen Stelle biwakierten wir dann doch. Zum letzten Mal. Wir tranken ungezuckerten Tee. Zu essen hatten wir nichts mehr. Beim Abstieg vom Gasherbrum I hatten wir fast alle Nahrungsmittel zurückgelassen, um schneller zu sein. Wir hätten sie nicht mehr tragen können.
Am Morgen des 30. Juni 1984 näherten wir uns dem Basislager. Die Zelte waren bunte Flecken im schmutzigen Moränengrau am Abruzzi-Gletscher. Winzig klein waren Menschen zu erkennen: unser Koch Rosi Ali, der Begleitoffizier und Werner Herzog mit seiner Filmcrew, die einen Dokumentarfilm über unser Bergsteigen drehten.
Was Hans und ich in den acht Tagen zwischen Basislager und Basislager erlebten, ist allerdings nicht filmbar, nur fragmentarisch festhaltbar in Worten und Bildern. Die Ängste, die Hoffnungen, der Einsatz und die Verzweiflung waren zu groß, als daß sie von zwei Menschen herab ins Tal hätten getragen werden können.

G I und G II: Chronik

1861/1887 Von H. H. Godwin-Austen und später von F. Younghusband wird der Gasherbrum I erstmals erwähnt.

1889–1929 Schon sehr früh in der Himalaja-Karakorum-Erschließungsgeschichte werden Gasherbrum I und II von Briten und Italienern vermessen und fotografiert. M. Conway prägt für die formschöne Pyramide des G I den Namen Hidden Peak, zur Unterscheidung vom Gasherbrum II.

1909 Eine Expedition des Herzogs der Abruzzen, an der auch der italienische Fotograf V. Sella teilnimmt, erkundet die Gasherbrum-Gruppe von Norden (Sella-Paß) und studiert sie von der Chogolisa aus.

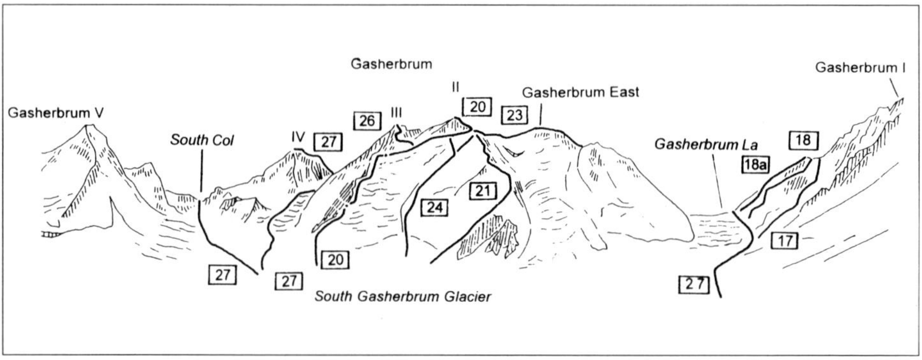

Die Gasherbrums mit den wichtigsten Routen, aus dem Gasherbrum-Tal gesehen:
17 Nordwestwand (italienische Expedition von P. Camozzi und A. da Polenza), 1985
18 Linke Westwand (schweizerische Expedition), 1983
18a Deutsche Route von 1982
20 Linker Pfeiler der Südwand, Normalweg (österreichische Expedition unter F. Moravec), 1956
21 Rechter Pfeiler der Südwand (französische Expedition unter J. P. Fresafont), 1975
23 Ostgrat über den Ost-Gasherbrum (7772 m, polnische Expedition von J. Kukuczka und V. Kurtyka), 1983
24 Nordwand (Messner/Kammerlander, im Abstieg), 1984
26 Südostwand (polnisch-britische Expedition unter W. Rutkiewicz), 1975
27 Nordostgrat (italienische Expedition unter R. Cassin), 1958

1934 Eine internantionale Expedition unter Leitung des Schweizers G. O. Dyhrenfurth unternimmt eine großangelegte Erkundungsfahrt zu den Gasherbrums. H. Ertl und A. Roch kommen am Südwestsporn des G I auf eine Höhe von etwa 6300 Metern. Der Zugang zum Gasherbrum-Kessel wird als möglich beschrieben.

1936 Transportprobleme und Trägerstreiks beeinträchtigten die französische Expedition unter H. de Ségogne, die am Südsporn des G I bis auf 6900 Meter gelangt.

1956 Nach den Erkundungen um 1900 und den Versuchen in den dreißiger Jahren ist wichtige Vorarbeit geleistet für die erste Besteigung. Der österreichischen Expedition unter Leitung von F. Moravec gelingt 1956 die erste Besteigung des Gasherbrum II über den Südwestgrat. Nachdem eine kleine Lagerkette aufgebaut ist, steigen S. Larch, H. Willenpart und F. Moravec mit einem Biwak auf etwa 7700 Meter am 7. Juli über den Ostgrat zum Gipfel auf.

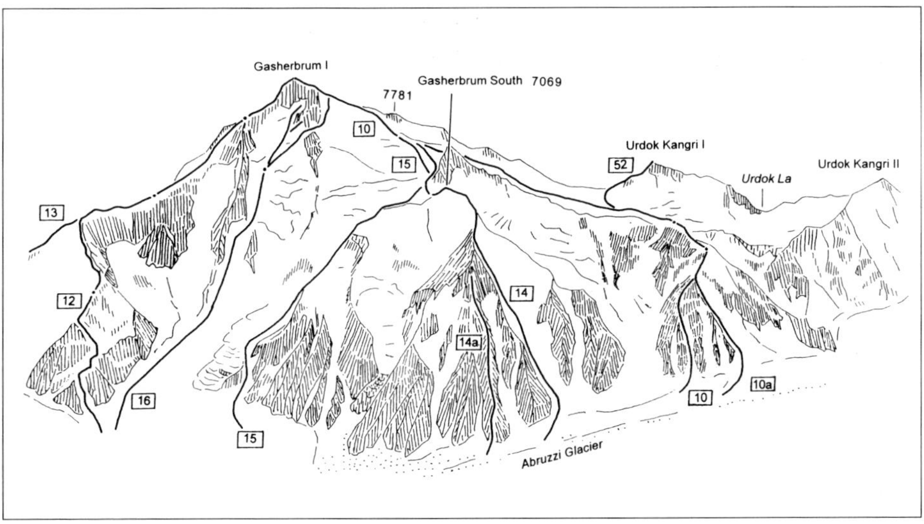

G I von Südwesten:

10 Zentralpfeiler und Südwand (amerikanische Expedition unter N. B. Clinch), 1958
10a Ertl/Roch(Versuch), 1934
12 Südpfeiler und Westgrat (jugoslawische Expedition unter J. Loncar), 1977
13 Westgrat (jugoslawische Expedition unter N. Zaplotnik und A. Stremfelj), 1978
14 Südwestpfeiler von Punkt 7069 m und Südwand (französische Expedition), 1980
14a Französische Route von 1936
15 Westpfeiler von Punkt 7069 m und Südwand (spanisch-baskische Expedition unter J. Escartin), 1983
16 Südwestwand (polnische Expedition von J. Kukuczka und V. Kurtyka), 1983
52 Urdok Kangri I (österreichische Expedition unter H. Schell), 1975

1958 Der amerikanischen Expedition unter N. Clinch und P. Schoening gelingt der erste Aufstieg zum Gipfel des G I. Auf dem Weg über den Südostsporn und den Urdok-Kamm werden Kurzski und Schneereifen eingesetzt. P. Schoening und A. Kauffmann erreichten am 4. Juli bei großer Kälte und tiefem Schnee den höchsten Punkt.

1975 Östlich der Route der Erstbesteiger, über die Südrippe, gelingt im Sommer einer französischen Mannschaft unter J.-P. Frésafond der zweite Aufstieg zum Gipfel des G II, wobei Y. Seigneur die Spitzenseilschaft führt. Ein Teilnehmer kommt dabei ums Leben.
Die dritte Besteigung (zugleich teilweise Überschreitung) geht an eine polnische Gruppe unter Führung von J. Onyszkiewicz. Dabei klettern drei Teilnehmer vom Sattel zwischen Gasherbrum II und III (7600 m) durch die 500 Meter hohe, felsige Nordwestwand auf einer neuen Route zum Gipfel. Der Abstieg erfolgt auf dem Normalweg. Kurz darauf gelangen drei weitere Teilnehmer auf dem Weg der Österreicher zum höchsten Punkt.
Drei Tage später wird der Gasherbrum II auch von zwei polnischen Bergsteigerinnen erreicht. Sie gehören einer von W. Rutkiewicz geleiteten Expedition an, die vorrangig die Erstbesteigung des Gasherbrum III zum Ziel hat, aber gut mit der Männerexpedition zusammenarbeitet.

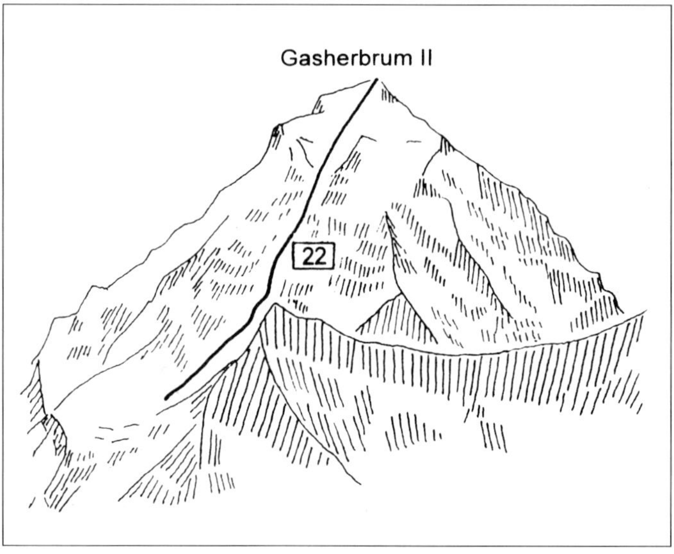

G II von Norden:
22 Nordwestwand (polnische Expedition unter W. Rutkiewicz), 1975

Als Zwei-Mann-Expedition, mit nur zwölf Trägern bis zum Basislager, erklettern der Zillertaler P. Habeler und R. Messner am 10. August den Gasherbrum I über die Nordwestwand. Der Aufstieg erfolgt im Alpenstil und ohne künstlichen Sauerstoff aus dem Gasherbrum-Kessel (2. Besteigung des Berges).
Einen Tag später stehen auch die drei Österreicher R. Schauer, H. Schell und H. Zefferer auf dem Gipfel, den sie auf dem Weg der Erstbegeher, von Südosten, erreicht haben.

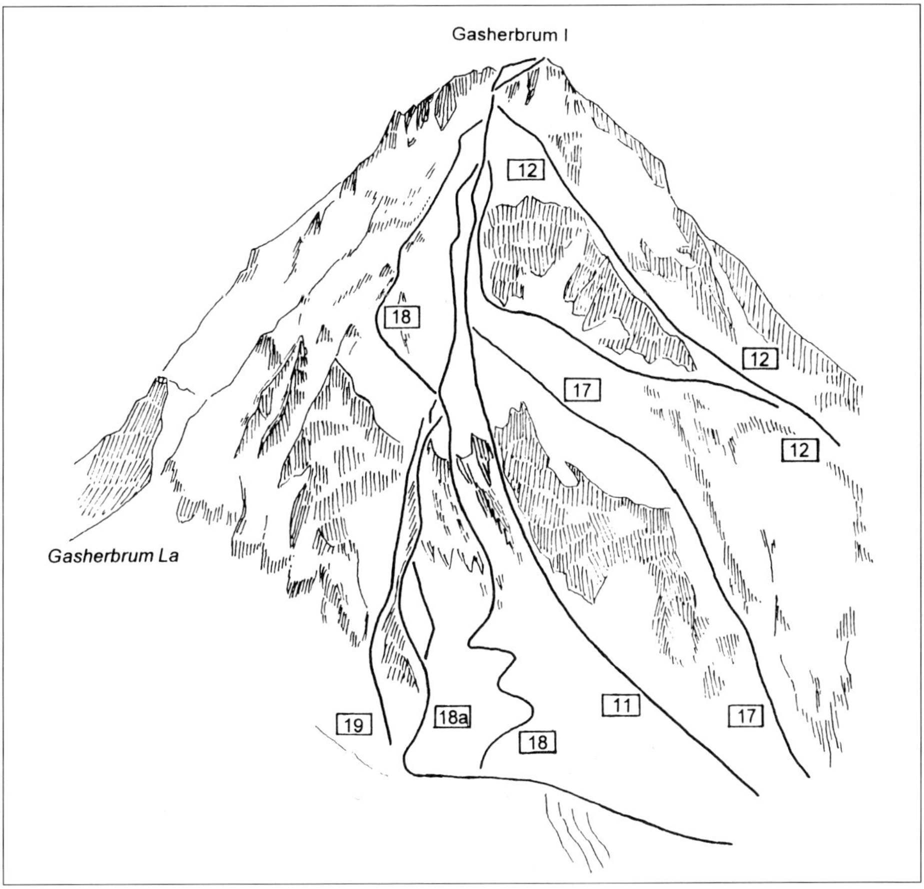

Die Nordwestflanke des G I:
11 Nordwestwand (Messner/Habeler), 1975
12 Südpfeiler und Westgrat (jugoslawische Expedition unter J. Loncar), 1977
17 Nordwestwand (italienische Expedition von P. Camozzi und A. da Polenza), 1985
18 Linke Westwand (schweizerische Expedition), 1983
18a Deutsche Route von 1982
19 Nordcouloir zur Nordnordwestwand (japanische Expedition von O. Shimizu und K. Wakutsu), 1986

1977 Die vierte Besteigung des Gasherbrum I glückt der Seilschaft Stremfelj/Zaplotnik im Rahmen einer Expedition aus Jugoslawien. Dabei wird zum ersten Mal der lange und schwierige Südwestgrat überklettert. D. Bregar, der allein den Gipfel versuchen will, bleibt verschollen.

1981 Sechste Besteigung des Gasherbrum I durch eine japanische Expedition. Parallelexpeditionen an den Gasherbrums beginnen sich zu häufen.

1982 Unter der Leitung von G. Sturm bricht die Deutsche Karakorum-Expedition zum Gasherbrum I auf. Über eine neue Nordwandroute gelangen G. Sturm, M. Dacher und S. Hupfauer auf den Gipfel.
Im Rahmen einer französisch-schweizerischen Expedition unter Führung von S. Saudan erreichen fünf Teilnehmer, darunter Saudan und seine Frau, den höchsten Punkt am Gasherbrum I (erste Frauenbesteigung). Saudan fährt vom Gipfel bis ins Basislager mit Ski ab (erste vollständige Skiabfahrt von einem Achttausender).
R. Messner führt die beiden erfahrenen pakistanischen Bergsteiger S. Khan und N. Sabir am 24. Juli im Alpenstil aus dem Gasherbrum-Tal auf den Gasherbrum II. Über den Südwestgrat (8. Besteigung) gelingt auch der Abstieg.
Im gleichen Sommer steht das französische Ehepaar L. und M. Barrad auf dem Gipfel.

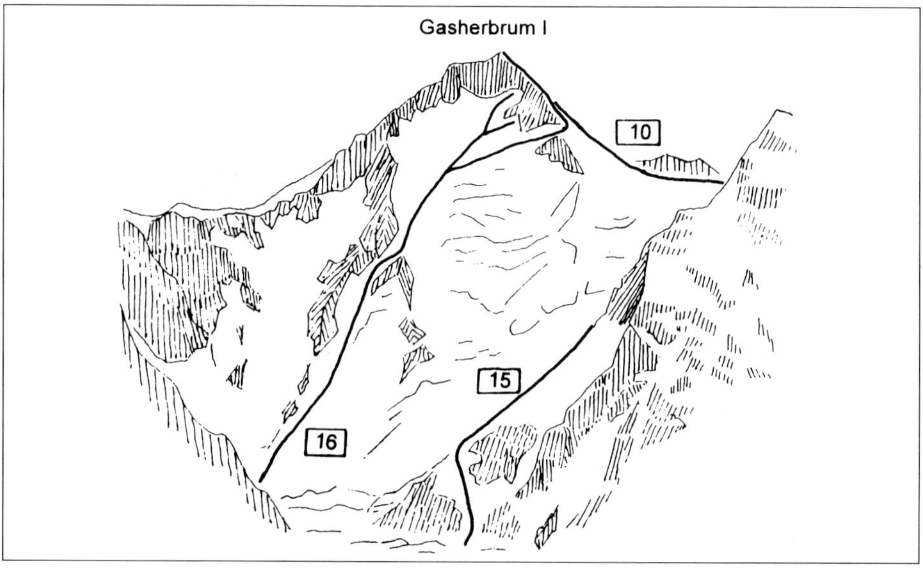

G I mit der großartigen Polen-Route:
10 Amerikanische Route 1958 (N. B. Clinch) über Zentralpfeiler und Südwand
15 Westpfeiler von Punkt 7069 m und Südwand (spanisch-baskische Expedition unter J. Escartin), 1983
16 Südwestwand (polnische Expedition von J. Kukuczka und V. Kurtyka), 1983

1983 Im Sommer durchsteigen die beiden Polen J. Kukuczka und V. Kurtyka zum ersten Mal die Südwestwand des Gasherbrum I im Alpenstil.
Im gleichen Sommer gelangen die beiden Spitzenbergsteiger aus Polen in nur drei Tagen über den langen Ostgrat zum höchsten Punkt des G II. V. Kurtyka und J. Kukuczka eröffnen dabei die neue Route aus dem Sattel zwischen Gasherbrum I, den sie vorher bestiegen haben, und Gasherbrum II.
Eine Schweizer Expedition schafft drei benachbarte Achttausender – Gasherbrum II, Gasherbrum I und Broad Peak – in Folge. Von den insgesamt neun Teilnehmern erklettern E. Loretan, M. Ruedi und J. C. Sonnenwyl innerhalb von zwei Wochen alle drei Gipfel im Alpenstil, wobei am Gasherbrum I ein neuer Weg über den Nordpfeiler begangen wird.
Eine spanische Gruppe unter J. Escartin besteigt den Berg über die Südwestwand und den Südostgrat mit anschließender Skiabfahrt. Die nachfolgend geplante Besteigung des Gasherbrum II mißlingt.

1984 Im Zuge ihrer Überschreitung Gasherbrum II–Gasherbrum I (Hidden Peak) eröffnen H. Kammerlander und R. Messner im Abstieg einen neuen Weg am Gasherbrum II, der im Gipfelbereich in die Route der Polen vom Vorjahr mündet. Auf diesem neuen Weg klettern die beiden ins Gasherbrum-Tal ab, wo die Nordwestwand des Gasherbrum I ansetzt, die sie gleich anschließend durchsteigen. Damit gelingt R. Messner und seinem Südtiroler Landsmann im Juni in nur einer Woche die erste

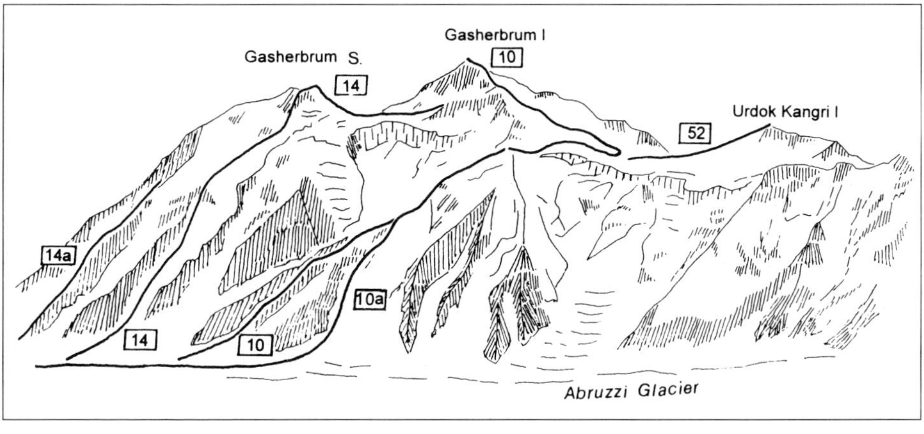

G I über dem Abruzzi-Gletscher:
10 Zentralpfeiler und Südwand (amerikanische Expedition unter N. B. Clinch), 1958
10a Ertl/Roch(Versuch), 1934
14 Südwestpfeiler von Punkt 7069 m und Südwand (französische Expedition), 1980
14a Französische Route von 1936
52 Urdok Kangri I (österreichische Expedition unter H. Schell), 1975

Doppelüberschreitung zweier Achttausender – Gasherbrum I und Gasherbrum II – ohne Abstieg ins Basislager und ohne vorherige Anlage von Depots. Keine andere Expedition ist vor Ort.
Später in diesem Sommer fahren ein Franzose und ein Schweizer mit Ski vom Gasherbrum-II-Gipfel ab.

1989 Eine japanische Expedition scheitert an der gefährlichen G-I-Ostflanke, die bis heute nicht durchstiegen werden konnte.

1995 Gasherbrum I und II gehören mittlerweile zu den am häufigsten bestiegenen Achttausendern. Varianten werden erschlossen, Unfälle häufen sich. Oft sind ein Dutzend Gruppen parallel an den Normalwegen unterwegs, sich gegenseitig behilflich oder hinderlich. Da der Aufstieg durch den Gasherbrum-Eisbruch im Sommer immer »offen« ist, wird die Nordwestflanke des G I (Japaner-Couloir) heute häufiger begangen als der lange Weg der Erstbesteiger.

Die unerstiegene Ostwand des G I.

1996 Dem Franzosen J. C. Lafaille gelingt zwischen dem 27. und 31. Juli eine Doppelbesteigung der beiden Gasherbrums. Dabei startet er von einem Lager im Gasherbrum-Tal (5900 m) und folgt dem Normalweg zum Gipfel des G II und zurück ins Ausgangslager. Am 29. Juli bricht er von dort zum G I auf, den er über die Nordflanke besteigt, wobei er Fixseile und Camps anderer Expeditionen benützt.

Reinhold Messner bei BLV

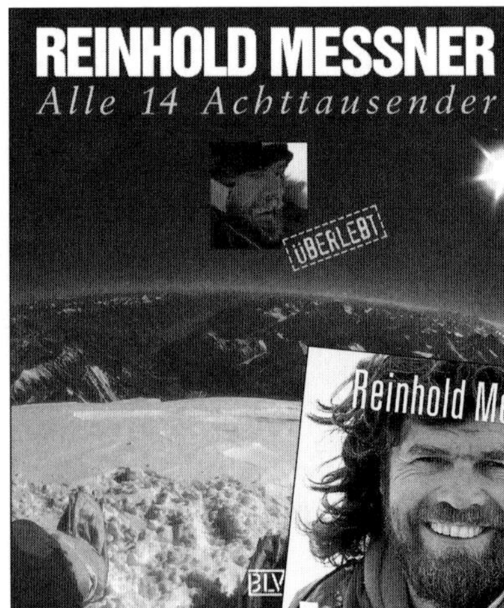

Nie zurück
Die Geschichte der Polexpeditionen von 1895 bis heute sowie Messners eigene Erlebnisse, Erfahrungen und Analysen – mit phantastischen Farbfotos, die die einzigartige Faszination der Eiswüsten am Ende der Welt vermitteln.

Alle 14 Achttausender
Als erster Mensch auf allen 14 Achttausendern der Welt – die Dokumentation einer kaum vorstellbaren Gesamtleistung und alpinhistorischen Sensation, die Reinhold Messner 1986 gelang.

Berge versetzen
Reinhold Messners Analyse einiger seiner Abenteuer im Grenzbereich des Möglichen – Erfahrungen und Erkenntnisse, von denen jeder, der hohe Ansprüche an sich selbst stellt, im täglichen Leben profitieren kann.

Bis ans Ende der Welt
Messners persönlicher Rückblick auf seine Gipfelerfolge – ausgewählte Kapitel, die seine einzigartigen Unternehmungen, wichtigsten Stationen und alpinen Höchstleistungen wieder lebendig werden lassen.

Everest
Die Besteigung des Everest 1978 »by fair means« und erstmals ohne künstlichen Sauerstoff – die Dokumentation dieser Expedition, in der Messner vor allem auch seine persönlichen Empfindungen und Erfahrungen protokollierte.

Im BLV Verlag finden Sie Bücher zu folgenden Themen: Garten und Zimmerpflanzen • Wohnen und Gestalten • Natur • Heimtiere • Jagd • Angeln • Pferde und Reiten • Sport und Fitneß • Tauchen • Reise • Wandern, Alpinismus, Abenteuer • Essen und Trinken • Gesundheit und Wohlbefinden

BLV

Wenn Sie ausführliche Informationen wünschen, schreiben Sie bitte an:
BLV Verlagsgesellschaft mbH • Postfach 40 03 20 • 80703 München
Telefon 089 / 12705-0 • Telefax 089 / 12705-543